发展中的世界农业

Agriculture in South Africa

南非农业

总主编：唐　珂

蒋和平　崔奇峰　苗润莲　著

中国农业出版社

图书在版编目（CIP）数据

南非农业／蒋和平等著．—北京：中国农业出版社，2014.12

（发展中的世界农业）

ISBN 978-7-109-20038-8

Ⅰ.①南…　Ⅱ.①蒋…　Ⅲ.①农业经济发展-研究-南非　Ⅳ.①F347.03

中国版本图书馆 CIP 数据核字（2014）第 304928 号

中国农业出版社出版

（北京市朝阳区麦子店街 18 号楼）

（邮政编码 100125）

策划编辑　宋会兵　闫保荣

文字编辑　常瑞娟　蒋雨菲

北京中科印刷有限公司印刷　新华书店北京发行所发行

2014 年 12 月第 1 版　2014 年 12 月北京第 1 次印刷

开本：700mm×1000mm　1/16　印张：17.25

字数：260 千字

定价：45.00 元

《发展中的世界农业》丛书编委会

本书著者：蒋和平　崔奇峰　苗润莲

《发展中的世界农业》
丛书编辑部

序

进入21世纪以来，全球农业在粮食安全和可持续发展等方面面临着紧迫的挑战，国际交流合作成为世界各国应对农业发展全球性重大挑战的重要途径和手段。国际农业交流合作的不断加深，推动了世界农业发展的联系日益紧密，农业强国分享全球市场的空间加大、机会更多；发展中农业大国在分享国际先进技术和成功经验的同时，则日益凸现激烈的农产品市场竞争和科技创新不足等问题。党的十八大指出，要统筹国际国内两个大局，树立世界眼光，加强战略思维，充分利用两个市场、两种资源，善于从国际形势发展变化中把握发展机遇、应对风险挑战，营造良好发展环境。2013年年底召开的中央经济工作会议和中央农村工作会议提出“以我为主、立足国内、确保产能、适度进口、科技支撑”的国家粮食安全新战略，具有非常重要的意义。适当增加进口和加快农业“走出去”步伐，是我们以全球视野谋划和推动现代农业发展的题中应有之义。

国际农业科技合作在加快农业科技创新步伐的同时，正引领世界农业格局和发展方式的深刻变革。目前，发达国家把科技创新提升为国家战略，把科技投资作为战略性投资，超前部署与发展包括生物技术在内的战略新技术和农业新兴产业。与此同时，主要发达国家还调整了农业科技国际合作的战略定位，力图在科技创新资源的全球整合和有效配置中赢得先机、占据主动，抢占世界农业科技发展的制高点。

我国是世界上最大的发展中农业大国，农业的根本出路在科技。

长期以来，农业国际科技合作是我国农业科技和外交工作的重要组成部分，在提高我国农业科技水平、促进农业和农村经济可持续发展以及服务国家外交大局等方面发挥着重要作用。随着我国综合国力的不断增强、国际地位的日益提升和农业的对外开放度大幅提高，农业科技国际合作与交流面临越来越复杂的国际环境和形势，受目标国经济发展水平、技术进步程度和农业管理政策等影响更加直接。新形势下加强国际农业科技和农业资源开发合作，加大国际先进农业科学技术引进力度，推动农业“走出去”，对于我国农业发展既充满着崭新的机遇，也面临着严峻的挑战。

我国农业正由传统劳动密集型向资本和技术密集型现代农业加速转变。为进一步发挥引进国际先进农业科学技术计划（“948”计划）在我国农业科技事业发展中的导向作用，增强农业国际交流合作尤其是农业科技合作的主动性、前瞻性和针对性，加快提高我国农业走出去的能力和水平，农业部科技教育司组织相关专家学者编写了《发展中的世界农业》系列丛书。

丛书的编者大部分都有在相应国家长时间学习生活的经历，谙熟该国的农业和农业科技发展情况。丛书特点鲜明、数据翔实、语言生动。相信丛书出版于农业管理和农业科研有关人员树立世界眼光、开拓国际视野将起到推动作用，对提升我国农业科技引进来和走出去水平、加快我国农业科技发展国际化进程提供重要参考。

唐　珂

2014年12月

前 言

为了更加全面了解世界农业发展格局，广泛借鉴发达农业国家的发展经验，探索中国特色农业现代化发展道路，2013年，农业部科技教育司组织专家着手编写《发展中的世界农业》系列丛书。

近年来，我们实施了农业科技创新引领、美丽乡村建设、新型职业农民培育三大工程，探索施行“体系工作法”，促进农业科教事业持续健康发展。我们继续组织实施引进国际先进农业技术计划（“948”计划），建立了包括农业部重点实验室“学科群”体系、现代农业产业技术体系等各类创新平台，形成了长期跟踪国际农业发展的专家团队，为丛书编写奠定了良好基础。丛书共10册，以美国、俄罗斯、日本、加拿大、法国、荷兰、以色列、巴西、南非和澳大利亚等发达农业国家为代表，重点阐述了农业发展情况、农业科技水平、农业发展道路和模式探寻，系统评估了农业自然资源、农业发展地位、农业市场环境和农业政策制度等，分析提出了发达农业国家发展农业的经验教训、战略举措和路径选择。通过结合我国实际情况进行比较研究，深化对我国农业现代化的认识和启示，为发展我国现代农业提供重要的参考和借鉴。

丛书的编写是一项艰巨而复杂的工作。对于每册图书，我们都要求全体编写人员充分掌握第一手资料，深入交流讨论，依据各项体例、标准和要求，仔细筛选，认真编辑，做到数据准确，观点鲜明，分析科学，论述有力，文从字顺，符合对象国的农业发展实际，反映独到的农业发展经验，体现世界农业发展潮流和趋势。经过全体专家一年多时间的努力，这套《发展中的世界农业》丛书终于问世了。丛书作为同类出版物中为数不多的系统介绍发达农业国家农业发展概况的书籍可以为读者提供发达国家农业发展的鸟瞰式全面情况，可以为农业战线的广大干部和科技工作者提供学习、了解和研究世界农业及发展经验的宝贵资料，可以帮助农业管理者、农业科研人员、农业相关企业和其他行业部门的有关人员开阔视野，可以开拓我国农业对外开放的国际合作交流新思路，并为我国农业现代化建设提供新的借鉴，也可以为包括广大农业工作者在内的各方面人士做决策、研究、出访等提供有价值的参考和思路启迪。希望丛书能对推动我国现代农业发展、促进农业科技国际交流合作尽微薄之力。

丛书的编写和出版得到了中国农业科学院、东北农业大学等单位和领导的大力支持，郭翔宇、张越杰等专家在成书过程中对丛书编写大纲的拟定以及丛书的资料收集等方面给予了深入细致的指导，在此一并表示感谢。由于涉及大量的数据处理和外文翻译，书中不当之处，请各位专家和读者朋友批评指正。

编　者

2014年12月

引　言

在非洲，南非属于农业发展水平位居前列，农业较发达的国家。南非可耕地面积约占本国土地面积的13%，主要农作物有玉米、小麦、甘蔗、大麦等。蔗糖出口量居世界前列，各类罐头食品、烟、酒、咖啡和饮料质量符合国际标准，所产的葡萄酒在国际上享有盛誉。2012年南非的农业生产总值约占国内生产总值的4.1%，南非非黄金出口收入中的30%来自农产品或农产品加工，农业大约为南非提供13%的就业机会。因此，农业在南非经济中占有重要的地位，对国家粮食安全保障、农产品出口创汇和农民就业增收发挥着极为重要的作用。

近些年来，受商业部和农业部委托，我作为中国农业科学院农业经济和农业规划专家多次赴非洲执行农业援非考察任务。先后完成了对安哥拉、刚果（布）、埃塞俄比亚、莫桑比克、苏丹、南非、肯尼亚、津巴布韦、毛里塔尼亚、马里、科特迪瓦等11国的农业援外考察，其中两次去南非进行农业援外考察，对南非农业生产和农业发展情况有了初步的了解。

在这套当代世界农业的巨著中，南非卷无疑是非洲国家农业卷一部重要文献，因为南非农业的鲜明特点，南非农业对南部非洲农业有典型代表作用。所以，弄清楚南非农业发展情况，对了解非洲农业生产和发展具有重要的参考价值。因此，能有机会参加《当代世界农业：南非农业》的编写工作，也是我学术人生中最大的荣幸。

在集中精力研究南非农业问题的过程中，我对那片遥远的南部非洲土地了解得越深入，就越感到对非洲的热爱，同时也越深刻地体会到南非农业对中国农业发展的借鉴价值和深远意义，这让我感到兴奋和热血澎湃。虽然南非卷的编写工作较为繁杂，在经历了一个个不眠之夜后，如今看着这卷厚厚书稿的写成，心中的使命感和自豪感油然而生。

本卷旨在对南非的农业发展有一个具体而详尽的描述，本书的编写任务分为十二项，对应十二个章节。

第一章对南非农业资源的概况进行介绍，从自然资源、社会经济资源和农业资源三个方面对南非的资源进行全面的现状描述，对南非农业资源的优势、劣势进行了详尽的分析和评价。

第二章是南非农业生产概况的分析，分别从种植业、畜牧业、渔业和林业几个视角对农业生产概况进行论述，并进一步分析了南非农场收入时间序列的变化趋势。

第三章是南非的农产品贸易，在对南非农产品贸易发展情况进行综述的基础上，对2009—2010年南非主要农产品出口市场、进口市场进行了分析。

第四章是南非农产品价格，在回顾了南非20世纪60年代以来的农产品价格波动基础上，对近十年的物价变化进行了研究，从全局的角度分析了南非农产品的价格情况。

第五章是南非农业经济及管理的分析，在回顾南非农业经济发展历史的基础上，重点分析了南非农业经济现状及农业产业化经营情况，并对农业公共管理体系的概况进行分析，对南非农业相关组织、相关机构做了系统、全面的概括。

第六章是南非的农业政策分析，重点是南非的农业政策体系研究，对南非农产品贸易政策、农业保险政策等进行分析，并提出我国开拓南非市场的政策建议。

第七章是南非农民专业合作组织，对包括农业协会和农民专业合作社的农民组织进行概述与分析，并对合作社的特点、矛盾及其与政府的关系进行论述，提出南非合作组织面临的挑战。

第八章是南非农业科技与推广，对南非农业科研机构构成、农业科技的发展趋势与特点、农业科研重点领域等方面进行概述，并对农业推广体系的特点与模式进行了总结。

第九章是南非农业创新体系的研究，从南非农业创新概况出发，分析南非农业创新的背景及原因，分析南非农业创新体系的特点、经验方法及启示。

第十章是南非农民教育与培训，对南非农民教育的现状、发展趋势和启示进行分析和总结。

第十一章是南非农村能源概况，对可再生能源政策法规、可再生能源产业发展的主要经验、做法和启示进行了描述和分析。

第十二章是南非农业生态环境保护，对南非的农业生态保护政策、主要做法和启示进行分析。

这部南非农业卷，涉及内容多、覆盖范围广，是一部详细介绍南非农业概况和农业发展的学术专著。本书在编写过程中，参考了南非政府网站的相关信息，并吸纳了许多学者的观点和研究成果，如本书能为国内农经研究人员了解南非农业的概况贡献一点绵薄之力，我和我的团队将深感荣幸。

本书的编写虽然做了很大的努力，但由于受时间、资料和外文文献收集等方面的限制，加上编者水平和专业知识有限，本书仍有不尽完美之处，恳请各位专家和读者批评指正。

团队负责人　蒋和平

2014年10月20日

目 录

第一章 南非农业资源概况

第一节 自然资源概况

南非位于非洲大陆最南端，东、西、南三面濒临印度洋和大西洋，西北部与纳米比亚为邻，北接博茨瓦纳，东北部与津巴布韦、莫桑比克、斯威士兰为邻，南非国土位于东经17°～33°、南纬22°～35°，面积122万千米^2（大致相当于我国西藏自治区），海岸线长2 954千米。

南非的人口呈现不断增长的趋势，根据世界银行公布的数字，2003年为4 612万人；2010年为4 999万人，人口密度为每千米^{2}40.21人；到2012年，增加到5 059万人，农村人口约占全国人口的45%，其中农业人口占全国总人口的15%左右。

南非大部分地区为热带草原气候，东部沿海为热带季风气候，西南部开普平原为地中海式气候。南非的夏季为12月到次年2月，冬季是6月到8月。南非总体地势较高，因此冬无严寒，夏无酷暑，日照充足。南非的降水量比较小，主要集中在夏季，西北部相当干旱，年降水不足200毫米；东南部雨量比较充沛，可达1 000多毫米。

南非自然资源丰富，是世界五大矿产国之一。南非是世界上最大的黄金生产国和出口国，黄金出口额占全部对外出口额的1/3，因此又被誉为“黄金之国”。丰富的自然资源为南非的经济发展提供了坚实的物质基础。矿业、制造业、农业和服务业是经济四大支柱，深井采矿等技术居于世界领先地位，金融、法律体系比较完善，通讯、交通、能源等基础设施良好。

南非是风景优美的旅游胜地，著名自然景观众多，包括开普敦海岸水上世界、西开普省的葡萄酒园，以及桌山、好望角、克鲁格国家公园、德班海滩等。

南非作为非洲大陆最南端的国家，有着“彩虹之国”的美誉。作为非洲最大经济体和最具影响力的国家之一，南非国内生产总值约占撒哈拉以南非洲国家经济总量的 1/3。南非 2010 年加入金砖国家，与巴西、俄罗斯、印度、中国并称“金砖五国”。

第二节　社会经济资源概况

一、资源优势

（一）经济稳定增长，经济发展水平在非洲处于领先地位

1974—1993 年（新南非成立之前的 20 年）是种族隔离的最后时期，南非国民生产总值年均增速仅为 1.85%；1994—2012 年（新南非成立后的近 20 年）国民生产总值年均增速提升到 3.25%。与此同时，南非经济总量（按 2005 年不变价格计算）不断扩大，从 1994 年的 1 730 亿美元增长到 2003 年的 2 244 亿美元，2012 年更是增长到 3 073 亿美元，几乎相当于 1974 年的 2.5 倍；若按现价计算，2012 年南非经济总量为 3 823 亿美元[①]，相当于 1974 年 357.3 亿美元的十多倍。再看人均国内生产总值情况，1974—1993 年，南非人均国民生产总值为 5 014美元，而 1994—2012 年则提高到 5 140 美元，提高了 2.5%（姚桂梅，2014）。

新南非成立后的 20 年，南非经济在关键领域取得重要进展。除了

---

① 引用原文章中这一数值为 3 843 亿美元，而世界银行实际数据为 3 823 亿美元，此处更正为世界银行实际公布的数据。

GDP 增长了 2.5 倍外，通货膨胀率均值从 1980—1993 年间的 14%下降到 1994—2012 年的 6%；政府债务占 GDP 的比重从 1994 年的 50%下降到 2007 年的 28%，虽然受全球金融危机的影响，债务占 GDP 的比重在 2012 年提升到 42%，但政府债务成本总体仍处于下降趋势。外汇储备在 1994 年仅有 31 亿美元，到 2007 年外汇储备已增加到 330 亿美元，到 2012 年已达 507 亿美元，外汇储备可支付进口能力从 1994 年的 1 个月提高到 2007 年的 3.4 个月和 2012 年的 4.5 个月。银行贷款年均利率从 1980—1993 年的 17.3%下降到 1994—2007 年的 15.6%，再降到 2008—2012 年的 10.9%，资本成本总体处于下降势头，无论是企业还是消费者都为此受益；1980—2012 年间，名义资产（含现金、证券和股票）回报率分别为 12.8%、13.4%、18%，若扣除通货膨胀因素，实际回报率分别为 3%、3.6%和 7.8%。在外贸领域，由于与中国贸易联系的加强，南非的外贸伙伴也发生了结构性变化，即中国在南非外贸市场上的地位上升，一定程度上抵消了对欧洲贸易的下降。南非向中国出口占南非全年出口总额的比重从 2000 年的 1.5%提高到 2012 年的 11.8%，南非从中国的进口占南非全年进口总额的比重也从 5.2%提高到 14.4%（姚桂梅，2014）。

伴随着人均 GDP 的增长，南非居民可支配收入得到提高，纳税人数和税收额分别从 170 万人的 1 138 亿兰特（南非储备银行发行的货币）提高到 1 370 万人的 8 138 亿兰特；2001—2011 年，南非人均可支配收入年均增长率达到 12.4%，2012 年为 11.5%，使得 1 000 万人的生活水平得到改善，特别是黑人中产阶级人群日益扩大带来了消费结构的改变。黑人中产阶级从 1993 年的 310 万人增长到 2008 年的 540 万人，人口占比也从 7%提高到 14%。在工资增加和政府保障改善的前提下，消费者支出呈现增长态势。2002—2012 年，人均年生产率提高了 11.2%，即从 2002 年的人均产出 8 800 美元提高到 2012 年的 25 600 美元（姚桂梅，2014）。

可见，南非经济经过多年发展，已经达到了一定的水平。南非的经济总量也在全球前 20 名左右。南非也是非洲经济最发达的国家，在非洲具有不可替代的地位，是当仁不让的经济发展“领头羊”。被称作

“非洲经济发动机”的南非，其国内生产总值占非洲国内生产总值的20%左右，2009年南非国内生产总值为3 133亿美元，人均6 532美元①，相当于中等发达国家水平，以占非洲6%的人口创造着非洲39%的经济产值和50%的社会购买力。

（二）矿业、制造业、农业和服务业是南非经济四大支柱

矿业、制造业、农业和服务业是南非经济四大支柱。2011年工业产值占GDP的30.8%（图1-1），与2010年占比持平。目前主要工业部门有制造业、建筑业、能源业和矿业等。南非是全球五大矿产国之一，虽然采矿业对GDP的贡献从1980年的20%下降到2011年的5.5%，但矿产品出口仍在对外贸易中占有非常重要的地位，占出口份额的三分之一。南非矿产资源丰富，已探明储量并开采的矿产有70余种。黄金、铂、锰、钒、铬、钛和铝硅酸盐储量居全世界第一位，为主要出口产品。储量在全球排名靠前的还有蛭石、锆（第二位），氟石、磷酸盐（第三位），铀（第四位），煤、钻石、铅（第五位），锌（第六位），铁矿石（第九位），铜（第十三位）等。南非的煤炭资源非常丰富，到2006年年底的探明储量达280亿吨，是世界第八大产煤国。煤炭资源除满足国内需求外，还有大量出口。在南非能源供给结构中，煤炭所占比例近70%，其次是石油。此外，南非还有少量天然气、再生能源、核电和水电等资源。

近年来，南非制造业发展很快，制造业门类齐全，技术先进，多为资本密集型，主要包括钢铁、金属制品、化工、运输设备、食品加工、纺织、服装等。制造业产值占国内生产总值的近1/5。另外，南非还生产一些采矿设备、交通工具和电机产品。南非的电力工业较发达，拥有世界上最大的干冷发电站，发电量占全非洲的2/3。深井采矿等技术居世界领先地位。虽然制造业对GDP的贡献有所下降，也面临着越来越激烈的国际竞争，但其作为未来经济增长主要动力的作用并未发生变化。

---

① 数字引用于：常伟．南非农地制度改革前景展望［J］．世界农业2010（9）．

2011年，服务业占GDP的比重较2010年增加0.1个百分点，达到66.8%。服务业主要涉及批发零售、房地产、餐饮、金融和旅游等。南非相关企业在非洲金融、电力、电信、交通等行业都具有举足轻重的地位，南非电力公司提供了整个南部非洲50%的用电量；南非的德班与理查湾是非洲最大的集装箱港口和散货港口；南非拥有非洲最大的电信运营网络。近年来，旅游业发展也很迅速，70%的游客来自非洲其他国家，主要是莱索托、斯威士兰、博茨瓦纳、莫桑比克、津巴布韦、纳米比亚和赞比亚。非洲地区以外的游客主要来自德国、英国和美国。

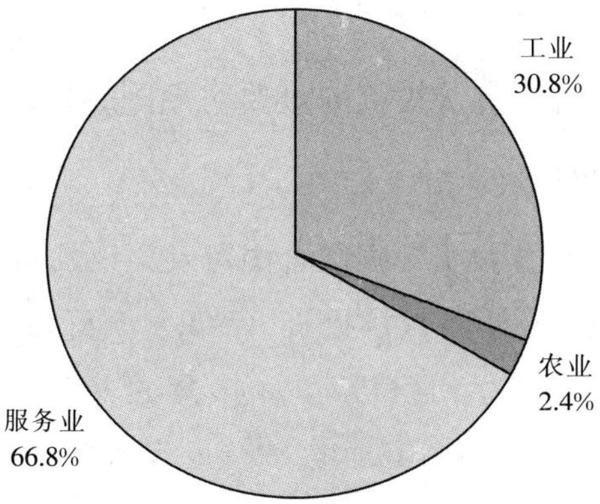

图1-1　2011年南非产业结构

资料来源：中国出口信用保险公司．国家风险分析报告——南非［R］：P683.

（三）外债规模较大，债务偿还能力较强，国家主权债务风险较小

近年来，南非外债规模较大，2010年达到451.6亿美元，较2009年增长6.3%；2011年外债总额473.4亿美元，同比增长4.8%。2009—2011年外债总额占GDP的比重分别为14.9%、12.4%和11.6%，已付偿债率分别为4.5%、4.8%和4.5%。2012年外债总额将维持在475.5亿美元的水平。虽然与国外高债国家相比南非的外债负担不算太高，外债偿还不会有问题，主权债务风险较小，但降低外债水平依然是政府面临的重要任务。

南非债务结构以公共中长期债务为主。根据南非储备银行发布的数

据，截至2011年12月底，南非的总体债务规模为1 114.6亿美元，其中直接投资234.2亿美元，公共部门、国营公司、货币当局的债务额分别为409.7亿美元、121.3亿美元和5.7亿美元，三部分外债总额536.7亿美元，占总外债的比重为48.27%。公共部门的外债全部为长期债务，其中债券385.5亿美元，贷款24.2亿美元；货币当局的外债全部为短期债务；国营公司的外债也以长期为主（长期116.4亿美元，短期5.0亿美元）。银行部门的外债额为214.1亿美元，占总外债规模的19.3%。其他部分的外债额为129.5亿美元。长期以来，南非对外债的偿还从未发生过困难。从经济总量和产业优势来看，南非债务偿还能力较强，国家主权债务风险较小。

（四）南非是外国直接投资的重要对象国，也是非洲地区对外直接投资的资金来源国

南非重视吸引外国投资，据联合国贸发会议发布的2012年世界投资报告，南非2011年外国直接投资（FDI）实际流入金额为60亿美元①，高于2009年的53.5亿美元和2010年的12.2亿美元（图1-2）。2011年南非FDI仅次于尼日利亚的89.2亿美元，为非洲大陆第二大外国直接投资流入国，所吸引的外商直接投资量占非洲大陆全年总额的13.6%。

截至2011年，南非外国直接投资流入存量达到1 298.9亿美元，占非洲全部国家流入存量（5 695.59亿美元）的22.8%。1995—2005年，南非年平均外国直接投资流入23.1亿美元，占非洲同期年平均外国直接投资流入额的14.9%。2006—2010年，这一比例下降到8.6%，同期非洲年平均外国直接投资流入额483.7亿美元，南非年均外国直接投资流入额41.5亿美元。

流入南非的外国直接投资分布范围较广，其中包括电信、农产品加工业、汽车业、银行和资本市场、化工、渔业、食品饮料、IT和电子、

① 引用原文章中这一数值为57.2亿美元，而《世界投资报告》中数据为60亿美元，在此更正为60亿美元。

旅游和服装等。南非的传统投资国主要包括英国、德国和法国等西欧国家。近年来，美国、马来西亚、澳大利亚、印度等亚太国家对南非的投资也迅速增长。美国在南非投资企业600多家，居外国直接投资来源国家之首，投资领域主要集中于工矿业。

在世界银行2012年发布的《国际营商环境报告》中，南非的排名提升了一位，从36位上升到35位。在具体的9个指标中，开办企业数排名提升幅度最大，上升了30位，注册财产排名提升了14位。其他获得提升的指标还有合同执行提升4位，跨境贸易和办理破产分别提升2位。排名下降的指标有缴纳税款下降26位，获得电力供应下降2位。2012年，预计流入南非的外国直接投资将维持在40亿美元的水平，大约占GDP的1.1%。

作为中等收入发展中国家，南非不仅是外国直接投资的重要对象国，也是非洲地区对外直接投资的资金来源国。2011年，南非仅次于印度和中国，成为全球第三大对最不发达国家直接投资流出国，共投资项目27个，总金额23亿美元。印度投资43亿美元（39个项目），中国投资28亿美元（20个项目）。南非也是对发展中国家绿地投资最多的国家之一，有关投资额从2010年的不足1亿美元上升到2011年的42亿美元。

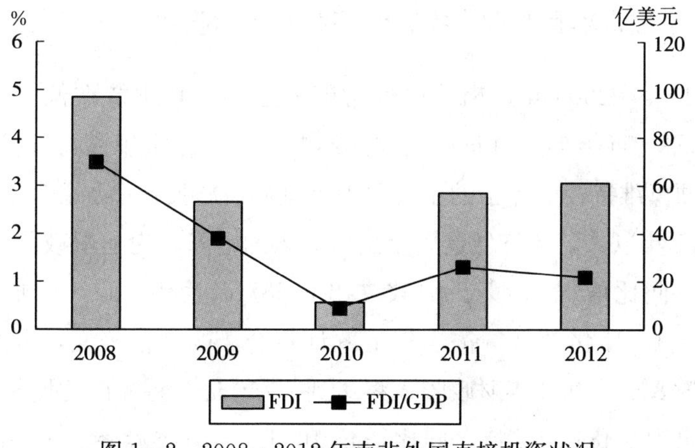

图1-2　2008—2012年南非外国直接投资状况

资料来源：中国出口信用保险公司．国家风险分析报告——南非［R］．P688.

二、面临的挑战

近年来，充满活力的非洲经济赢得世界瞩目。根据国际货币基金组织统计，2012—2014年撒哈拉以南非洲地区经济分别增长4.9%、5%和6%，其中大约有1/3的国家经济增长超过6%。相比之下，作为非洲经济发展“火车头”的南非则呈现减速态势，2012年，南非经济实际增长2.5%，2013年则只增长2%，预计2014年增长2.9%；通胀率则从2012年的5.7%上升到2013年的5.9%，预计2014年为5.5%；贷款利率从2012年的8.8%降到2013年的8.5%，预计到2014年则提升到9.2%；失业率则从2012年的25.1%提高到2013年的25.9%，预计2014年下降到25.3%，仍居于较高水平。与此同时，国内消费不旺，私人消费支出占GDP的比重从2012年的3.5%降到2013年的3%，预计2014年只有3.1%；同期的政府支出占比从4%下降到3.6%，预计2014年为3.8%。外国直接投资不足，流入量从2011年的60亿美元减少到2012年的45.7亿美元。上述数据表明，目前的南非经济正处于低增长和努力应对中等收入陷阱的状况。南非经济增长的困局主要受制于下列约束（姚桂梅，2014）。

（一）经常项目长期赤字，经济结构较为脆弱

从1994—2003年，南非的经常账户赤字一直维持在低于GDP的2%的水平。近年来，南非财政收支不断增加，赤字规模持续扩大。南非财政预算维持较大赤字的主要原因是基础设施投资增加和工资成本上升。2011年以来，经济低迷以及出口收入的下降，南非财政收入7 466亿兰特，同比增长8.7%；财政支出8 587亿兰特，同比增长8.0%；财政赤字1 121亿兰特，按当年汇率计算合153.6亿美元，占GDP的比重为3.8%。2012年财政收入将达到7 756亿兰特，同比增长3.9%；财政支出为9 484亿兰特，同比增长10.4%；财政赤字1 667亿兰特，同比增长54.1%；财政赤字按当年汇率计算合218亿美元，占GDP的5.6%，赤字规模加大。根据南非政府2012年财政预算案，政府2012

年计划将财政赤字控制到GDP的4.6%，至2014年则计划削减财政赤字至占GDP的3%。政府还将着力于稳定公共债务总水平，将其控制在占GDP38%的水平。目前来看，实现以上目标困难不大，预计2013年财政赤字占GDP的比重将控制在3.8%；2014年是南非大选年，有关选举的开支仍将使财政赤字保持高位；2015年后财政赤字占GDP的比重有望进一步下降。

南非经常账户赤字主要由其经济的外向性所决定。南非经济发展严重依赖出口和外资，经济结构相当脆弱。相较于其他非洲国家，由于南非工业化程度较高，可供出口的产品种类繁多。但是，南非生产的黄金和铂族等贵重金属除少部分供国内消费外，大部分面向全球市场，不可避免地遭受国际金融危机的冲击，多数国家对铂金等矿业产品的需求剧减，主要矿产品的价格纷纷大幅下降，导致出口收入减少。与此同时，南非的进口依然保持旺盛势头，进口需求大于出口创汇，导致2008年贸易逆差44.1亿美元。近年来，受全球经济低迷特别是新兴市场国家经济走低影响，南非出口不振，2012年贸易逆差扩大到99.1亿美元，无疑令南非的经常账户赤字不断扩大，2012年，南非的全年经常账户赤字占国内生产总值的6.3%，远高于2011年的3.4%。EIU预测，2013年经常项目账户赤字占比将上升到6.6%。外资对于南非的国际收支平衡发挥着重要影响。不过，流入南非的外资，用于直接投资的比例很少，80%以上都进入了证券市场，而且证券投资具有较高的流动性和不确定性，不是理想的资金来源。

2008年全球金融危机爆发之前，南非经济年增长率达到5%，金融危机对其经济冲击较大，2009年经济出现负增长（－1.5%）。2010年在政府经济刺激措施、世界经济环境逐渐好转和筹办世界杯足球赛的共同作用下，南非经济复苏态势明显，实际GDP增长率达2.9%。2011年，南非经济保持较好的发展态势，全年GDP增长率达到3.1%。消费支出的增长是推动南非短期经济增长的主要动力，占GDP的比重超过60%。但2011年底以来，世界经济增速再次放缓，对南非矿产等大宗商品的需求下降，南非经济再度遭遇困难。由于政府受制于压缩财政赤字和公共债务的压力，基础设施投资受到限制，无法有效缓解需求疲软和产能过剩的状况。2012年第一季度，南非工业生产萎缩了1.2%。其中，采矿业（占GDP的5%，出口的50%以上）收缩幅度达到9.9%，制造业、建筑业、公共事业也陷入停滞。采矿业和制造业的疲软主要是由于出口需求的不振，尤其是对欧洲出口的低迷。南非主要产业的萧条加剧了失业状况，2011年底南非失业率达到24.9%，国内消费亦转入低迷。2012年前两个季度，南非实际GDP同比分别增长2.1%和2.8%，第三季度预计增长3.2%。

（二）劳动力市场供求结构和总量失衡

2011年就业人数增加的领域包括政府和社区服务业、运输服务业和制造业，当年制造业就业人数只增长0.4%，金融、房地产、商业服务均增长0.7%，政府服务、批发、零售、餐饮、汽车销售增长0.5%。但是，南非失业率长期居高不下，过去30年来一直维持在20%以上，如果把放弃找工作的人也计算在内，实际失业率可能超过35%。2011年失业人数增加10.7万，失业较多的行业包括金融服务和建筑业等。失业人数中，青年人所占比例高达50%。

南非结构性失业特征明显。2012年，该国拥有劳动能力的人口占全国人口的比重高达65%，劳动力占劳动人口的比重为55.7%。然而，由于长期种族隔离统治的影响，南非黑人大多缺乏接受教育的机会。例如，在2011年的1 827万劳动力大军中，接受初等教育的劳动力占比为41.2%，接受中等教育的占比为31%，而接受高等教育的劳动力只占16.5%。受教育程度的高低直接影响着劳动力素质和技能水平的高低。例如，文盲只能从事简单的体力劳动，难以承担复杂的现代技术的劳动，这对于非常看重劳动力知识素质的高科技企业来说，越来越成为吸引外资的一大障碍。在劳动力需求方面，由于国内经济低速发展和矿业的萎缩，不仅不能提供充足的就业岗位，而且许多行业的裁员导致南非失业率居高不下。失业人群一般集中于青年人、非熟练工人及黑人团体，存在着受教育程度与失业率正相关的关系。例如，2011年，接受初等教育的劳动力中有51.3%找不到工作，接受中等教育水平的劳动力中有33.7%的人找不到工作，接受高等教育的劳动力只有5.8%的人没有就业。另外，世界经济论坛发布的2012/2013年《全球竞争力报告》中指出，由于南非劳动力市场欠缺灵活性，大量富余劳动力无法通过浮动工资方式向快速发展的经济实体中转移，导致南非劳动力市场效率排名由2011年的113位下降至131位（表1-1）。

表1-1　南非人口与劳动力供应

	总人口（万人）	人口增长率（%）	劳动适龄（15～64岁）人口占总人口的比重（%）	人口抚养比（%）	劳动力（万人）	经济活动人口占劳动适龄人口的比重（%）	失业率（%）
1990	3 520	2.0	57.9	72.8	1 190	56.1	—
2000	4 400	2.5	63.6	57.3	1 675	59.3	26.7
2010	4 999	1.4	65.1	53.7	1 833	54.9	24.7
2011	5 059	1.2	65.5	53.7	1 827	55.1	24.7
2012	5 110	1.2	65.0	53.8	1 869	55.7	25.0

资料来源：姚桂梅．南非经济发展的成就与挑战[J]．学海，2014（3）：31-37.

南非政府2011—2012年财政年度中期预算报告指出，只有经济增长年均达到7%，才能实现增加就业、消除贫困的目标。南非政府早先提出要在2020年前将失业率控制在15%，2011年11月公布的《2030年国家发展规划》提出要在未来20年内实现年均经济增长5.4%，创造1 100万个就业岗位，将失业率降至6%。现在看来，经济增长5%尚且不易，大幅度降低失业率的目标更难以实现。2010年底，南非政府推出一种全新的发展战略，即“新增长路线”，确定要大力发展基础设施、农业、采矿、绿色经济、制造业、旅游等服务行业，但作用不大。

（三）产业结构发展不平衡

种族隔离时代的南非经济以农业和采矿业为主。矿业及相关工业曾是南非经济长期依托的支柱性产业；制造业较为发达，但主要生产低技术含量的产品，并且轻工业和纺织业相对落后。新南非成立后，政府为改变产业结构发展不平衡问题，曾致力发展制造业，并大力培育科技信息新兴产业，优先发展交通运输等基础设施，使得南非的产业结构随之发展变化。从表 1-2 中不难看出，新南非成立以来，农业和工业在国民经济中的比重逐渐缩小，特别作为衡量一国工业化重要尺度的制造业的比重同期下降，服务业的贡献率不断扩大。这说明南非的经济结构已经脱离矿业和农业占主导地位的状况，但制造业地位的下降意味着南非经济增长缺乏“内燃发动机”，南非经济结构并没有取得显著变化。首先，农业和矿业增长缓慢，意味着对低技术劳动力需求的萎缩，就业形势进一步恶化。其次，作为第二产业的工业增加值占国内生产总值的比例从 1980 年的 48.4%降到 2012 年的不足 30%，特别是对劳动力需求旺盛的制造业附加值占国民生产总值的比重从 21.6%下降到 2012 年的 12.4%，未能提供充足的就业机会使百姓获益。与此同时，虽然南非的服务业比重从 1980 年的 45.4%扩大到 2012 年的接近 70%，金融中介服务、保险、房地产以及商业服务部门快速发展，但其对非熟练劳动力需求有限。总之，南非产业结构的变动并没有为大量的非熟练劳动力提供就业机会，反而加剧了业已存在的技工短缺问题。

表 1-2　1980—2012 年南非产业结构变动情况（%）

	农业贡献率	工业贡献率	制造业贡献率	服务业贡献率
1980	6.2	48.1	21.6	45.4
1990	4.6	40.1	23.6	55.3
2000	3.3	31.8	19.0	64.2
2005	2.7	31.2	18.5	66.2
2006	2.9	31.2	17.5	66.0
2007	3.0	31.3	17.0	65.7
2008	3.0	32.3	16.8	64.7
2009	2.9	31.0	15.2	66.1
2010	2.6	29.8	14.2	67.2
2011	2.5	29.2	12.8	68.3
2012	2.6	28.4	12.4	69

资料来源：姚桂梅．南非经济发展的成就与挑战 [J]. 学海，2014 (3)：31-37.

（四）收入悬殊、贫富分化严重

南非曾是一个白人长期主政且以黑人为主的多种族国家。长期歧视黑人的政策，使南非白人和黑人收入差距之大列全球之冠，占总人口3/4的黑人收入仅相当于占总人口不到1/4白人的1/10。新南非成立以来，尽管经济发展取得了较大的成就，但南非的贫富差距问题依然严峻，基尼系数多年保持在0.6以上，最高年景甚至接近0.7。据南非媒体报道，2011年南非高收入人群的人数为44 700，财产达到1 880亿美元。其中，资产超过3 000万美元的人数为423人。高收入群体仅占南非不到0.1%的人口，却拥有南非个人总财富的27%。与旧南非不同的是，贫困悬殊不仅体现在黑白人种之间，而且由于大量涌现的黑人新贵，使得黑色人种之间也出现较大的贫困差距。究其原因，主要是广大黑人由于受教育程度低，只能从事最底层的工作。南非某调查公司2011年发布的数据显示，在南非，黑人男子每月平均收入为2 400兰特，而白人男子每月平均收入为19 000兰特；大多数白人妇女每月的收入为9 600兰特，与之相比，大多数黑人妇女每月的收入仅为1 200兰特。在私营企业的最高一级的管理岗位上，73.1%的管理人员是白人，黑人的比例只有12.7%。至今，南非全国87%的白人属于中上等收入人群。值得指出的是，新南非成立以来，由于黑人经济授权法案的实施，给部分黑人特别是有政治背景的黑人精英带来了积聚财富的机会，使其步入百万富翁行列，他们奢华的生活与85%的黑人穷人形成巨大的反差。总之，南非严重的贫困分化问题，既抑制消费需求，进而压抑经济增长，又诱发犯罪、罢工等各种社会问题不断凸显。事实表明，南非经济必须进行调整改革，转型已为大势所趋。

（五）南非通货膨胀加剧，兰特持续贬值

2000年以来，南非实施与通货膨胀挂钩的灵活货币政策，受国际油价、食品价格波动影响较大。通常在通货膨胀水平明显偏高的情况下，只能实行较高的利率，但在应对全球经济危机的过程中，南非储备银行多次调低利率以刺激经济增长，导致通货膨胀率明显上升。2009—

2010年，南非通货膨胀形势一度缓和。进入2011年，全球粮食价格上涨直接推高南非国内的食品价格，通货膨胀率重新上升，食品、燃油和医疗等主要消费品价格快速上涨。2011年11月，通货膨胀率达到6.1%，环比增加0.5%，两年来首次超过南非央行限定的3%～6%的目标区间。2011年12月通货膨胀率仍为6.1%，其中食品通货膨胀率达11.1%。进入2012年，虽然国内消费需求转弱使通货膨胀压力有所缓解，但全年食品价格上涨压力仍然较大，加上2012年电价和工资的增长预期，以及石油价格的不确定性，2012年南非全年通货膨胀率仍达到5.3%（预计值）的水平。为将消费者价格指数（CPI）控制在3%～6%之间，2012年3月，南非货币政策委员会决定保持5.5%的利率不变。2012年7月，南非中央银行宣布，货币政策将考虑就业增长、金融稳定和汇率变化，目标是保持价格稳定，控制通货膨胀，实现可持续、平衡发展和增长。随着全球物价水平逐渐趋稳，南非2013—2016年的通货膨胀率有望控制在4%～5%。

2011年，南非本币兰特一度保持强势，兑美元年平均汇率为7.260∶1，较2010年小幅升值。但自下半年起，受欧洲主权债务危机的影响，兰特汇率开始逐渐走低，2012年兰特兑美元保持贬值趋势，1～12月份兑美元汇率波动中贬值，从7.5∶1左右变动到9.0∶1左右。南非进口增长持续高于出口增长，对外账户长期保持赤字，通货膨胀率较高，这使兰特承受双重贬值压力。2013年，兰特兑美元主要受累于罢工带来的负面人气，罢工令最大的非洲经济体制造业和矿业产出下降，兰特兑美元年平均汇率继续下降，在2013年12月31日，汇率创2008年以来历史新低，达到10.563 0∶1。

（六）南非贸易顺差减少，出口呈下降趋势

南非主要出口目的国为中国、美国、日本、德国、英国和印度等；主要进口来源国为中国、德国、美国、日本、沙特阿拉伯、印度和英国等。

2011年，南非商品进出口总额为2 033.5亿美元，同比增长21.3%。其中，出口1 028.6亿美元，同比增长20%；进口1 004.4亿

美元，同比增长22.7%；贸易顺差24.2亿美元，同比减少37%。

进入2012年以来，南非出口呈现出明显的下降趋势，钢铁、贵重金属等产品的出口金额均出现下降，对主要欧美国家、日本和中国的出口均表现出不同程度的低迷。世界经济不景气导致需求减少是主要原因，另外价格下跌也使出口金额的下降显得更加突出。2012年2月底以来，由于经济增长乏力，南非兰特大幅贬值，但兰特贬值并未有效刺激出口。2012年1～4月，南非商品出口287.4亿美元，同比下降4.5%；商品进口335.2亿美元，同比增长7.5%。2012年1～4月，南非出口减少较多的市场有日本（－30.8%）、德国（－24.9%）、美国（－12.8%）和中国（－5.8%），南非出口增长较多的市场有印度（26.0%）、赞比亚（22.8%）、荷兰（9.3%）。

其实，关于南非经济社会改革和转型问题，南非政府早有预判。2012年6月，南非总统祖玛就在非国大全国政策会议上提及，并让全党讨论。祖玛总统认为，南非自1994年结束种族隔离制度后的18年里，主要进行的是以政治转型为主旋律的“第一次转型”，即向民主的过渡。但基于南非普遍存在的贫困、高失业和贫富悬殊等问题的制约，南非需要进行“第二次转型”，即社会经济转型。在经济领域，南非的转型主要体现在国家治理、经济政策调整、产业发展转型等方面，核心概念包括绿色产业、可持续发展、环境友好型、经济竞争力、财政货币政策、贸易结构等等内容。在此发展思路指导下，2012年8月，南非国家计划委员会向祖玛总统递交《2030国家发展规划》，以待内阁审议。该《规划》的总目标是通过不懈努力到2030年使南非全国消除贫困、减少不平等、提高经济实力、增强国家综合能力、促进整个社会团结合作。该规划不仅制定了六大优先发展战略，而且清晰地描绘了未来20年南非的改革路线图。第一个五年计划（2013—2017），南非政府必须提高国民初级教育水平；改善劳资关系环境，确保经济发展中能源供应和分配；有步骤地建设非洲金融中心；增加研究发展经费，实现工业多样化发展；配合社会经济实际发展需要，改善原有土地占有制度，从而减少不确定性；积极加快公共就业发展方案的实施等。第二个五年计划（2018—2023），南非政府必须实现经济发展多样性，包括进一步发展能源密集型产业，如采矿业。同时有序开展技术密集型产业、商业和服务业等。另外，2013 年 4 月，南非贸工部出台 2013—2014 年工业政策行动计划，期待该国经济从依赖消费向工业化转变。南非政府将加强对本国工业制成品的采购，以此促进本土制造业的发展。2014 年 1 月，南非总统祖玛在发表 2014 年大选非国大的竞选纲领中强调，非国大将在未来 5 年进行大刀阔斧的经济改革，政府的工作重心是大范围的经济转型，继续优先发展教育、卫生、农村发展、土地改革和粮食安全事业，并创造更多的就业机会，打击犯罪和腐败。

第三节　农业资源概况

南非拥有耕地 1 536 万公顷，占国土面积的 13%，其余多为牧场和草地。人均耕地约 0.4 公顷，灌溉面积仅 80 万公顷。南非森林资源覆盖率较低，天然林主要分布在沿海山坡。可耕地面积中，仅约 300 万公顷较肥沃，其余大部分较贫瘠，以黏土、类黏土、风化岩石和沙质土为主，固着性差，易流失。南非气候多样，适合多种作物生长，但水资源缺乏，全国 2/3 以上地区属于干旱区。境内主要河流有两条，一条自东向西流入大西洋，水位季节性变化大；另一条从南非流经博茨瓦纳、津巴布韦、莫桑比克汇入印度洋。地下水是南非许多地区全年供水的唯一可靠来源。

一、优势分析

1. 农业在南非经济中占有重要地位

南非经济的发展，走的是一条以农牧业起步、采矿业发家、制造业后来居上，采矿业、制造业成为其支柱产业的独特道路。南非原是一个农牧业国家，随着工矿业的发展，农业在国内生产总值中的比重逐步下降，从 1930 年的约 20%降至 1960 年的 12.5%、1981 年的 7.1%，到 1992 年遭受严重干旱时仅占到 4.2%。目前，南非农业在国民经济中仅占国内生产总值的4.54%。尽管如此，农业在南非经济中仍占重要地位，并且对整个南部非洲地区的发展和稳定起着至关重要的作用。

农业作为南非经济的四大支柱之一，有着较高的发展水平。2009年，南非农业产值约占国内生产总值的3%，但农林渔业就业人口占总人口的7%，其产品出口收入占非矿业出口收入的15%。农作物多为一年一熟。主要农作物有玉米、小麦、甘蔗、葡萄、马铃薯、葵花籽等，南非甘蔗出口位居世界前列，同时也是世界上第四大羊毛出口国。

2. 南非农作物主要产区集中，农产品具有很强市场竞争力

南非农业因地理、资源条件不同而异，每个地区均有鲜明特色，主要农作物有自己的集中产区。玉米集中在西北省、自由州、马普马兰加省高草原（海拔1 300米以上）以及夸祖卢——纳塔尔省。小麦产区主要在冬季降雨的西开普省、西北省、北部省和自由州。其中西开普省西南部地中海式气候区冬季温和多雨，盛产小麦、水果以及世界上最优质的葡萄酒。其他粮食作物中，大麦、黑麦、燕麦等集中于西南部地中海气候区，甘蔗、柑橘和菠萝主要集中于沿海无霜冻地区以及夸祖卢——纳塔尔省沿海湿润区，棉花分布在北方省。

由于地处热带草原气候，南非农业生产受气候变化影响明显。以玉米为例，2004/2005年度玉米产量为1 175万吨，2005/2006年度和2006/2007年度分别为694.7万吨和733.9万吨，2008/2009年度以及2009/2010年度玉米产量分别为1 270万吨和1 288万吨。2006年小麦产量为211.4万吨，而2007年为191.6万吨，减产9.5%，2009年为192万吨，仍需进口才能满足国内需求①。尽管受气候影响较大，除极少数干旱年份外，大多数年份南非仍是一个粮食自给有余并有所出口的国家。由于南非农牧业产品品质优良，加之地理位置优越，交通便利，其产品在市场上具有很强的竞争力，南非政府也经常为非洲其他国家提供农业和粮食援助。

3. 农业商品率和生产率高居非洲前列

商品农业经济在南非发展的历史较为悠久，它从一开始就同宗主国

① 常伟．南非农地改革前景展望［J］．世界农业．2010（9）：32－35.

的海外市场紧密相连。开普殖民地建立的首要任务是为过往船只提供蔬菜、肉类、淡水和其他生活必需品。钻石、黄金采矿业兴起后，大批移民纷至沓来，使得城市迅速发展。急剧增加的城市人口对粮食、蔬菜、肉类、水果的大量需求极大地促进了农业生产的商品化。1910 年南非联邦成立后，许多掌权者代表布尔人农场主的利益，通过了一系列有利于白人农场主的立法，使南非农业逐步向现代化农业过渡。第二次世界大战后，农业机械化的推广，大大提高了农业生产率和商品率。1994 年，南非农用拖拉机拥有量为 12.6 万台，谷物联合收割机为 1.27 万台。每个农业劳动力平均生产谷物 7 766 千克，生产肉类 660 千克。

4. 南非有着较为发达的农业教育体系

南非对于农业教育十分重视并拥有较发达的农业教育体系，对于中小学生均设有农业专题课程，纳塔尔大学等 8 所大学也都设有农学院，由于这 8 所大学均为国立大学，因此其农学院也是由政府投资的。此外南非还有近 30 所专科性质的农学院，这类农学院类似于中国的农业中等专科学校。南非也很重视农业科研开发，国家设有农业研究委员会，下设 17 个研究所和 40 个试验站分布在全国各地。南非农业有许多优质产品和品牌产品具有世界声誉。

二、劣势分析

1. 农业具有鲜明的二元结构

南非农业具有鲜明的二元结构，即国内存在着两种截然不同的农业生产机制，其生产内容、水平、特点都存在着巨大的差异。

一方面是少数白人农场主经营的发达的大农场，是高度商品化的农业，提供南非农业总产值的 90%以上；另一方面，是非洲黑人仅能维持生计的传统农业。南非新政府继承下来的是一种极不平等的土地所有制结构。种族隔离统治时期的土地法令将 86%的土地给了白人，广大的黑人被排挤到土地贫瘠的保留地。到种族隔离制结束时，先前的白人土地由 6.7 万个农场主占有，规模大都超过 1 000 公顷，而 71%的农村人口居住在剩余的 14%的土地上，且黑人地区人均占有可耕地低至 0.1 公顷。

再从农场雇工和在农村工作的国内工人数量来看，随着劳动生产率的提高，整体雇工人数在不断减少（表 1－3），但是这种减少体现在白人数量的微幅增加及黑人雇工数量的急剧减少。全部雇工由 1975 年的 143.35 万人降到 2007 年的 77.39 万人，其中白人雇工由 1975 年的 1.37 万人上升到 1996 年的 2.03 万人，黑人却由 119.59 万人降到 68.9 万人。

这种局面严重影响了南非农业的整体发展。南非政府虽然也开始扶植黑人发展农业，增加了对农村地区的投入，但要改变这种农业格局，短时期内难以完成。

表 1－3　农场雇工数量及分类

单位：万人

	全部	白人	有色人种及亚洲人	黑人
1975 年 8 月	143.35	1.37	22.39	119.59
1980 年 8 月	123.52	1.42	21.03	101.07
1985 年 8 月	132.37	1.73	22.99	107.65
1990 年 2 月	118.47	1.68	25.53	91.26
1995 年 8 月	89.10	1.97	19.74	67.39
1996 年 8 月	91.45	2.03	20.52	68.90
2002 年	94.08	—	—	—
2005 年	62.82	—	—	—
2007 年 2 月	77.39	—	—	—

资料来源：Agricultural Censuses and Surveys。

2. 土地问题的矛盾将长期存在

南非现在的土地所有制结构是历史遗留下来的。新南非政府成立后提出的发展与重建计划要求在农业方面进行土地改革，到 1999 年将 30％的土地分配给农民。南非国大政府想通过购买和减少资助的方式从效率不高和处于边沿地区的白人农场中挤出来一些土地分配给黑人，但这样挤出来的土地毕竟有限，因此这对于解决整个社会的土地矛盾不会产生太大的影响。加之南非可耕地少，荒漠和草原多，同时，农业受降水影响较大，干旱是南非普遍发生的自然灾害，这样就更凸显了土地的重要性，凸显了土地所有制所引起的社会矛盾。因此针对这一问题，也有人主张通过发展农业—工业土地，扩大甘蔗、烟草、水果、林业等方面吸收就业的能力，以此来解决土地问题。

3. 南非的地区差异明显，资源条件差异大

在适合于作物生产的1 400万公顷土地中，仅有约300万公顷有较高的农业潜力。许多土壤土层浅薄、酸性或碱性土质、缺乏营养，不利的土壤结构以及不均匀的降雨分布使得不适合开发的土地占总耕地的82%，并且大约有20%的地表受冲蚀。南非整个国家相对干旱，降水缺乏，平均降水502毫米。降水量空间分布也很不均匀，从东部向西部急剧减少，东海岸年均降水约1 000毫米，而西海岸年均降水则少于200毫米。大部分地区属热带草原气候，日照充足，降水偏少，且主要集中在夏季。

第二章
南非农业生产概况

第二次世界大战后，南非农业的增长率与人口的增长率大致保持同步，农业发展状况较好，产量步步高升。表 2-1 对南非的农产品、园艺产品、畜产品和它们的总产值进行了时间序列的统计。可以看出，1970/1971 年度农业总产值只有 14.994 亿兰特，其中农产品占到最大比例，为 47%；畜产品占到 36%；其余为园艺产品。随着时间的发展，农业总产值不断扩大，1989/1990 年度农业总产值达到 201.98 亿兰特，其中农产品占到 35%；畜产品占到最大比例，为 44%；其余为园艺产品。2011/2012 年度南非农业生产总值为 1 643.948 亿兰特，其中畜产品所占比例继续稳步上升，达到 46%，成为农业产值中最大的种类；农产品占到 29%；园艺产品比例也显著上升，占到 25%。可以看出，农产品生产总值上升的同时，产品结构也不断升级、趋于成熟。

表 2-1　农业总产值

单位：百万兰特

	农产品	园艺产品	畜产品	总产值
1970/1971	700.0	258.7	540.7	1 499.4
1974/1975	1 239.6	485.0	1 063.4	2 788.0
1979/1980	2 936.4	934.4	2 059.5	5 930.3
1984/1985	4 718.5	1 779.1	4 436.3	10 933.9
1989/1990	7 064.9	4 282.9	8 850.2	20 198.0
1994/1995	8 661.8	7 411.3	13 868.2	29 941.3
1999/2000	14 428.9	12 541.9	19 690.1	46 660.9

（续）

	农产品	园艺产品	畜产品	总产值
2004/2005	17 751.6	20 694.9	33 837.9	72 284.4
2009/2010	30 424.0	33 754.5	65 362.4	129 540.9
2010/2011	34 022.3	36 284.5	67 852.6	138 159.4
2011/2012①	47 679.8	40 776.9	75 938.1	164 394.8

注：①预测值。

资料来源：南非农林渔业部．农业统计摘要 2013.

再看表 2－2 统计的由农业部门创造的农业毛收入和净收入数值，在 1970/1971 年度，毛收入为 1 312.6 百万兰特，净收入为 487.1 百万兰特，净收入占毛收入的比例为 37%。之后农业毛收入和净收入均稳步增加，到 1989/1990 年度，毛收入为 1970/1971 年度的 15 倍，净收入为 1970/1971 年度的 13 倍，净收入占毛收入的比例为 33%。2011/2012 年度农业毛收入达到 162 328.4 百万兰特，净收入为 53 047.8 百万兰特，净收入占毛收入的 33%。虽然毛收入与净收入比 1970/1971 年度都有了 100 多倍的增长，但是净收入所占比例却在下降，稳定在 33%左右，说明南非与任何国家一样，农业生产成本不断提高，农业生产的比较利益在下降。尽管农业在整体经济产值中的比重正在下降（图 2－1），但仍是经济中十分重要的部门，而且对南部非洲地区的经济发展和稳定均具重要意义。

表 2－2　由农业部门创造的农业毛收入和净收入

单位：百万兰特

	毛收入①	净收入②
1970/1971	1 312.6	487.1
1974/1975	2 644.7	1 380.8
1979/1980	5 404.6	2 096.3
1984/1985	9 719.4	2 343.6
1989/1990	20 015.8	6 684.8
1994/1995	28 910.6	6 768.1
1999/2000	42 315.4	3 901.6
2004/2005	65 550.1	10 862.1

（续）

	毛收入①	净收入②
2009/2010	131 978.9	40 365.6
2010/2011	132 672.6	33 347.7
2011/2012③	162 328.4	53 047.8

注：①②不包括对小麦和玉米的出口利润偿还；

③预测值。

资料来源：南非农林渔业部．农业统计摘要 2013.

南非是非洲农业大国，农业基础设施、农业生产技术、农业机械化程度和农业劳动生产水平都大大领先于其他非洲国家，农副产品商品率居非洲前列，是世界第十大产糖国、国际著名的葡萄酒产地。南非还拥有自己独特的动植物优良品种，农业生物技术也相当发达。

农牧业是南非的传统产业，玉米是南非居民的主食。其他作物有小麦、甘蔗、棉花、黑麦、燕麦、葵花籽、花生、蔬菜和水果等。南非的甘蔗、苹果、梨、桃、杏、菠萝等比较有名且大量出口。南非畜牧业超过种植业，以牛羊养殖为主，是非洲最大的养羊国。渔业目前以海洋捕

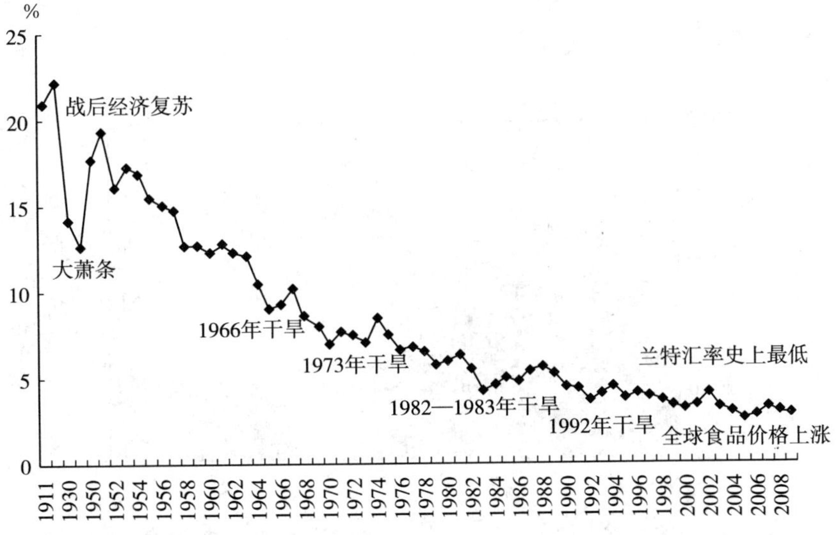

图 2－1　1911 年以来农业对 GDP 的贡献率

资料来源：转引自 Sandrey，R. *et al*. 2011. Agricultural Trade and Employment in South Africa [N]. *OECD Trade Policy Working Papers*, No. 130, OECD Publishing. http://dx. doi. org/10. 1 787/5kg3nh58nvql-en.

捞业为主，林业比例较小。

南非可耕地相对不足，雨量不多，水源不足，干旱一直是困扰南非农业的一个不利因素（图 2-1）。尽管通常是局部干旱，但作为一个资源贫乏的国家，南非农业仍然饱受干旱的困扰。相比 1966 年、1982—1984 年和 1992—1993 年严重的全国性干旱来说，最近一段时间（即自 1994 年首次民主选举以来）全国性的干旱一次也没有发生。

第一节 产业发展状况

从表 2-1 可以看出，南非农业产值中产业的特点是随着时间的推移，农产品所占比重逐渐下降，畜产品和园艺产品所占比重稳步上升，如今，已经形成比较稳定的“畜产品产值最高、农产品第二、园艺产品第三”的产业格局。如图 2-2 所示，农产品产值 1970/1971 年度占 50%的份额，此后逐渐下降，2011/2012 年度大约为 30%的份额；畜产品份额稳步上升，到 2011/2012 年度所占份额最大；园艺产品份额虽然一直最小，但也呈逐步扩大的趋势。

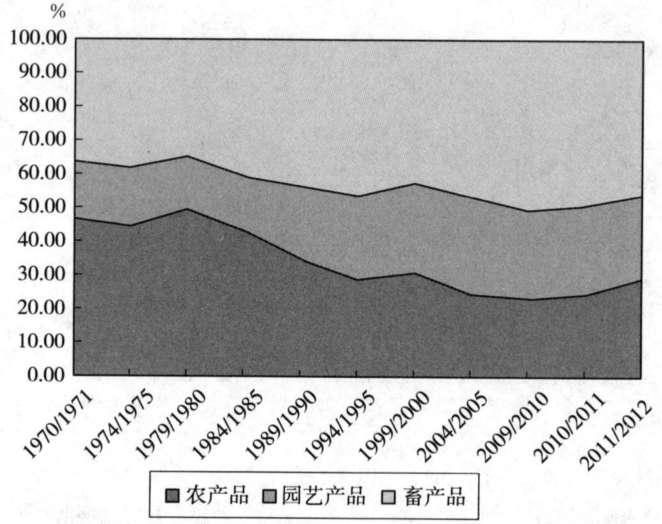

图 2-2 1970—2012 年农业部门内部各类产品比重

资料来源：根据表 2-1 绘制。

南非每年可种植的867万公顷土地上，有40%的面积种植的是玉米。降雨量决定了作物的种植面积。其他主要作物有小麦、高粱、花生、葵花、甘蔗、水果和蔬菜。南非生产的葡萄和白兰地出口到25个国家，不过90%的生产量在南非当地消费。

南非还是一个重要的肉类、皮革、羊毛和牛奶生产国。南非年产羊毛6.9万吨，生产量名列世界第6位。主要的绵羊种是生产优质羊毛的美利奴绵羊，占饲养量的59%，马海毛产量约占世界总产量的40%，安哥拉山羊约占南非山羊饲养量的60%，其余为肉用的布尔山羊。

南非的水产养殖业产量分别占非洲和世界水产养殖业的5%和0.03%。20世纪80年代以来，水产养殖的生产量不断增加，贻贝产量占总产量的1/2以上，其次是鲑鱼、牡蛎和角果藻。

一、种植业

（一）种植业条件

1. 南非农业较发达

南非可耕地约占土地面积的13%，但肥沃土地仅占可耕地的22%。灌溉面积1 300万公顷。农业生产总值约占国内生产总值的4.1%，并提供13%的正式就业机会。

2. 农业生产受气候变化影响明显

尽管南非发展种植业的条件并不十分优越，但南非物产丰富，大部分农产品可自给，基本上是农产品净出口国，仅小麦、油籽、大米、茶和咖啡等需要进口。南非出口的农牧产品种类很多，最主要的有葡萄酒、柑橘、葡萄、玉米、果汁和羊毛等。农产品出口占总出口量的7.6%左右，其中英国、荷兰、德国、美国和莫桑比克是南非最大的农产品出口对象国。

3. 南非政府已开发了多处大型水利设施

正在建设中的奥兰治河流域水利工程建成后可增加30万公顷灌溉面积，可使全国灌溉面积增加40%。另外，南非农业生产中广泛使用化肥、除草剂等，对农业产量的增加起了很大作用。在耕作技术方面，南非农场中大力推广了轮耕制，在保持土壤肥力、提高农作物产量方面都起到了良好的效果。

（二）主要作物生产

南非农作物生产主要集中在东部，园艺业主要分布在东部和西部沿海的平原地区。东北部平原盛产柑橘、亚热带水果和蔬菜。夸祖鲁—纳塔尔省和东开普沿海无霜区适合种植甘蔗、柑橘、菠萝等亚热带作物。开普地区出产冬季谷物、水果和世界最优质的葡萄酒。

1. 粮食作物

（1）玉米。南非的主要粮食作物有玉米、小麦、大麦和高粱等，其中玉米是最主要的粮食作物。南非是南部非洲主要的玉米生产国。玉米是南非居民的主食，也是南非最重要的农作物，年产量在 600 万～1 300 万吨波动，总产量为非洲第一。主要用于本国人口消费，一部分是出口，主要出口邻国，其余部分则用于动物饲料。

表 2－3 是南非的玉米生产情况，可以看到，1970/1971 年度南非玉米的种植面积是 4 796 千公顷，总产量是 8 644 千吨，生产总值是 333 860 千兰特，计算下来，每千公顷土地玉米的产量是 1.8 千吨，每千公顷土地玉米的生产总值是 70 千兰特。随着时间的推移，玉米的种植面积在波动中逐渐减少，到 2000/2001 年度，玉米的种植面积减少到 3 189 千公顷，总产量是 7 772 千吨，生产总值是 6 928 826 千兰特，计算下来，每千公顷土地玉米的产量是 2.4 千吨，每千公顷土地玉米的生产总值是 2 173 千兰特。如今，2011/2012 年度南非玉米的种植面积下降到 3 141 千公顷，总产量是 12 468 千吨，生产总值是 24 512 412 千兰特，计算下来，每千公顷土地玉米的产量是 4 千吨，每千公顷土地玉米的生产总值是 7 804 千兰特。可以看出，虽然南非玉米种植的面积不断下降，但是单位土地玉米的产量稳步提高，2011/2012 年度达到 1970/1971 年度的 2.22 倍。单位土地玉米的生产总值更是快速增长，达到 1970/1971 年度的 111 倍。

表 2-3 玉米的生产情况

年份	种植面积（千公顷）	总产量①（千吨）	生产总值①（千兰特）	年份	种植面积（千公顷）	总产量①（千吨）	生产总值①（千兰特）
1970/1971	4 796	8 644	333 860	1991/1992	4 173	3 277	1 489 980
1971/1972	4 968	9 525	397 085	1992/1993	4 377	9 997	4 137 166
1972/1973	3 975	4 202	197 452	1993/1994	4 661	13 275	4 868 414
1973/1974	4 820	11 083	640 315	1994/1995	3 526	4 866	2 825 182
1974/1975	4 792	9 139	576 197	1995/1996	3 761	10 171	6 043 332
1975/1976	4 989	7 518	500 370	1996/1997	4 023	10 136	6 000 866
1976/1977	4 706	9 793	734 221	1997/1998	3 560	7 693	4 454 363
1977/1978	4 412	10 205	833 007	1998/1999	3 567	7 946	5 397 112
1978/1979	4 566	8 475	862 689	1999/2000	4 012	11 455	6 289 684
1979/1980	4 563	11 040	1 310 007	2000/2001	3 189	7 772	6 928 826
1980/1981	4 488	14 872	1 768 711	2001/2002	3 533	10 077	13 814 457
1981/1982	4 664	8 781	1 190 204	2002/2003	3 651	9 705	9 134 479
1982/1983	4 680	4 399	770 447	2003/2004	3 204	9 737	8 217 185
1983/1984	4 839	4 797	1 055 662	2004/2005	3 223	11 749	7 473 768
1984/1985	4 502	8 444	1 920 603	2005/2006	2 032	6 947	7 418 730
1985/1986	4 829	8 600	2 008 968	2006/2007	2 897	7 339	10 641 551
1986/1987	5 063	7 890	1 986 303	2007/2008	3 297	13 164	21 926 055
1987/1988	4 736	7 670	1 960 705	2008/2009	2 896	12 567	16 339 129
1988/1989	4 394	12 481	3 328 612	2009/2010	3 263	13 421	13 485 988
1989/1990	4 163	9 180	2 814 823	2010/2011	2 859	10 924	16 725 290
1990/1991	3 816	8 614	3 201 580	2011/2012②	3 141	12 468	24 512 412

注：①包括自留种子和杂交种子，包括前 TBVC 州（Transkei，Bophuthatswana，Venda，Ciskei）和自治领土；

②预测值。

资料来源：南非农林渔业部．农业统计摘要 2013.

（2）小麦。作为南非的主要粮食作物，小麦的生产也呈现不断上升趋势。表 2-4 是南非的小麦生产情况，可以看到，1970 年南非小麦的种植面积是 1 930 千公顷，总产量是 1 396 千吨，生产总值是 94 118 千兰特，可得出，每千公顷土地小麦的产量是 0.72 千吨，每千公顷土地小麦的生产总值是 48.77 千兰特。随着时间的推移，小麦的种植面积在波动中稳步减少，到 2000 年，小麦的种植面积减少到 934 千公顷，总产量是 2 428 千吨，生产总值是 2 829 568 千兰特，可得出，每千公顷土地小麦的产量是 2.60 千吨，每千公顷土地小麦的生产总值是 3 030

千兰特。2012 年，南非小麦的种植面积下降到 511 千公顷，总产量是 1 924 千吨，生产总值是 5 537 168 千兰特，可得出，每千公顷土地小麦的产量是 3.77 千吨，每千公顷土地小麦的生产总值是 10 836 千兰特。可以看出，虽然南非小麦种植的面积不断下降，但是单位土地小麦的产量稳步提高，2012 年达到 1970 年的 5 倍，单位土地的生产总值更是达到 1970 年的 222 倍。

表 2-4　小麦的生产情况

年份	种植面积①（千公顷）	总产量②（千吨）	总产值②（千兰特）	年份	种植面积①（千公顷）	总产量②（千吨）	总产值②（千兰特）
1970	1 930	1 396	94 118	1992	750	1 324	923 083
1971	2 010	1 670	119 372	1993	1 075	1 984	1 492 808
1972	2 017	1 746	121 469	1994	1 048	1 840	1 389 553
1973	2 025	1 871	146 050	1995	1 363	1 977	1 568 773
1974	1 865	1 596	156 631	1996	1 294	2 712	2 454 054
1975	1 839	1 792	188 895	1997	1 382	2 429	1 986 183
1976	1 959	2 248	272 927	1998	745	1 892	1 529 163
1977	1 828	1 879	228 408	1999	718	1 733	1 664 750
1978	1 895	1 699	230 071	2000	934	2 428	2 829 568
1979	1 903	2 092	385 567	2001	974	2 504	3 559 642
1980	1 627	1 490	313 765	2002	941	2 438	3 832 257
1981	1 812	2 356	556 089	2003	748	1 547	2 209 104
1982	2 013	2 448	705 031	2004	830	1 687	1 841 746
1983	1 819	1 786	480 935	2005	805	1 913	1 978 500
1984	1 942	2 346	690 202	2006	765	2 114	3 222 670
1985	1 983	1 691	534 916	2007	632	1 913	4 794 330
1986	1 946	2 333	864 521	2008	748	2 149	4 957 581
1987	1 749	3 154	1 257 265	2009	642	1 967	3 161 796
1988	2 009	3 557	1 220 682	2010	558	1 436	3 308 895
1989	1 843	2 033	929 947	2011	605	1 858	4 773 479
1990	1 563	1 709	879 422	2012③	511	1 924	5 537 168
1991	1 436	2 142	1 321 345				

注：①商品麦种植面积；

②包括自留种子和杂交种子，包括前 TBVC 州和自治领土；

③预测值。

资料来源：南非农林渔业部．农业统计摘要 2013.

（3）高粱。整体来看，南非高粱种植的面积不断下降，但是单位土地高粱的产量有所提高，单位产值大幅提高。表 2－5 可以看到，1980/1981 年度南非高粱的种植面积是 219 千公顷，总产量是 553 千吨，生产总值是 56 512 千兰特，单产是 2.53 千吨/千公顷，每千公顷土地高粱的生产总值是 258 千兰特。随着时间的推移，高粱的种植面积在波动中稳步减少，到 2000/2001 年度，高粱的种植面积减少到 88 千公顷，总产量是 206 千吨，生产总值是 156 691 千兰特，计算可得，每千公顷土地高粱的产量是 2.34 千吨，每千公顷土地高粱的生产总值是 1 781 千兰特。2011/2012 年度南非高粱的种植面积下降到 49 千公顷，总产量是 156 千吨，生产总值是 416 662 千兰特，计算可得，每千公顷土地高粱的产量是 3.18 千吨，每千公顷土地高粱的生产总值是 8 503 千兰特。可以看出，虽然南非高粱种植的面积不断下降，但是单位土地高粱的产量有所提高，2011/2012 年度达到 1980/1981 年度的 1.26 倍，单位土地的生产总值更是达到 1980/1981 年度的 33 倍。

表 2－5　高粱的生产情况

年份	种植面[①]（千公顷）	总产量[②]（千吨）	总产值（千兰特）	年份	种植面[①]（千公顷）	总产量[②]（千吨）	总产值（千兰特）
1980/1981	219	553	56 512	1996/1997	161	433	225 353
1981/1982	215	302	44 288	1997/1998	131	358	197 158
1982/1983	247	221	45 619	1998/1999	99	224	163 177
1983/1984	323	498	93 746	1999/2000	142	473	245 837
1984/1985	354	628	119 097	2000/2001	88	206	156 691
1985/1986	388	487	111 603	2001/2002	75	258	386 526
1986/1987	274	677	165 960	2002/2003	95	260	376 784
1987/1988	265	651	169 483	2003/2004	130	449	404 226
1988/1989	182	511	124 608	2004/2005	86	313	140 883
1989/1990	138	341	92 900	2005/2006	37	110	131 532
1990/1991	118	302	119 234	2006/2007	69	202	300 246
1991/1992	134	118	56 052	2007/2008	87	293	520 353
1992/1993	167	515	240 352	2008/2009	86	318	475 261
1993/1994	163	520	185 706	2009/2010	87	226	312 637
1994/1995	146	291	140 048	2010/2011	69	178	297 964
1995/1996	174	536	254 524	2011/2012[③]	49	156	416 662

注：①商品高粱种植面积；

②包括前 TBVC 州和自治领土；

③预测值。

资料来源：南非农林渔业部．农业统计摘要 2013.

（4）大豆。南非大豆种植的面积30年来不断迅速扩大，而且单位土地大豆的产量和产值有所提高。如表2－6所示，1975/1976年度南非大豆的种植面积是22千公顷，总产量是17.9千吨，生产总值是2 848千兰特，计算可得每千公顷土地大豆的产量是0.81千吨，每千公顷土地大豆的生产总值是129千兰特。随着时间的推移，大豆的种植面积迅速增加，到2000/2001年度，大豆的种植面积增加到134千公顷，总产量是226.1千吨，生产总值是280 933千兰特，计算得出，每千公顷土地大豆的产量是1.69千吨，每千公顷土地大豆的生产总值是2 097千兰特。2011/2012年度南非大豆的种植面积迅速扩大到472千公顷，总产量是650千吨，生产总值是2 394 700千兰特，计算得出，每千公顷土地大豆的产量是1.38千吨，每千公顷土地大豆的生产总值是5 074千兰特。可以看出，南非大豆种植的面积30年来不断迅速扩大，而且

表2－6 大豆的生产情况

年份	种植面积①（千公顷）	总产量②（千吨）	总产值（千兰特）	年份	种植面积①（千公顷）	总产量②（千吨）	总产值（千兰特）
1975/1976	22	17.9	2 848	1994/1995	65	58.5	54 435
1976/1977	25	29.7	6 096	1995/1996	68	80	96 000
1977/1978	25	40.1	7 753	1996/1997	71	120	166 975
1978/1979	26	26.4	5 988	1997/1998	125	200.9	220 088
1979/1980	28	39.9	9 793	1998/1999	130	187.9	226 029
1980/1981	22	27.6	7 875	1999/2000	94	153.5	197 294
1981/1982	22	21.4	6 615	2000/2001	134	226.1	280 933
1982/1983	30	28.7	9 760	2001/2002	124	223	448 442
1983/1984	35	38.9	13 846	2002/2003	100	136.5	339 547
1984/1985	23	39.9	16 281	2003/2004	135	220	469 643
1985/1986	30	37.9	16 216	2004/2005	150	272.5	347 293
1986/1987	33	34.9	18 293	2005/2006	241	424	622 195
1987/1988	40	65.3	32 964	2006/2007	183	205	480 379
1988/1989	44	78.6	47 755	2007/2008	165	282	1 135 405
1989/1990	61	118.2	72 652	2008/2009	238	516	1 644 691
1990/1991	87	135.2	100 612	2009/2010	311	566	1 430 826
1991/1992	83	62.9	51 975	2010/2011	418	710	2 255 238
1992/1993	46	68.6	58 663	2011/2012③	472	650	2 394 700
1993/1994	55	67.7	58 184				

注：①商品大豆种植面积；
②包括前TBVC州和自治领土；
③预测值。
资料来源：南非农林渔业部．农业统计摘要2013.

单位土地大豆的产量有所提高，2011/2012 年度是 1975/1976 年度的 1.7 倍，单位土地的生产总值更是 1975/1976 年度的 39 倍。值得说明的是，大豆是南非种植面积 30 多年来不减反增的作物，2011/2012 年度大豆种植面积是 1975/1976 年度的 21 倍，可见南非对大豆生产的重视。

（5）燕麦。南非燕麦产量呈现随着时间变化不断减少、但总产值不断增加的趋势（表 2－7）。1970 年南非燕麦的种植面积是 373 千公顷，总

表 2－7　燕麦的生产情况

年份	种植面积①②（千公顷）	产量①（千吨）	总产值（千兰特）	年份	种植面积①②（千公顷）	产量①（千吨）	总产值（千兰特）
1970	373	121	5 099	1992	856	45	13 731
1971	378	98	4 782	1993	822	47	13 024
1972	417	105	5 207	1994	705	37	10 811
1973	435	111	6 405	1995	698	38	10 564
1974	417	115	8 432	1996	677	33	10 253
1975	466	108	8 122	1997	703	30	9 842
1976	490	94	7 344	1998	21	25	10 756
1977	414	76	6 043	1999	22	22	12 361
1978	403	69	6 319	2000③	—	33	24 002
1979	425	87	9 663	2001	—	51	42 895
1980	361	65	8 443	2002	—	58	55 306
1981	389	82	12 202	2003	—	33	36 164
1982	460	92	15 416	2004	—	37	38 784
1983	450	83	14 855	2005	—	34	31 675
1984	496	81	15 118	2006	—	40	39 371
1985	436	12	2 055	2007	—	42	68 534
1986	450	43	8 706	2008	—	27	55 290
1987	506	67	12 847	2009	—	37	48 266
1988	573	43	7 636	2010	—	34	73 783
1989	690	42	5 899	2011	—	66	132 846
1990	720	42	6 549	2012④	—	49	91 170
1991	832	39	10 264				

注：①1979 年以及之前的数据，不包括前 TBVC 州和自治领土；

②1998 年之前燕麦种植数据，包括用于饲料和销售的燕麦种植；从 1998 年开始，燕麦种植数据包括用于人和动物作为主要食物的数据；

③统计口径发生变化，下文无法得出此后年份燕麦的种植面积；

④预测值。

资料来源：南非农林渔业部．农业统计摘要 2013.

产量是121千吨，生产总值是5 099千兰特，计算下来，每千公顷土地燕麦的产量是0.32千吨，每千公顷土地燕麦的生产总值是13.67千兰特。此后，燕麦的种植面积迅速增加，到1997年，燕麦的种植面积在波动中稳步增加到703千公顷，总产量是30千吨，生产总值是9 842千兰特，计算下来，每千公顷土地燕麦的产量是0.04千吨，每千公顷土地燕麦的生产总值是14千兰特。由于后来的统计口径发生变化，无法对近年来燕麦的种植面积情况做进一步分析，但是可以看到南非燕麦产量随着时间变化不断减少、但是总产值不断增加的趋势。

（6）大麦。南非大麦种植的面积30年来经历了上升再下降的趋势，但是，单位土地大麦的产量和产值大幅度提高（表2-8）。1975年南非

表2-8　大麦的生产情况

年份	种植面积①②（千公顷）	产量①（千吨）	总产值（千兰特）	年份	种植面积①②（千公顷）	产量①（千吨）	总产值（千兰特）
1975	74	69	6 685	1994	120	275	195 676
1976	88	73	7 786	1995	125	300	233 469
1977	90	106	11 598	1996	127	174	140 409
1978	98	135	15 089	1997	132	178	145 600
1979	107	141	15 871	1998	112	200	152 866
1980	68	60	10 146	1999	102	92	70 068
1981	69	106	20 259	2000	78	116	92 961
1982	64	110	26 696	2001	73	131	131 400
1983	79	154	37 712	2002	72	180	215 863
1984	87	173	46 220	2003	84	240	343 920
1985	101	256	52 716	2004	83	185	248 326
1986	91	199	53 328	2005	90	225	257 129
1987	100	280	88 186	2006	90	236	372 036
1988	80	126	41 081	2007	73	223	307 360
1989	97	266	94 449	2008	68	224	514 400
1990	110	262	119 252	2009	75	216	459 194
1991	135	170	83 458	2010	83	194	389 230
1992	134	265	150 160	2011	80	312	710 495
1993	116	230	150 703	2012③	85	296	746 842

注：①商品大麦种植面积；
②包括用于饲料和市场目的的种植；
③预测值。
资料来源：南非农林渔业部．农业统计摘要2013.

大麦的种植面积是 74 千公顷，总产量是 69 千吨，生产总值是 6 685 千兰特，计算得出，每千公顷土地大麦的产量是 0.93 千吨，每千公顷土地大麦的生产总值是 90.34 千兰特。随着时间的推移，南非大麦的种植面积在波动中增加，在 20 世纪 90 年代初期达到最高，种植面积为 100 多千公顷，在 2000 年前后又有一个明显的下降，2000 年种植面积恢复到 78 千公顷，总产量是 116 千吨，生产总值是 92 961 千兰特，计算下来，每千公顷土地大麦的产量是 1.49 千吨，每千公顷土地大麦的生产总值是 1 192 千兰特。到 2012 年，南非大麦的种植面积保持在 85 千公顷，总产量是 296 千吨，生产总值是 746 842 千兰特，计算下来，每千公顷土地大麦的产量是 3.48 千吨，每千公顷土地大麦的生产总值是 8 786 千兰特。整体而言，南非大麦种植的面积 30 年来经历了上升再下降的趋势，2012 年面积与 30 多年前持平，但是，单位土地大麦的产量大幅度提高，2012 年达到 1975 年的 3.7 倍，单位土地的生产总值更是达到 1975 年的 97 倍。

（7）干豆。表 2-9 显示 1980/1981 年度南非干豆的种植面积是 73 千公

表 2-9　干豆的生产情况

年份	种植面积①（千公顷）	总产量②（千吨）	年份	种植面积①（千公顷）	总产量②（千吨）
1980/1981	73	99	1996/1997	47	67
1981/1982	71	84	1997/1998	39	50
1982/1983	79	53	1998/1999	65	88
1983/1984	86	70	1999/2000	72	83
1984/1985	67	87	2000/2001	78	104
1985/1986	81	98	2001/2002	45	62
1986/1987	87	99	2002/2003	51	68
1987/1988	77	97	2003/2004	56	85
1988/1989	80	117	2004/2005	49	79
1989/1990	87	136	2005/2006	55	74
1990/1991	100	125	2006/2007	51	44
1991/1992	70	35	2007/2008	44	65
1992/1993	57	75	2008/2009	44	74
1993/1994	69	63	2009/2010	44	57
1994/1995	67	61	2010/2011	42	46
1995/1996	64	63	2011/2012	40	52

注：①商品干豆种植面积；

②包括前 TBVC 州和自治领土。

资料来源：南非农林渔业部．农业统计摘要 2013.

顷，总产量是99千吨，计算下来，每千公顷土地干豆的产量是1.36千吨。随着时间的推移，干豆的种植面积在波动中增加，在20世纪90年代初期达到最大，种植面积为100千公顷，随后又有一个比较明显的回落，到2000/2001年度，种植面积为78千公顷，总产量是104千吨，计算下来，每千公顷土地干豆的产量是1.33千吨。到2011/2012年度，南非干豆的种植面积下降到40千公顷，总产量是52千吨，计算下来，每千公顷土地干豆的产量是1.3千吨。可以看出，南非干豆种植的面积30年来先增后降，但是单位土地干豆的产量并没有明显变化，2011/2012年度比1980/1981年度的单产甚至有所减少，这种情况在各种粮食作物中都不多见。

2. 油料作物

（1）花生。南非的主要油料作物是花生和葵花子。花生集中种植于

表2-10　花生的生产情况

年份	种植面积①（千公顷）	总产量②（千吨）	总产值（千兰特）	年份	种植面积①（千公顷）	总产量②（千吨）	总产值（千兰特）
1980/1981	306	223	105 807	1996/1997	95	106	105 935
1981/1982	245	84	47 412	1997/1998	59	73	143 603
1982/1983	235	63	36 216	1998/1999	95	138	212 281
1983/1984	246	52	31 043	1999/2000	83	136	334 937
1984/1985	237	139	109 752	2000/2001	165	222	454 720
1985/1986	236	83	83 348	2001/2002	94	134	324 410
1986/1987	193	92	96 148	2002/2003	50	67	338 009
1987/1988	231	175	155 873	2003/2004	72	128	367 305
1988/1989	178	126	152 415	2004/2005	40	72	178 456
1989/1990	106	87	116 369	2005/2006	49	84	238 569
1990/1991	104	88	136 705	2006/2007	41	66	361 907
1991/1992	245	89	92 771	2007/2008	54	100	615 157
1992/1993	198	101	138 312	2008/2009	55	113	716 143
1993/1994	135	117	168 246	2009/2010	57	100	463 990
1994/1995	107	79	165 024	2010/2011	55	73	378 088
1995/1996	135	145	318 173	2011/2012③	45	67	553 565

注：①商品花生种植面积；

②包括前TBVC州和自治领土；

③预测值。

资料来源：南非农林渔业部．农业统计摘要2013.

北方省、马普马兰加省、自由州北部和西北省，年产量在10万～21万吨之间。南非花生种植的面积在30年间明显下降，但是单位土地花生的产量和单位产值明显提高。表2-10是南非的花生生产情况，可以看到，1980/1981年度南非花生的种植面积是306千公顷，总产量是223千吨，生产总值是105 807千兰特，计算下来，每千公顷土地花生的产量是0.72千吨，每千公顷土地花生的生产总值是345.77千兰特。随着时间的推移，花生的种植面积稳步减少，在新世纪初呈现种植面积增加的趋势，2000/2001年度种植面积恢复到165千公顷，总产量是222千吨，生产总值是454 720千兰特，计算下来，每千公顷土地花生的产量是1.35千吨，每千公顷土地花生的生产总值是2 756千兰特。2011/2012年度南非花生的种植面积下降到45千公顷，总产量是67千吨，生产总值是553 565千兰特，计算下来，每千公顷土地花生的产量是1.49千吨，每千公顷土地花生的生产总值是12 301千兰特。综合上述分析，南非花生种植的面积在30年间明显下降，但是单位土地花生的产量提高还是比较明显的，2011/2012年度达到1980/1981年度的2.1倍，单位土地的生产总值更是达到1980/1981年度的近36倍。

（2）葵花籽。南非是世界第十大葵花子产地，年产量在60万吨左右，主要分布在马普马兰加省高草原、西北省和自由州。表2-11显示，1975/1976年度南非葵花籽的种植面积是287千公顷，总产量是271千吨，生产总值是45 066千兰特，计算下来，每千公顷土地葵花籽的产量是0.94千吨，每千公顷土地葵花籽的生产总值是157千兰特。随着时间的推移，葵花籽的种植面积经历了稳步增加再减少的趋势，在20世纪90年代末达到极大值，2000/2001年度种植面积为522千公顷，总产量是691千吨，生产总值是893 157千兰特，计算下来，每千公顷土地葵花籽的产量是1.32千吨，每千公顷土地葵花籽的生产总值是1 711千兰特。2011/2012年度南非葵花籽的种植面积为453千公顷，总产量是543千吨，生产总值是2 386 311千兰特，计算下来，每千公顷土地葵花籽的产量是1.2千吨，每千公顷土地葵花籽的生产总值是5 268千兰特。可以看出，南非葵花籽种植的面积30年来总体呈先增后降趋势，但是单位土地葵花籽的产量还是有所提高的，2011/2012年度达到1975/1976年度的1.28倍，单位土地的生产总值更是达到1975/1976年度的近34倍。

表2－11　葵花籽的生产情况

年份	种植面积①（千公顷）	总产量②（千吨）	总产值（千兰特）	年份	种植面积①（千公顷）	总产量②（千吨）	总产值（千兰特）
1975/1976	287	271	45 066	1994/1995	540	539	528 167
1976/1977	391	481	98 875	1995/1996	608	784	681 932
1977/1978	547	454	78 621	1996/1997	464	468	446 935
1978/1979	372	315	67 201	1997/1998	511	584	797 340
1979/1980	293	333	85 950	1998/1999	828	1 212	1 525 065
1980/1981	331	530	142 135	1999/2000	396	567	518 811
1981/1982	270	261	73 037	2000/2001	522	691	893 157
1982/1983	310	218	63 968	2001/2002	668	967	2 163 160
1983/1984	343	186	63 634	2002/2003	606	682	1 349 131
1984/1985	315	244	101 811	2003/2004	530	674	1 231 010
1985/1986	327	278	127 922	2004/2005	460	645	1 018 516
1986/1987	394	385	217 447	2005/2006	472	541	1 009 197
1987/1988	476	438	233 522	2006/2007	316	312	794 587
1988/1989	436	444	303 917	2007/2008	564	907	3 872 974
1989/1990	555	649	461 033	2008/2009	636	833	2 377 297
1990/1991	621	621	457 164	2009/2010	398	509	1 504 652
1991/1992	474	183	152 596	2010/2011	643	894	3 340 142
1992/1993	435	350	295 825	2011/2012③	453	543	2 386 311
1993/1994	411	366	328 998				

注：①商品葵花籽种植面积；
②包括前TBVC州和自治领土；
③预测值。
资料来源：南非农林渔业部．农业统计摘要2013.

（3）油菜。表2－12是南非的油菜生产情况，可以看到，2000年，南非油菜的种植面积是19千公顷，总产量是20千吨，生产总值是24 522千兰特，计算下来，每千公顷土地油菜的产量是1.05千吨，每千公顷土地油菜的生产总值是1 291千兰特。2000年以来，油菜的种植面积稳步增加。到2012年，南非油菜的种植面积为44千公顷，总产量是 80 千吨，生产总值是 364 757 千兰特，计算下来，每千公顷土地油菜的产量是 1.82 千吨，每千公顷土地油菜的生产总值是 8 290 千兰特。可以看出，10 多年来，南非油菜种植的面积上升趋势比较明显，单位土地油菜的产量有所提高，2012 年达到 2000 年的 1.73 倍，单位土地的生产总值更是达到 2000 年的 6.42 倍。

表 2－12　油菜的生产情况

年份	种植面积①（千公顷）	总产量①（千吨）	总产值（千兰特）
2000	19	20	24 522
2001	27	26	42 179
2002	31	34	96 368
2003	44	41	71 568
2004	44	32	55 852
2005	40	44	74 545
2006	32	36	97 090
2007	33	38	102 870
2008	34	31	96 720
2009	35	40	112 280
2010	35	37	117 417
2011	44	59	202 856
2012②	44	80	364 757

注：①商品油菜种植面积；

②预测值。

资料来源：南非农林渔业部．农业统计摘要 2013.

3. 甘蔗和蔗糖

南非的甘蔗和蔗糖生产情况见表 2－13。可以看到，1970/1971 年度南非甘蔗的种植面积是 330 千公顷，总产量是 12 144 千吨，生产总值是77 114千兰特，当年蔗糖的产量是 1 399 千吨，计算下来，每千公顷土地甘蔗的产量是 36.8 千吨，每千公顷土地甘蔗的生产总值是 234 千兰特，当年蔗糖产量占甘蔗产量的百分比是 11.52%。之后，南非甘蔗种植面积基本保持平稳，期间略有波幅，2000/2001 年度南非甘蔗种植面积小幅增加至 429 千公顷，当年总产量是 23 876 千吨，生产总值

表 2-13　甘蔗的生产情况

5 月到第二年 4 月	种植面积（千公顷）	产量（千吨）	总产值（千兰特）	蔗糖产量（千吨）	5 月到第二年 4 月	种植面积（千公顷）	产量（千吨）	总产值（千兰特）	蔗糖产量（千吨）
1970/1971	330	12 144	77 114	1 399	1991/1992	378	20 078	1 140 428	2 289
1971/1972	319	16 751	95 648	1 865	1992/1993	386	12 955	1 226 359	1 508
1972/1973	316	16 805	102 844	1 915	1993/1994	384	11 244	1 123 207	1 172
1973/1974	323	15 454	137 692	1 732	1994/1995	394	15 683	1 626 199	1 668
1974/1975	338	16 895	170 811	1 883	1995/1996	404	16 714	1 751 424	1 667
1975/1976	341	16 814	232 195	1 801	1996/1997	412	20 951	2 281 762	2 269
1976/1977	342	19 221	250 829	2 042	1997/1998	421	22 155	2 638 855	2 412
1977/1978	357	19 009	263 655	2 084	1998/1999	417	22 930	2 885 781	2 646
1978/1979	362	18 932	288 899	2 083	1999/2000	422	21 223	2 575 635	2 532
1979/1980	378	18 412	334 171	2 079	2000/2001	429	23 876	3 115 839	2 729
1980/1981	384	14 062	347 618	1 611	2001/2002	432	21 157	3 389 987	2 396
1981/1982	393	19 532	444 942	2 055	2002/2003	430	23 013	3 953 173	2 763
1982/1983	406	19 339	489 095	2 126	2003/2004	427	20 419	3 452 433	2 419
1983/1984	412	13 423	450 472	1 378	2004/2005	425	19 095	3 046 569	2 218
1984/1985	407	22 356	610 978	2 370	2005/2006	428	21 052	3 654 463	2 507
1985/1986	411	18 803	578 386	2 117	2006/2007	420	20 278	3 647 917	2 235
1986/1987	401	18 252	658 142	2 014	2007/2008	423	19 724	3 881 075	2 281
1987/1988	388	21 021	687 189	2 179	2008/2009	389	19 255	4 055 381	2 269
1988/1989	382	19 811	816 625	2 168	2009/2010	382	18 655	5 302 896	2 187
1989/1990	377	18 587	942 624	2 137	2010/2011	376	16 016	5 272 498	1 909
1990/1991	375	18 083	1 001 644	2 028	2011/2012①	272	16 800	5 921 090	1 825

注：①预测值。

资料来源：南非农林渔业部．农业统计摘要 2013.

是 3 115 839 千兰特，蔗糖产量 2 729 千吨，计算下来，每千公顷土地甘蔗的产量是 55.66 千吨，每千公顷土地甘蔗的生产总值是 7 263 千兰特，当年蔗糖产量占甘蔗产量的百分比是 11.43%。2011/2012 年度南非甘蔗种植面积减少到 272 千公顷，总产量是 16 800 千吨，生产总值是 5 921 090 千兰特，蔗糖产量 1 825 千吨，计算下来，每千公顷土地甘蔗的产量是 61.76 千吨，每千公顷土地甘蔗的生产总值是 21 769 千兰特，当年蔗糖产量占甘蔗产量的百分比是 10.86%。可以看出，40 多年来，南非甘蔗种植的面积基本保持平稳，近些年略有下降，单位土地甘蔗的产量明显提高，2011/2012 年度达到 1970/1971 年度的 1.7 倍，单位土地的生产总值更是达到 1970/1971 年度的 93 倍。

南非是非洲最大的蔗糖产区及出口地区。播种面积常年在 30 万公顷以上，年产量达到 210 万～240 万吨，是世界上第 12 大蔗糖生产国，年度食糖产量约 18 万吨，1.2 万吨运往出口市场。尽管制糖业近几年的发展因为较高的劳动力和运输成本以及高层次的贸易保护主义而受到制约，但是 40 年来蔗糖产量仍然保持相对稳定。

4. 棉花

南非棉花种植的面积 30 年来明显下降，但是单位土地棉花的产量提高明显，产值更是如此。如表 2－14 所示，1970/1971 年度南非棉花的种植面积是 24 千公顷，总产量是 73 645 吨，生产总值是 6 403 千兰特，计算下来，每千公顷土地棉花的产量是 3 069 吨，每千公顷土地棉花的生产总值是 267 千兰特。随着时间的推移，棉花的种植面积稳步扩大，在 20 世纪 80 年代末期达到极大值 182 千公顷。2000/2001 年度种植面积又缩小至 57 千公顷，总产量是 180 829 吨，生产总值是 232 671 千兰特，计算下来，每千公顷土地棉花的产量是 3 172 吨，每千公顷土地棉花的生产总值是 4 082 千兰特。2011 年，南非棉花的种植面积仅为 9 千公顷，总产量是 65 304 吨，生产总值是 211 932 千兰特，计算下来，每千公顷土地棉花的产量是 7 256 吨，每千公顷土地棉花的生产总值是 23 548 千兰特。整体而言，南非棉花种植的面积 30 年来明显下降，但是单位土地棉花的产量提高明显，尤其是近十几年的时间，2011/2012 年度单位土地棉花的产量是 1970/1971 年度的 2.4 倍，单位土地的生产总值更是达到1970/1971年度的88倍。

表2-14 棉花的生产情况

年份	种植面积（千公顷）	总产量（吨）	总产值（千兰特）	年份	种植面积（千公顷）	总产量（吨）	总产值（千兰特）
1970/1971	24	73 645	6 403	1991/1992	48	103 539	66 526
1971/1972	—	73 360	7 474	1992/1993	35	62 283	42 703
1972/1973	—	84 790	9 875	1993/1994	67	132 765	106 521
1973/1974	—	196 459	35 760	1994/1995	54	124 813	120 867
1974/1975	46	202 709	24 412	1995/1996	90	222 219	265 884
1975/1976	26	74 121	12 869	1996/1997	83	141 949	176 417
1976/1977	—	174 603	40 044	1997/1998	90	209 785	249 436
1977/1978	—	256 570	50 373	1998/1999	99	253 062	331 169
1978/1979	100	283 506	62 342	1999/2000	51	138 151	150 365
1979/1980	120	329 269	80 868	2000/2001	57	180 829	232 671
1980/1981	115	287 162	74 120	2001/2002	39	94 929	164 913
1981/1982	107	184 649	45 850	2002/2003	23	88 198	151 759
1982/1983	105	136 046	41 667	2003/2004	36	149 950	228 008
1983/1984	99	165 726	57 509	2004/2005	22	117 949	119 041
1984/1985	107	226 173	92 393	2005/2006	18	77 658	90 251
1985/1986	126	227 573	95 650	2006/2007	11	58 297	87 809
1986/1987	160	287 240	143 273	2007/2008	9	52 446	124 700
1987/1988	182	384 260	192 980	2008/2009	7	45 649	79 505
1988/1989	174	368 094	192 545	2009/2010	6	42 161	90 456
1989/1990	123	292 981	190 102	2010/2011	13	92 622	208 571
1990/1991	91	227 589	141 228	2011/2012①	9	65 304	211 932

注：①预测值。

资料来源：南非农林渔业部．农业统计摘要2013.

5. 水果

南非水果常年产量在420万吨以上。柑橘、苹果、梨、桃、杏主要集中在西开普省的西南部；东北部平原盛产柑橘、亚热带水果；夸祖卢—纳塔尔省和东开普沿海无霜区适合种植甘蔗、柑橘、菠萝等亚热带作物。葡萄90%左右分布在西开普省的西南端。南非是世界著名的葡萄酒产地，是世界第七大葡萄酒生产国，1995年葡萄酒产量占世界总产量的3.5%。南非水果的80%主要出口到英、法等国。

（1）苹果。南非的苹果总产量和总产值都在快速提高（表 2－15）。1980/1981 年度南非苹果的总产量是 394 164 吨，生产总值是 66 749 千兰特，每吨苹果的产值是 1 693 兰特。随着时间的推移，苹果的产量呈现稳步上升的态势，2000/2001 年度产量达到当时历史新高，为 608 079吨，当年生产总值是 880 654 千兰特，每吨苹果的产值是 1.45 千兰特。之后，苹果的产量继续稳步上升。2011/2012 年度南非苹果的产量为 790 636 吨，生产总值是 3 413 223 千兰特，平均每吨苹果的产值是 4.32 千兰特。纵观南非苹果生产的 30 年，产量有了明显的提高，2011/2012 年度产量是 1980/1981 年度的 2 倍，每吨苹果产值是 1980/1981 年度的 2.6 倍。南非的苹果产业，尤其是苹果产值快速增长。

表 2－15　苹果的生产情况

10 月到第二年 9 月	总产量（吨）	总产值（千兰特）	10 月到第二年 9 月	总产量（吨）	总产值（千兰特）
1980/1981	394 164	66 749	1996/1997	535 126	687 324
1981/1982	460 987	154 520	1997/1998	586 346	865 649
1982/1983	359 547	98 692	1998/1999	565 718	595 235
1983/1984	483 696	154 541	1999/2000	593 173	755 729
1984/1985	402 231	185 058	2000/2001	608 079	880 654
1985/1986	439 836	268 735	2001/2002	626 125	1 317 476
1986/1987	391 556	235 362	2002/2003	792 678	1 602 545
1987/1988	554 742	294 973	2003/2004	822 047	1 862 290
1988/1989	508 202	311 367	2004/2005	698 710	1 595 385
1989/1990	430 344	504 160	2005/2006	627 091	1 606 498
1990/1991	515 074	561 093	2006/2007	710 172	2 007 786
1991/1992	518 492	574 182	2007/2008	757 680	2 746 037
1992/1993	589 037	389 464	2008/2009	800 803	2 883 711
1993/1994	563 473	678 486	2009/2010	753 167	2 691 142
1994/1995	518 268	599 898	2010/2011	768 125	3 146 817
1995/1996	608 408	837 856	2011/2012①	790 636	3 413 223

注：①预测值。

资料来源：南非农林渔业部．农业统计摘要 2013.

（2）杏。表 2－16 可以看到，1980/1981 年度南非杏的总产量是 38 863吨，生产总值是 7 890 千兰特，计算下来，每吨杏的产值是 0.2 千兰特。随着时间的推移，杏的产量在波动中上升，2000/2001 年度产量达到 62 554 吨，当年生产总值是 110 265 千兰特，计算下来，每吨杏的产值是 1.76 千兰特。之后，杏的产量平稳中略有下降。2011/2012 年度南非杏的产量为 66 762 吨，生产总值是 165 564 千兰特，平均每吨杏的产值是 2.48 千兰特。纵观南非杏生产的 30 年，产量有了比较明显的提高，2011/2012 年度产量是 1980/1981 年度的 1.7 倍，每吨产值是 1980/1981 年度的 12.4 倍。南非杏产业快速发展。

表 2－16　杏的生产情况

10 月到第二年 9 月	总产量（吨）	总产值（千兰特）	10 月到第二年 9 月	总产量（吨）	总产值（千兰特）
1980/1981	38 863	7 890	1996/1997	95 930	81 752
1981/1982	45 842	10 655	1997/1998	64 217	58 971
1982/1983	34 944	9 088	1998/1999	68 396	84 963
1983/1984	46 169	12 065	1999/2000	57 258	73 604
1984/1985	28 545	11 224	2000/2001	62 554	110 265
1985/1986	41 304	15 670	2001/2002	56 672	76 873
1986/1987	65 988	24 882	2002/2003	50 006	102 714
1987/1988	56 390	23 960	2003/2004	96 968	156 477
1988/1989	57 584	26 864	2004/2005	43 687	82 403
1989/1990	55 702	34 894	2005/2006	84 311	129 998
1990/1991	48 469	29 719	2006/2007	43 212	72 168
1991/1992	56 346	40 592	2007/2008	61 221	118 905
1992/1993	56 676	52 049	2008/2009	50 100	143 594
1993/1994	54 232	40 112	2009/2010	56 302	144 767
1994/1995	58 187	53 451	2010/2011	50 451	117 221
1995/1996	67 570	59 143	2011/2012①	66 762	165 564

注：①预测值。

资料来源：南非农林渔业部．农业统计摘要 2013.

（3）葡萄和葡萄酒。从南非葡萄和葡萄酒 30 多年的生产情况来看，葡萄总产量和葡萄酒总产量稳步提高（表 2－17）。1980/1981 年度南非

表 2－17 葡萄和葡萄酒的生产情况

10月到第二年9月	葡萄总产量（吨）	葡萄总产值（千兰特）	年份	葡萄酒总产量（升）
1980/1981	1 031 342	218 365		
1981/1982	1 176 087	288 718		
1982/1983	1 244 793	298 344		
1983/1984	1 225 334	333 332		
1984/1985	1 148 694	376 281		
1985/1986	1 055 492	393 447		
1986/1987	1 200 799	487 558		
1987/1988	1 237 346	639 212		
1988/1989	1 264 097	672 102		
1989/1990	1 317 920	911 676	1990	852 049 981
1990/1991	1 317 766	991 314	1991	857 388 720
1991/1992	1 407 157	1 166 549	1992	883 864 951
1992/1993	1 248 862	1 150 834	1993	811 090 587
1993/1994	1 292 201	1 456 944	1994	804 382 853
1994/1995	1 362 820	1 636 746	1995	844 628 463
1995/1996	1 411 310	1931 918	1996	899 332 885
1996/1997	1 438 550	2 302 267	1997	880 915 159
1997/1998	1 333 481	2 607 157	1998	815 575 489
1998/1999	1 555 659	3 023 032	1999	914 095 490
1999/2000	1 460 677	2 806 209	2000	837 209 803
2000/2001	1 328 635	3 277 689	2001	746 485 234
2001/2002	1 494 345	3 480 222	2002	834 156 194
2002/2003	1 642 547	4 317 714	2003	956 015 511
2003/2004	1 761 798	4 914 155	2004	1 015 696 991
2004/2005	1 548 143	4 577 159	2005	905 226 590
2005/2006	1 757 447	4 492 794	2006	1 012 980 188
2006/2007	1 812 410	5 159 980	2007	1 043 458 789
2007/2008	1 865 282	6 002 536	2008	1 089 015 035
2008/2009	1 748 590	6 846 373	2009	1 033 419 297
2009/2010	1 743 496	7 171 693	2010	984 817 105
2010/2011	1 683 927	6 941 027	2011	1 012 770 850
2011/2012①	1 839 030	7 791 275	2012①	1 083 500 000

注：①预测值。

资料来源：南非农林渔业部．农业统计摘要 2013.

葡萄的总产量是 1 031 342 吨，总产值是 218 365 千兰特，计算下来，每吨葡萄的产值是 0.21 千兰特；随着时间的推移，南非葡萄的产量在平稳中保持增长，1989/1990 年度葡萄产量为 1 317 920 吨，总产值 911 676千兰特，每吨葡萄的产值是 0.69 千兰特，1990 年开始统计当年葡萄酒产量，为 8.5 亿升。其后葡萄产量和葡萄酒产量继续在波动中上升，2011/2012 年度葡萄产量达到 1 839 030 吨，总产值是7 791 275 千兰特，计算下来，每吨葡萄的产值是 4.24 千兰特，2012 年葡萄酒产量约 11 亿升。纵观南非葡萄和葡萄酒 30 多年来的生产情况，葡萄总产量稳步提高，2011/2012 年度达到 1980/1981 年度的 1.8 倍，总产值达到 1980/1981 年度的 36 倍，2012 年葡萄酒产量是 1990 年葡萄酒产量的 1.3 倍。

（4）梨。整体来看，南非梨的产量和产值在最近 30 年中有了明显的提高（表 2－18）。1980/1981 年度南非梨的总产量是 136 208 吨，总

表 2－18　梨的生产情况

10 月到第二年 9 月	总产量（吨）	总产值（千兰特）	10 月到第二年 9 月	总产量（吨）	总产值（千兰特）
1980/1981	136 208	31 128	1996/1997	296 979	314 915
1981/1982	138 647	40 246	1997/1998	264 842	424 056
1982/1983	155 987	33 284	1998/1999	283 943	394 395
1983/1984	150 102	40 393	1999/2000	307 249	408 667
1984/1985	161 661	61 639	2000/2001	271 241	428 998
1985/1986	135 720	81 183	2001/2002	337 329	605 817
1986/1987	189 449	102 146	2002/2003	325 274	556 347
1987/1988	200 479	117 222	2003/2004	328 538	786 872
1988/1989	196 982	153 004	2004/2005	315 244	726 016
1989/1990	195 237	197 000	2005/2006	323 777	689 610
1990/1991	208 900	208 490	2006/2007	346 403	1 003 104
1991/1992	212 901	265 904	2007/2008	345 276	1 223 773
1992/1993	247 460	188 073	2008/2009	348 383	1 434 218
1993/1994	222 589	236 940	2009/2010	373 722	1 426 280
1994/1995	225 489	300 300	2010/2011	359 851	1 541 981
1995/1996	228 705	347 497	2011/2012①	346 642	1 481 619

注：①预测值。

资料来源：南非农林渔业部．农业统计摘要 2013.

产值是31 128千兰特，每吨梨的产值是0.23千兰特。随着时间的推移，梨的产量在波动中上升，2000/2001年度产量达到271 241吨，当年总产值是428 998千兰特，每吨梨的产值是1.58千兰特。之后，南非梨的产量继续保持平稳中小幅上升。2011/2012年度南非梨的产量为346 642吨，总产值是1 481 619千兰特，平均每吨梨的产值是4.3千兰特。纵观南非梨生产的30年，产量有了比较明显的提高，2011/2012年度产量是1980/1981年度的2.5倍，每吨梨的总产值是1980/1981年度的19倍。南非的梨产业，尤其是梨的产值快速增长。

（5）桃。从1980年以来，桃的产量基本保持稳定，产值快速增长。表2-19是南非桃的生产情况，可以看到，1980/1981年度南非桃的总产量是165 871吨，总产值是29 257千兰特，计算下来，每吨桃的产值是0.18千兰特。随着时间的推移，桃的产量基本保持稳定，2000/2001

表2-19　桃的生产情况

10月到第二年9月	总产量（吨）	总产值（千兰特）	10月到第二年9月	总产量（吨）	总产值（千兰特）
1980/1981	165 871	29 257	1996/1997	240 566	254 037
1981/1982	169 566	33 595	1997/1998	214 040	240 592
1982/1983	163 854	32 194	1998/1999	231 549	323 592
1983/1984	168 545	42 567	1999/2000	223 064	304 223
1984/1985	136 324	45 784	2000/2001	173 868	291 475
1985/1986	147 132	61 240	2001/2002	189 647	330 612
1986/1987	169 356	75 720	2002/2003	249 290	474 838
1987/1988	154 962	75 221	2003/2004	178 203	380 034
1988/1989	170 747	94 037	2004/2005	183 610	355 438
1989/1990	145 332	101 072	2005/2006	175 430	365 776
1990/1991	157 100	122 892	2006/2007	177 571	427 750
1991/1992	169 792	154 510	2007/2008	182 785	486 153
1992/1993	169 314	153 501	2008/2009	164 286	538 015
1993/1994	151 530	142 949	2009/2010	167 352	561 108
1994/1995	184 737	186 873	2010/2011	171 104	610 725
1995/1996	182 801	208 782	2011/2012①	190 531	750 330

注：①预测值。

资料来源：南非农林渔业部．农业统计摘要2013.

年度产量为 173 868 吨，当年总产值是 291 475 千兰特，计算下来，每吨桃的产值是 1.68 千兰特。2000 年以后，南非桃的产量继续保持平稳中小幅上升，2011/2012 年度南非桃的产量为 190 531 吨，总产值是 750 330 千兰特，平均每吨桃的产值是 3.9 千兰特。纵观南非桃生产的 30 年，产量提高并不明显，2011/2012 年度产量是 1980/1981 年度的 1.1 倍，但是每吨桃的总产值是 1980 年的 22 倍，增长迅速。

（6）柑橘。表 2－20 是南非的柑橘的生产情况，可以看到，1975/1976 年度南非柑橘的总产量是 552 948 吨，总产值是 48 096 千兰特，计算下来，每吨柑橘的产值是 87 兰特。随着时间的推移，柑橘的产量在波动中上升，2000/2001 年度产量达到 1 169 806 吨，当年总产值是

表 2－20　橘柑的生产情况

2 月到 第二年 1 月	总产量 （吨）	总产值 （千兰特）	2 月到 第二年 1 月	总产量 （吨）	总产值 （千兰特）
1975/1976	552 948	48 096	1994/1995	875 662	645 398
1976/1977	600 096	47 253	1995/1996	745 051	835 069
1977/1978	502 508	70 787	1996/1997	919 068	889 511
1978/1979	592 585	79 279	1997/1998	978 416	846 896
1979/1980	563 056	94 865	1998/1999	963 589	1 167 324
1980/1981	546 797	77 750	1999/2000	1 156 359	1 451 125
1981/1982	582 358	99 277	2000/2001	1 169 806	945 331
1982/1983	531 875	110 611	2001/2002	1 293 497	1 833 293
1983/1984	502 962	102 237	2002/2003	1 237 835	1 692 154
1984/1985	483 490	144 515	2003/2004	1 325 217	2 214 714
1985/1986	467 579	178 436	2004/2005	1 126 460	2 020 782
1986/1987	463 939	177 937	2005/2006	1 244 151	1 493 039
1987/1988	549 256	181 643	2006/2007	1 347 330	1 769 603
1988/1989	646 119	273 705	2007/2008	1 407 830	3 006 989
1989/1990	711 532	307 236	2008/2009	1 523 203	3 741 171
1990/1991	775 750	397 149	2009/2010	1 367 706	3 165 121
1991/1992	711 897	465 733	2010/2011	1 415 447	4 038 017
1992/1993	755 831	468 046	2011/2012	1 496 171	4 893 582
1993/1994	782 429	562 559	2012/2013①	1 564 600	5 089 443

注：①预测值。

资料来源：南非农林渔业部．农业统计摘要 2013.

945 331 千兰特，计算下来，每吨柑橘的产值是 0.81 千兰特。2000/2001 年度以后，南非柑橘的产量继续保持平稳上升，2012/2013 年度南非柑橘的产量为 1 564 600 吨，总产值是 5 089 443 千兰特，平均每吨柑橘的产值是 3.3 千兰特。纵观南非柑橘生产的 30 年，产量提高明显，2012/2013 年度产量是 1975/1976 年度的 2.8 倍，每吨柑橘的总产值是 1975/1976 年度的 3.8 倍，产值快速增长。

（7）其他水果。除以上提到的水果之外，南非水果产业发展迅速的，还有芒果、木瓜和葡萄柚。

南非芒果在 1980/1981 年度的总产量是 14 233 吨，总产值是 4 655 千兰特，计算下来，每吨芒果的产值是 327 兰特。随着时间的推移，芒果的产量在波动中上升，2000/2001 年度产量达到 67 851 吨，当年总产值是 118 526 千兰特，计算下来，每吨芒果的产值是 1.75 千兰特。2000 年以后，南非芒果的产量继续保持平稳上升，2011/2012 年度南非芒果的产量为 65 439 吨，总产值是 205 039 千兰特，平均每吨芒果的产值是 3.1 千兰特。纵观南非芒果生产的 30 年，产量提高明显，2011/2012 年度产量是 1980/1981 年度的 4.6 倍，每吨芒果的总产值是 1980/1981 年度的近 9.5 倍，产值快速增长。

表 2-21　芒果、木瓜、葡萄柚的生产情况生产

7 月到第二年 6 月	芒果		木瓜		葡萄柚	
	总产量（吨）	总产值（千兰特）	总产量（吨）	总产值（千兰特）	总产量（吨）	总产值（千兰特）
1980/1981	14 233	4 655	24 643	3 820	71 718	12 832
1981/1982	5 134	2 899	19 374	3 951	79 289	9 808
1982/1983	14 408	7 745	19 577	5 818	59 563	11 036
1983/1984	18 791	8 187	19 761	6 260	54 023	10 893
1984/1985	17 402	8 766	23 240	7 365	57 145	12 665
1985/1986	22 403	12 011	22 975	7 208	67 766	22 969
1986/1987	28 162	16 820	27 521	9 534	69 502	28 429
1987/1988	22 621	14 658	30 923	11 468	80 346	22 625
1988/1989	24 600	20 075	25 921	11 935	91 656	28 583
1989/1990	25 801	25 484	30 019	17 461	105 894	47 169
1990/1991	28 227	28 678	26 186	18 680	100 710	62 804
1991/1992	32 741	37 020	26 494	18 275	112 539	77 000

（续）

7月到第二年6月	芒果		木瓜		葡萄柚	
	总产量（吨）	总产值（千兰特）	总产量（吨）	总产值（千兰特）	总产量（吨）	总产值（千兰特）
1992/1993	34 682	45 524	14 965	17 095	101 844	77 424
1993/1994	39 117	64 693	22 116	20 497	89 367	60 850
1994/1995	36 332	65 308	19 576	19 111	120 196	100 264
1995/1996	33 561	63 466	24 310	25 675	128 046	122 162
1996/1997	31 580	65 815	25 535	26 396	157 589	139 268
1997/1998	41 717	88 001	22 393	28 684	155 477	82 516
1998/1999	70 445	111 072	23 208	35 168	196 037	280 053
1999/2000	66 059	107 036	23 550	40 182	212 181	282 409
2000/2001	67 851	118 526	19 516	33 745	322 834	227 518
2001/2002	95 558	168 338	22 202	41 361	310 969	335 549
2002/2003	74 033	178 227	15 449	40 443	297 596	411 065
2003/2004	79 943	168 568	12 648	37 541	323 346	370 730
2004/2005	93 420	191 299	16 904	41 408	300 060	466 039
2005/2006	63 879	148 314	14 467	47 657	363 052	285 095
2006/2007	80 143	197 890	14 350	45 278	354 120	359 806
2007/2008	90 646	214 147	17 436	61 116	388 785	634 438
2008/2009	48 361	183 771	13 725	58 584	340 787	740 657
2009/2010	55 271	196 117	13 534	58 255	406 694	447 312
2010/2011	52 710	176 636	12 683	62 558	343 028	860 725
2011/2012①	65 439	205 039	12 565	60 999	415 572	942 213

注：①预测值。

资料来源：南非农林渔业部．农业统计摘要 2013.

木瓜的生产情况在南非是比较特殊的，其产量随着时间推移明显下降。1980/1981 年度南非木瓜的总产量是 24 643 吨，总产值是 3 820 千兰特，计算下来，每吨木瓜的产值是 155 兰特。随着时间的推移，木瓜的产量在波动中有所上升，20 世纪 80 年代末，1989/1990 年度达到最高为 30 019 吨，总产值为 17 461 千兰特，平均每吨产值为 582 兰特。之后木瓜产量持续下降，到 2011/2012 年度产量下降到 12 565 吨，当年总产值是 60 999 千兰特，计算下来，每吨木瓜的产值是 4.85 千兰特。纵观南非木瓜生产的30年，2011/2012年度木瓜产量仅占1980/1981年度产量的一半，但每单位木瓜的总产值却是1980/1981年度的31倍。南非的木瓜产业，从发展产量的道路走上了产值快速增长的道路。

南非葡萄柚在1980/1981年度的总产量是71 718吨，总产值是12 832千兰特，计算下来，每吨葡萄柚的产值是179兰特。随着时间的推移，葡萄柚的产量在波动中上升，2000/2001年度产量达到322 834吨，当年总产值是227 518千兰特，计算下来，每吨葡萄柚的产值是705兰特。2000年以后，南非葡萄柚的产量继续保持平稳上升，2000/2001年度南非葡萄柚的产量为415 572吨，总产值是942 213千兰特，平均每吨葡萄柚的产值是2.27千兰特。纵观南非葡萄柚生产的30年，产量提高明显，2011/2012年度产量是1980/1981年度的近6倍，每单位葡萄柚的总产值是1980/1981年度的近13倍，产值增长较快。

6. 蔬菜

南非蔬菜常年产量在210万吨左右。表2-22是南非各种蔬菜的生产情况，可以看到，统计了土豆、西红柿、南瓜、青玉米、洋葱、甘薯、青豆、甜菜根、菜花、甘蓝和红甘蓝、胡萝卜、四季豆以及其他共13种蔬菜，其中大部分蔬菜的产量在30多年的时间里是增加的，而且产量也是大幅度增长的。但是，甘薯产量增加的幅度比较小，还有青豆、菜花、甘蓝和红甘蓝以及四季豆的产量是减少的，这与近10年来南非蔬菜的产量变化是完全一致的，南非的这种蔬菜产量的变化也说明了南非居民蔬菜消费结构的变化。

表2-22 蔬菜的生产情况

单位：千吨

7月到第二年6月	土豆	西红柿	南瓜	青玉米[①]	洋葱	甘薯	青豆	甜菜根	菜花	甘蓝和红甘蓝	胡萝卜	四季豆	其他	总计
1985/1986	1 027	411	159	231	176	51	25	38	42	262	78	34	252	2 786
1986/1987	1 016	399	159	243	174	59	23	30	42	260	78	34	277	2 794
1987/1988	1 066	415	162	290	191	60	27	31	36	245	80	31	262	2 896
1988/1989	1 258	488	155	260	209	55	29	37	37	241	89	30	280	3 168

（续）

7月到第二年6月	土豆	西红柿	南瓜	青玉米①	洋葱	甘薯	青豆	甜菜根	菜花	甘蓝和红甘蓝	胡萝卜	四季豆	其他	总计
1989/1990	1 270	389	167	261	208	55	24	32	41	212	90	30	287	3 066
1990/1991	1 311	455	163	269	241	56	24	36	34	220	87	33	278	3 207
1991/1992	1 215	451	169	265	231	58	15	36	39	222	93	32	295	3 121
1992/1993	1 134	422	177	257	248	70	20	34	37	241	94	28	278	3 040
1993/1994	1 316	408	177	277	245	67	19	31	29	224	93	32	288	3 206
1994/1995	1 321	393	183	275	268	60	18	32	32	221	97	27	278	3 205
1995/1996	1 552	452	190	278	290	57	13	36	32	214	132	30	299	3 575
1996/1997	1 571	424	192	286	285	59	16	34	29	208	103	31	301	3 539
1997/1998	1 667	453	197	290	342	59	22	41	26	204	103	33	314	3 751
1998/1999	1 699	415	199	300	387	52	24	43	25	202	101	31	313	3 791
1999/2000	1 721	405	202	299	329	51	20	41	20	190	97	34	292	3 701
2000/2001	1 793	475	209	298	312	54	18	45	20	191	98	31	294	3 838
2001/2002	1 647	420	210	295	335	56	15	38	19	175	102	38	303	3 653
2002/2003	1 496	442	215	296	356	50	16	46	17	176	117	41	309	3 577
2003/2004	1 785	427	230	323	418	53	9	46	22	178	141	44	347	4 023
2004/2005	1 787	514	230	318	438	64	14	57	22	168	143	39	365	4 159
2005/2006	1 719	506	236	317	448	53	16	55	17	160	150	30	380	4 087
2006/2007	1 946	528	232	319	475	53	16	59	17	146	146	25	374	4 336
2007/2008	1 979	500	230	324	445	51	14	64	17	150	144	24	393	4 335
2008/2009	1 927	515	229	337	472	63	15	61	18	141	164	25	387	4 354
2009/2010	1 955	575	234	339	489	60	17	67	25	141	151	23	400	4 476
2010/2011	2 165	523	237	340	563	63	12	62	16	153	152	25	406	4 717
2011/2012②	2 215	540	244	347	625	58	8	66	15	142	177	25	419	4 881

注：①包括甜玉米；

②预测值。

资料来源：南非农林渔业部．农业统计摘要 2013.

二、畜牧业

南非的畜牧业相当发达，商品性畜牧业规模较大，但是其畜牧业也深受气候和环境的影响。南非的畜牧业产值已经超过了种植业，虽然南非大约 80%的土地用于农业，只有 15%是耕地，剩下的用于畜牧业。

南非是非洲最大的养羊国，养羊业超过养牛业。养羊业以绵羊为主，1996 年的存栏数，绵羊 2 890 万只，山羊 670 万只，所产羊毛 90%以上供出口。1999 年南非共畜养牛 1 360 万头，绵羊 2 870 万只，猪 150 万头，山羊 650 万只。所需肉类 85%自给，15%从纳米比亚、博茨瓦纳和斯威士兰等邻国进口。另外，南非还引进了卡拉库尔新品种，现在南非已成为世界主要的卡拉库尔羔羊皮的供应地之一。著名的美利奴细毛羊的主要饲养区在东、北开普省内陆高原、自由州以及马普马兰加省。有黑色宝石之称的卡拉库尔羊主要分布在西北部干燥地区。

1996 年南非有牛 1 340 万头，牛群主要分布在北开普、东开普、自由州和夸祖鲁—纳塔尔部分地区以及北方省。南非全国乳牛场分布很普遍，主要集中于自由州东部、北部，夸祖鲁—纳塔尔中草原，东西开普、豪腾省大都市区以及马普马兰加的南部地区。

南非占非洲羊毛总生产量的比例高达 25%，绵羊品种主要包括美利奴、杜泊、多马和卡拉库尔。国家畜群估计为 28.6 万羊单位。南非是世界第 4 大绵羊毛出口国。绵羊养殖业在畜牧业中占有十分突出的地位，品种主要是美利奴羊，占绵羊总头数的一半以上，安哥拉绵羊约占 40%。绵羊毛产量可观，羊毛是仅次于玉米的第二大出口农产品。

由于南非共和国大部分地区干旱缺水，因此，家庭农牧场都十分重视利用雨季的有利时机开展人工种草，尤其是在东部和沿海畜牧业比较集中地区的奶牛场和肉牛肥育场，都是依靠人工种草作为饲草料的主要来源。种草面积视饲养规模而定，数百至上千公顷不等。栽培以禾本科牧草为主或禾本科与豆科牧草混播，并且选择耐旱、产草量高、草质较优的品种，如 Atriplex、Anthephora、Bana、Kikuyu、象草、非洲狼尾草、白水牛草、紫花苜蓿等。牧草在生长季节就进行放牧利用，雨季结束后大多数牧场都会及时打草调制青干草，如果牧草因干旱缺水而干枯，其枯草的营养价值仍较高，可供家畜在旱季（或冬季）采食利用。家庭农牧场在种植牧草的同时，一般都安排一定面积的土地种植玉米，全部实行机械化播种、管理和收获，收获的籽实主要用作家畜的精料，多数农牧场在玉米乳熟期收获后进行青贮，作为枯草季节饲草料的主要来源①。

（一）牛

1. 牛的养殖及宰杀数量

表 2-23 牛的养殖数量以及宰杀的牛肉数量

7月到第二年6月	牛的养殖数量（百万头）	宰杀的数量①（千头）		7月到第二年6月	牛的养殖数量（百万头）	宰杀的数量①（千头）	
		大牛	牛犊			大牛	牛犊
1970/1971	7.9	2 022	239	1991/1992	13.5	2 970	109
1971/1972	7.8	2 137	241	1992/1993	13.1	2 960	111
1972/1973	8	2 274	226	1993/1994	12.5	2 629	95
1973/1974	8.2	2 076	169	1994/1995	12.6	2 112	70
1974/1975	8.5	1 814	147	1995/1996	13	2 171	71
1975/1976	8.8	1 979	167	1996/1997	13.4	2 118	67
1976/1977	9.1	2 217	183	1997/1998	13.7	2 095	64
1977/1978	9.3	2 424	199	1998/1999	13.8	2 197	61
1978/1979	9.1	2 738	212	1999/2000	13.6	2 666	60
1979/1980	8.7	3 195	200	2000/2001	13.5	2 247	55
1980/1981	12.9	2 434	158	2001/2002	13.5	2 452	58
1981/1982	12.9	2 558	131	2002/2003	13.6	2 478	57
1982/1983	13.1	2 788	144	2003/2004	13.5	2 544	57
1983/1984	12.7	2 853	138	2004/2005	13.5	2 616	57
1984/1985	11.9	2 806	146	2005/2006	13.5	2 915	57
1985/1986	12	2 682	144	2006/2007	13.9	3 020	57
1986/1987	12.2	2 657	126	2007/2008	13.9	2 644	57
1987/1988	12.4	2 266	99	2008/2009	13.8	2 783	58
1988/1989	12.8	2 237	88	2009/2010	13.7	2 839	58
1989/1990	13.3	2 573	93	2010/2011	13.7	2 831	58
1990/1991	13.5	2 844	106	2011/2012②	13.9	2 851	58

注：①牛和牛犊的屠宰数量包括用于商业买卖和自己消费；

②预测值。

资料来源：南非农林渔业部．农业统计摘要 2013.

表 2-23 是南非 40 多年来牛的养殖数量以及屠宰（包括自己消费

① 李才旺．南非共和国草地畜牧业考察报告［J］．四川草原．2002（1）：60-63.

和商业买卖）的数据表，可以看到，1970/1971 年度南非牛的养殖数量只有 7.9 百万头。随着时间的推移，牛的养殖数量稳步增加，到 2011/2012 年度已经有 13.9 百万头，是 1970/1971 年度的 1.8 倍。近 10 年来，牛的养殖数量保持在 13 百万头的水平上，波幅不大。宰杀牛的数量中，1970/1971 年度大牛的宰杀数是 2 022 千头，以后持续增长，到 2011/2012 年度是 2 851 千头，是 1970/1971 年度的 1.41 倍。1970/1971 年度牛犊的宰杀数量是 239 千头，以后在波动中持续减少，到 2011/2012 年度是 58 千头，只有 1970/1971 年度的 24%。可以看到，虽然南非牛的养殖数量大幅度增加，对大牛的宰杀数量也持续增加，但是对牛犊的宰杀数量减少得很快，可持续发展的饲养理念得以充分体现。

2. 牛肉的产量和消费量

表 2-24　牛肉的生产和消费

年份	南非本土的牛肉生产（千吨）	进口（千吨）	牛肉消费		年份	南非本土的牛肉生产（千吨）	进口（千吨）	牛肉消费	
			总计（千吨）	人均（千克）				总计（千吨）	人均（千克）
1970/1971	449.4	140	549	24.15	1991/1992	704	60	741	20.47
1971/1972	487.8	155	583	25.08	1992/1993	694	69	718	19.40
1972/1973	509.6	163	609	25.64	1993/1994	611	70	663	17.53
1973/1974	470	140	570	23.46	1994/1995	508	82	587	15.19
1974/1975	426.3	145	552	22.21	1995/1996	507	108	591	14.98
1975/1976	465.3	138	579	22.81	1996/1997	502	91	573	14.13
1976/1977	523	119	606	23.32	1997/1998	496	87	560	13.59
1977/1978	581.5	85	627	23.63	1998/1999	512	67	560	13.28
1978/1979	631.2	78	660	24.31	1999/2000	625	56	671	15.58
1979/1980	711.4	60	719	25.91	2000/2001	524	42	554	12.69
1980/1981	545.1	109	624	21.99	2001/2002	573	45	602	13.51
1981/1982	592	78	643	22.17	2002/2003	610	48	643	14.15
1982/1983	646	62	676	22.81	2003/2004	632	56	675	14.53
1983/1984	658	55	682	22.48	2004/2005	672	62	723	15.51
1984/1985	650	54	670	21.61	2005/2006	769.5	59	810	17.27
1985/1986	604	57	630	19.89	2006/2007	830.7	48	849	17.92
1986/1987	596	78	651	20.08	2007/2008	727.5	46	744	15.55
1987/1988	545	89	610	18.4	2008/2009	763.6	39	767	15.74
1988/1989	542	93	609	17.98	2009/2010	837.1	46	855	17.33
1989/1990	609	83	668	19.3	2010/2011	822.1	56	866	17.32
1990/1991	665	68	714	20.16	2011/2012	823.3	48	859	16.60

资料来源：南非农林渔业部．农业统计摘要 2013.

南非本土牛肉的产量 1970/1971 年度是 449.4 千吨，当年进口的数量是 140 千吨，进口量是本土产量的 31%，随后，南非本土的牛肉生产量持续增加，到 2011/2012 年度已经达到 823.3 千吨，当年进口的数量仅为 48 千吨，进口量是本土产量的 6%，可以看到，南非在牛肉产量翻番的基础上，近年来主要是自给自足，进口的数量已经很小了。近 10 年来，进口量基本保持不变。在牛肉的消费上，1970/1971 年度为 549 千吨，当年人均 24.15 千克，随后牛肉的消费量持续增长，到 2011/2012 年度增加到 859 千吨，当年人均却降到 16.6 千克。可以看到，牛肉的消费总量 2011/2012 年度是 1970/1971 年度的 1.6 倍，但是人均仅是 1970/1971 年度的近 70%，牛肉总量消费的增加主要由于人口的增加。尤其是近 10 年来，牛肉总消费量增长较快，同时人均消费量的下降幅度也较大。

（二）猪

1. 猪的养殖及宰杀数量

如表 2－25 所示，南非 1970/1971 年度猪的养殖头数是 930 千头，当年屠宰头数是 1 566 千头，屠宰头数多于养殖头数，主要靠进口和存量，之后，养殖头数在波幅中增加，2011/2012 年度增加到 1 579 千头，是 1970/1971 年度的 1.7 倍，当年屠宰头数是 2 651 千头，是 1970/1971 年度的 1.7 倍，仍然是屠宰头数多于养殖头数。近 10 年来，南非猪养殖头数有下降的趋势，2011/2012 年度是 2000/2001 年度的 94%，但是，屠宰头数却呈现出明显上升的趋势，2011/2012 年度是 2000/2001 年度的 1.42 倍。南非生猪依靠进口和存量的趋势十分明显。

2. 猪肉的生产和消费情况

1970/1971 年度南非猪肉的生产数量是 80.9 千吨，当年猪肉消费数量为 76 千吨，不及猪肉生产数量，人均 4 千克。随后，猪肉生产数量和猪肉消费数量均在波幅中提高，2011/2012 年度猪肉生产数量为 208.2 千吨，是 1970/1971 年度的 2.6 倍，当年猪肉消费数量为 239 千吨，超过猪肉生产数量，人均消费 4.7 千克。尤其是近 10 年来，猪肉生产和消费数量均大幅增加，2000/2001 年度猪肉生产数量为 106.9 千

表 2-25　猪的养殖及宰杀头数、猪肉的生产和消费

7月到第二年6月	猪的养殖头数（千头）	屠宰头数①（千头）	猪肉生产数量（千吨）	猪肉消费数量		7月到第二年6月	猪的养殖头数（千头）	屠宰头数①（千头）	猪肉生产数量（千吨）	猪肉消费数量	
				总计（千吨）	人均（千克）					总计（千吨）	人均（千克）
1970/1971	930	1 566	80.9	76	4	1991/1992	1 654	2 189	112.7	112	3.1
1971/1972	915	1 518	78.8	79	4	1992/1993	1 653	2 267	129.6	129	3.5
1972/1973	824	1 795	89.8	88	4.4	1993/1994	1 570	2 101	119.6	122	3.2
1973/1974	865	1 997	99.9	94	4.6	1994/1995	1 585	1 973	119	124	3.2
1974/1975	859	1 841	90.7	87	4.1	1995/1996	1 707	2 194	126.5	131	3.3
1975/1976	882	1 760	87.2	86	4	1996/1997	1 699	2 172	127.9	133	3.3
1976/1977	891	1 912	92.6	91	4.1	1997/1998	1 736	2 061	125	130	3.2
1977/1978	917	1 888	93.4	89	4	1998/1999	1 780	2 006	119.2	126	3
1978/1979	921	1 717	87.9	83	3.6	1999/2000	1 647	2 145	123	131	3.1
1979/1980	913	1 673	87.7	84	3.6	2000/2001	1 678	1 864	106.9	115	2.6
1980/1981	1 286	1 677	88.7	88	3.7	2001/2002	1 710	2 017	116.6	123	2.7
1981/1982	1 323	1 787	95.7	94	3.8	2002/2003	1 663	2 079	135	146	3.2
1982/1983	1 401	2 081	112	109	4.3	2003/2004	1 663	2 131	156.8	174	3.8
1983/1984	1 478	2 019	113.6	111	4.3	2004/2005	1 651	2 158	159.7	182	3.9
1984/1985	1 346	1 912	110.5	108	4	2005/2006	1 622	2 292	173	194	4.1
1985/1986	1 361	1 899	107.4	105	3.9	2006/2007	1 651	2 498	188.5	208	4.4
1986/1987	1 366	1 879	104.3	101	3.6	2007/2008	1 615	2 441	183.2	200	4.2
1987/1988	1 360	1 941	107.5	106	3.7	2008/2009	1 613	2 381	182.3	201	4.1
1988/1989	1 427	2 075	114.6	113	3.9	2009/2010	1 594	2 474	193.8	217	4.4
1989/1990	1 524	2 275	126.2	125	4.2	2010/2011	1 584	2 600	207.2	233	4.7
1990/1991	1 665	2 360	130.8	130	4.2	2011/2012②	1 579	2 651	208.2	239	4.7

注：①猪的屠宰数量包括用于商业买卖以及自身消费；
②预测值。
资料来源：南非农林渔业部．农业统计摘要 2013.

吨，消费数量为115千吨，人均消费量2.6千克，可以看出，近年来南非猪肉的产量一直不及消费量，人均消费量增长幅度快于猪肉产量的增长幅度，南非猪肉的生产应当引起关注和重视。

（三）羊

1. 羊的养殖数量

表2-26是南非的商品绵羊和山羊数量，1970年绵羊为33 136千只，山羊为2 546千只，随着时间的推移，两种羊的饲养数量均在波幅中下降，到2012年，南非的绵羊数量为21 427千只，山羊为2 028千只，分别为1970年的65%和80%，下降幅度均比较大。近10年来，绵羊和山羊饲养数量的下降仍然比较明显。

表2-26 绵羊和山羊的数量

年份	绵羊①（千只）	山羊①（千只）	年份	绵羊①（千只）	山羊①（千只）
1970	33 136	2 546	1992	27 448	2 285
1971	29 424	2 135	1993	25 670	2 159
1972	29 101	2 149	1994	25 851	2 337
1973	29 607	2 188	1995	25 481	2 369
1974	30 296	2 270	1996	25 566	2 406
1975	30 989	2 315	1997	25 010	2 394
1976	30 985	2 353	1998	25 079	2 360
1977	31 961	2 460	1999	24 463	2 325
1978	31 788	2 652	2000	23 586	2 355
1979	31 203	2 692	2001	22 998	2 427
1980	30 753	2 729	2002	22 614	2 216
1981	30 743	2 758	2003	22 693	2 160
1982	30 672	2 862	2004	22 289	2 164
1983	29 122	2 774	2005	22 236	2 136
1984	27 789	2 778	2006	21 945	2 181
1985	27 109	2 794	2007	21 924	2 116
1986	26 989	2 880	2008	21 995	2 114
1987	26 932	2 989	2009	21 917	2 077
1988	27 688	2 944	2010	21 493	2 052
1989	29 634	2 885	2011	21 325	2 033
1990	29 979	2 774	2012	21 427	2 028
1991	28 631	2 453			

注：①南非的商品羊数量。

资料来源：南非农林渔业部．农业统计摘要2013.

2. 羊肉的屠宰、生产和消费情况

从表 2-27 可以看到，南非屠宰场的屠宰羊数量在 1975/1976 年度为 6 291 千只，随后数量在小幅波动中上升，直至 2012/2013 年度为 6 791千只，屠宰数量变化不大。在本土羊肉数量上，1975/1976 年度为 162 千吨，当年羊肉进口数量为 6.6 千吨，本土和进口的数量比为 25∶1，当年羊肉消费数量为 166 千吨，人均消费量为 6.3 千克。随着时间的推移，南非本土羊肉生产数量呈小幅下降的趋势，进口羊肉经历了一个大幅度增加的阶段后增幅不大，羊肉的总消费量变动不大，人均消费量却明显降低。2012/2013 年度，本土羊肉的生产数量为 155.1 千吨，比 1975/1976 年度略有下降，进口羊肉却达到 12 千吨，是 1975/1976 年度的近 2 倍，此时本土和进口的数量比为 13∶1，总体羊肉消费量为 165 千吨，与 1975/1976 年度相比变化不大，但人均只有 3.2 千克。羊肉消费量的增长主要是由人口增加造成，另外，南非羊肉依赖进口有日渐明显的趋势。

表 2-27　羊的屠宰数量以及羊肉生产和消费

7 月到第二年 6 月	屠宰场屠宰的羊的数量（千只）	本土羊肉生产数量（千吨）	羊肉进口（千吨）	羊肉消费	
				全部（千吨）	人均（千克）
1975/1976	6 291	162.0	6.6	166	6.3
1976/1977	6 038	156.8	6.0	160	5.9
1977/1978	6 421	166.5	5.6	169	6.1
1978/1979	7 100	174.2	5.1	177	6.2
1979/1980	7 123	182.6	4.4	184	6.3
1980/1981	6 850	172.3	9.3	179	6.0
1981/1982	7 352	183.3	13.4	195	6.3
1982/1983	8 280	212.1	7.5	217	6.9
1983/1984	8 245	211.5	6.4	216	6.7
1984/1985	8 654	219.9	8.7	225	6.8
1985/1986	7 454	193.3	13.2	204	6.0
1986/1987	6 728	180.8	12.5	191	5.5
1987/1988	7 036	166.7	16.6	181	5.1
1988/1989	6 625	164.3	14.1	177	4.9
1989/1990	7 643	168.2	17.7	184	5.0
1990/1991	9 098	191.2	17.3	206	5.5

（续）

7月到 第二年6月	屠宰场屠宰的羊的数量（千只）	本土羊肉生产数量（千吨）	羊肉进口（千吨）	羊肉消费	
				全部（千吨）	人均（千克）
1991/1992	8 505	176.1	25.1	199	5.2
1992/1993	7 787	167.4	23.6	189	4.9
1993/1994	7 694	135.3	22.7	156	4.0
1994/1995	5 203	94.8	24.9	118	3.0
1995/1996	5 904	106.3	38.1	143	3.5
1996/1997	5 655	102.6	41.1	142	3.4
1997/1998	5 536	96.9	49.2	145	3.4
1998/1999	5 905	104.9	51.1	154	3.6
1999/2000	6 115	108.3	56.8	163	3.7
2000/2001	5 964	105.4	55.1	159	3.6
2001/2002	5 964	105.1	42.2	146	3.3
2002/2003	6 012	114.4	33.2	146	3.2
2003/2004	6 117	120.3	34.8	154	3.3
2004/2005	6 192	115.5	35.2	149	3.2
2005/2006	6 279	117.2	43.0	158	3.4
2006/2007	6 693	141.1	44.1	183	3.9
2007/2008	6 700	141.4	30.2	170	3.5
2008/2009	6 865	146.5	19.9	164	3.4
2009/2010	7 018	149.2	12.3	160	3.2
2010/2011	6 331	135.0	14.0	147	2.9
2011/2012	6 158	136.2	16.6	151	2.9
2012/2013	6 791	155.1	12.0	165	3.2

资料来源：南非农林渔业部．农业统计摘要 2013.

（四）肉和蛋

1. 肉的产量和消费

从表 2－28 可以看到，1970/1971 年度南非白肉产量在 121 千吨，同年南非居民白肉消费数量总计 120 千吨，基本与产量持平，人均 6.24 千克，同年红肉消费数量总计 840 千吨，人均 36.95 千克。随着时间的推移，白肉产量稳步增加，到 2011/2012 年度增加至 1 499 千吨，为 1970/1971 年度的 12.4 倍，产量显著提高。2011/2012 年度南非居民白肉消费数量为 1 853 千吨，略高于当年产量，人均消费 35.79

千克，是1970/1971年度人均量的5.7倍，人均消费量提高幅度相当大。同年南非居民红肉消费数量为1 249千吨，人均24.13千克，是1970/1971年度人均量的65%，人均红肉消费数量明显下降。近10年的趋势与1979年以来的情况相差不大，白肉产量显著提高，居民白肉消费总量翻番，人均白肉消费量显著提高，2011/2012年度为2000/2001年度的1.7倍，而红肉消费总量2011/2012年度为2000/2001年度的1.5倍，人均消费量基本保持不变。从肉类的消费情况可以看出，南非居民的肉类消费有从红肉转向白肉的趋势。

2. 蛋的产量和消费

1970/1971年度南非蛋的产量为103千吨，当年居民对蛋的消费总量为93千吨，基本产量、消费量平衡，人均消费4.07千克蛋类。随着时间的推移，南非蛋类的产量在波幅中稳步增加，至2011/2012年度为511千吨，是1970/1971年度产量的5倍，同年居民消费总量482千吨，是1970/1971年度的5倍多，产量略大于消费量，人均消费蛋类9.3千克，是1970/1971年度的2.3倍。近10年的趋势与1970/1971年度以来的状况相差不大，产量与消费量基本平衡，同比稳步增加，人均消费数量也呈增加的趋势。

表2-28　肉和蛋的生产消费情况

年份	白肉产量（千吨）	人对白肉的消费数量		人对红肉的消费数量		蛋的产量（千吨）	人对蛋的消费数量	
		总计（千吨）	人均（千克）	总计（千吨）	人均（千克）		总计（千吨）	人均（千克）
1970/1971	121	120	6.24	840	36.95	103	93	4.07
1975/1976	294	290	13.52	832	32.74	157	129	5.08
1976/1977	315	290	13.22	856	32.98	158	132	5.08
1977/1978	323	299	13.33	886	33.37	161	129	4.87
1978/1979	326	291	12.69	920	33.87	173	137	5.04
1979/1980	344	312	13.30	987	35.56	146	124	4.48
1980/1981	364	338	14.10	890	31.38	145	136	4.80
1981/1982	402	379	15.41	932	32.15	161	151	5.20
1982/1983	457	437	17.35	1 003	33.81	171	152	5.12
1983/1984	480	460	17.78	1 009	33.27	169	152	5.02

（续）

年份	白肉产量（千吨）	人对白肉的消费数量		人对红肉的消费数量		蛋的产量（千吨）	人对蛋的消费数量	
		总计（千吨）	人均（千克）	总计（千吨）	人均（千克）		总计（千吨）	人均（千克）
1984/1985	487	485	18.26	1 004	32.37	167	152	4.91
1985/1986	474	474	17.41	939	29.63	167	153	4.84
1986/1987	498	500	17.91	943	29.11	171	160	4.94
1987/1988	541	539	18.84	896	27.06	193	183	5.52
1988/1989	582	581	19.85	899	26.53	213	201	5.92
1989/1990	609	605	20.22	977	28.22	219	205	5.93
1990/1991	593	593	19.38	1 050	29.66	224	209	5.91
1991/1992	564	571	15.77	1 052	29.06	232	214	5.91
1992/1993	577	580	15.67	1 036	28.00	238	223	6.02
1993/1994	607	609	16.11	940	24.88	235	218	5.76
1994/1995	647	662	17.13	829	21.46	251	233	6.04
1995/1996	699	736	18.65	865	21.92	290	272	6.90
1996/1997	753	826	20.34	849	20.91	282	263	6.49
1997/1998	777	854	20.72	835	20.25	314	293	7.11
1998/1999	803	874	20.74	839	19.92	323	302	7.16
1999/2000	850	927	21.53	965	22.42	318	299	6.95
2000/2001	869	938	21.48	828	18.96	329	310	7.09
2001/2002	896	965	21.65	871	19.55	330	308	6.92
2002/2003	925	1 032	22.71	935	20.57	340	313	6.88
2003/2004	928	1 082	23.30	1 002	21.59	328	305	6.57
2004/2005	1 019	1 204	25.85	1 054	22.62	348	329	7.06
2005/2006	1 143	1 383	29.49	1 163	24.79	375	357	7.61
2006/2007	1 200	1 470	31.03	1 240	26.17	412	392	8.26
2007/2008	1 276	1 508	31.52	1 113	23.27	438	416	8.70
2008/2009	1 358	1 558	32.01	1 131	23.24	473	449	9.22
2009/2010	1 430	1 645	33.36	1 231	24.96	450	424	8.60
2010/2011	1 478	1 757	35.14	1 246	24.93	472	443	8.86
2011/2012	1 499	1 853	35.79	1 249	24.13	511	482	9.30

资料来源：南非农林渔业部．农业统计摘要 2013.

（五）奶

表 2-29 是南非牛奶生产和利用的情况，可以看到，1970/1971 年度南非牛奶的总量是 1 448 百万升，其中饮用鲜奶制品 970 百万升，用于深加工的制品 478 百万升，分别占总量的 67%和 33%。随着时间的推移，牛奶的总产量稳步提升，到 2011/2012 年度已经达到 2 686 百万升，其中饮用部分 1 515 百万升，深加工制成品 1 101 百万升，分别占总量的 56%和 41%。总体来看，牛奶产量较 1970/1971 年度提升了 1.9 倍，居民消费的结构有从牛奶饮品向深加工奶制品转移的趋势。自 2000 年以来，牛奶总产量有所提高，饮品产量基本保持不变，深加工产品产量大增，牛奶制品的消费转向深加工的趋势更为明显。

三、渔业和林业

南非东、南、西三面被印度洋和大西洋所环绕，海岸线长 3 000 千米，12 海里内领海和 200 海里内经济专属区面积达 101.7 万千米^2。印度洋与大西洋于东经 20°在南非的厄加勒斯角交汇，造就了南非海域独特的海洋环境和丰富的渔业资源，使南非海域成为世界主要渔场之一。在南非沿海富饶的渔场中，既有大西洋、印度洋的鱼种，又有太平洋的鱼种；既有冷水性鱼种，又有暖温性鱼种，种群数量也相当可观。具有商业性捕捞的鱼种有沙丁鱼、鲲鱼、竹荚鱼、马鲛鱼、鲍鱼、鲱鱼、金枪鱼、鱿鱼、鳕鱼和龙虾数十种。南非得天独厚的地理位置，辽阔的沿海疆域、丰富的海洋渔业资源，为发展海洋渔业提供了十分优越的条件，已成为南半球 5 个主要渔业国之一，海洋渔业在其农业乃至整个国民经济中占有不可或缺的重要地位。渔业直接从业人员达 2.9 万人，年产量 100 万吨左右，年产值 3 亿多美元。其中海洋渔业占绝对主导地位，其产量（包括海水养殖）占总产量的 99%以上，淡水渔业产量不足 1%（李嘉莉，2007）。

南非森林覆盖率较低，天然林主要分布在沿海地带的山坡上。近年来，为改善生态环境，大力发展人工林。现在，南非拥有世界最大的人

表 2-29　牛奶生产和利用情况

1月到12月①	用于饮用或者其他鲜奶制品②（百万升）	用于深加工③		总计（百万升）	1月到12月①	用于饮用或者其他鲜奶制品②（百万升）	用于深加工③		总计（百万升）
		奶酪（百万升）	炼乳和奶粉（百万升）				奶酪（百万升）	炼乳和奶粉（百万升）	
1970/1971	970	197	281	1 448	1991/1992	1 149	436	522	2 107
1971/1972	943	215	329	1 487	1992/1993	1 068	362	572	2 002
1972/1973	993	233	352	1 578	1993/1994	1 064	395	547	2 006
1973/1974	1 000	217	339	1 556	1995/1996	1 456	419	575	2 450
1974/1975	1 003	245	352	1 600	1996/1997	1 540	439	458	2 437
1975/1976	1 071	329	447	1 847	1997/1998	1 580	398	523	2 501
1976/1977	1 071	320	454	1 845	1998/1999	1 578	424	541	2 543
1977/1978	1 072	317	393	1 782	1999/2000	1 472	410	488	2 370
1978/1979	1 110	302	380	1 792	2000/2001	1 565	386	407	2 358
1979/1980	1 087	373	447	1 907	2001/2002	1 624	420	413	2 457
1980/1981	1 155	360	424	1 939	2002/2003	1 537	426	391	2 354
1981/1982	1 141	386	425	1 952	2003/2004	1 637	448	420	2 505
1982/1983	1 153	399	467	2 019	2004/2005	1 735	486	436	2 657
1983/1984	1 155	403	469	2 027	2005/2006	1 206		1 159	2 365
1984/1985	1 195	402	446	2 043	2006	1 522		1 143	2 396
1985/1986	1 002	377	401	1 780	2007	1 486		996	2 489
1986/1987	980	393	514	1 887	2008	1 540		1 128	2 585
1987/1988	1 151	449	561	2 161	2009	1 489		1 054	2 509
1988/1989	1 126	439	499	2 064	2010	1 565		1 079	2 632
1989/1990	1 141	472	506	2 119	2011	1 515		1 101	2 616
1990/1991	1 128	471	564	2 163	2012④	—		—	2 686

注：①1978/1979 之前，十月至第二年九月；从 1978/1979 到 2005/2006，3 月至第二年 2 月；

②鲜乳制品包括：a）酸奶，奶酪，牛奶，等；b）乳品业以外的用牛奶；

③从 2006 年起，包括黄油；

④预测值。

资料来源：南非农林渔业部．农业统计摘要 2013.

造林，每年来自这些森林的林业产值达 20 亿兰特，再加上木材加工，每年林业总产值达 110 亿兰特，其中 30%是出口收入。林业为大约 125 000人提供了正式的就业机会。林业产业，主要是纸浆和纸张，能够满足大部分国内需求和产品的净出口。

第二节　农场收入变化趋势[①]

南非国内存在着两种截然不同的农业生产机制，其生产内容、水平、特点都存在着巨大的差异。一方面是少数白人农场主经营的发达的大农场，是高度商品化的农业，提供南非农业总产值的 90%以上；另一方面，是非洲黑人仅能维持生计的传统农业。种族隔离统治时期的土地法令将 86%的土地给了白人，广大的黑人被排挤到土地贫瘠的保留地。到种族隔离制结束时，先前白人地区由 6.7 万个农场主占有，规模大都超过 1 000 公顷，而 71%的农村人口居住在剩余的 14%的土地上。而黑人地区人均占有可耕地低至 0.1 公顷。南非农业中的这两种极端在短时期内不会有什么大的变化。因此，农场在南非农业经济中占有举足轻重的地位。

图 2-3 表明了过去四十年间南非实际农场总收入和净收入的变化趋势。实际农场总收入从 1970 年的约为 300 亿兰特（以 2004—2005 年作为基期）增加到 2008—2009 年的超过 700 亿兰特。这期间，实际农场净收入（实际农场净收入=实际农场总收入—折旧—薪金与工资—利息—租金）基本保持不变，南非人口从大约 2 000 万（1970 年）增加到约为 4 900 万（2009 年）。图 2-4 显示直到 1990 年代中期，南非农业生产增长才跟上人口增长，这一趋势正好与南非民主化进程、贸易自由化和农业国内市场管制的放松相一致。

① Sandrey, R. *et al*. 2011. Agricultural Trade and Employment in South Africa [N]. *OECD Trade Policy Working Papers*, No. 130, OECD Publishing. http://dx.doi.org/10.1787/5kg3nh58nvq1-en.

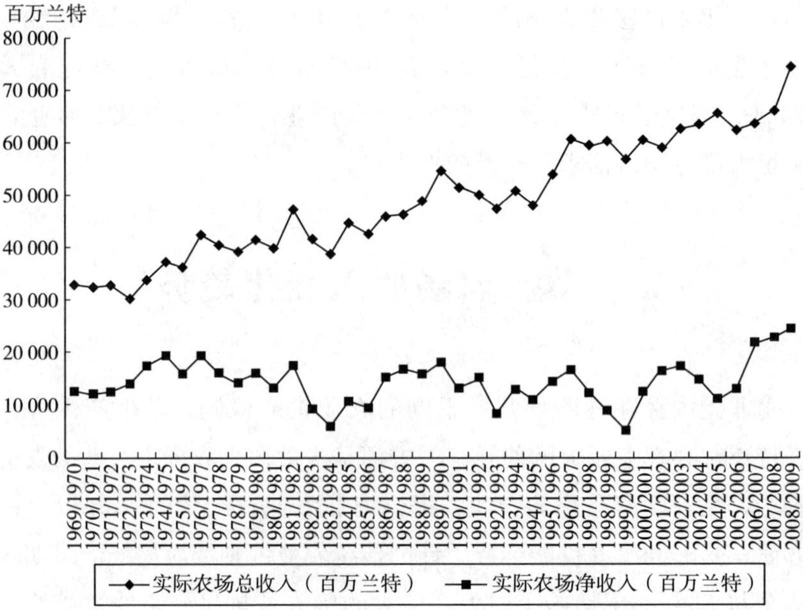

图 2-3　1969/1970 年度以来实际农场收入与净收入

注：基期 2004—2005。

资料来源：转引自：Sandrey，R. *et al*. 2011. Agricultural Trade and Employment in South Africa [N]. *OECD Trade Policy Working Papers*，No. 130，OECD Publishing. http：//dx. doi. org/10. 1 787/5kg3nh58nvq1-en.

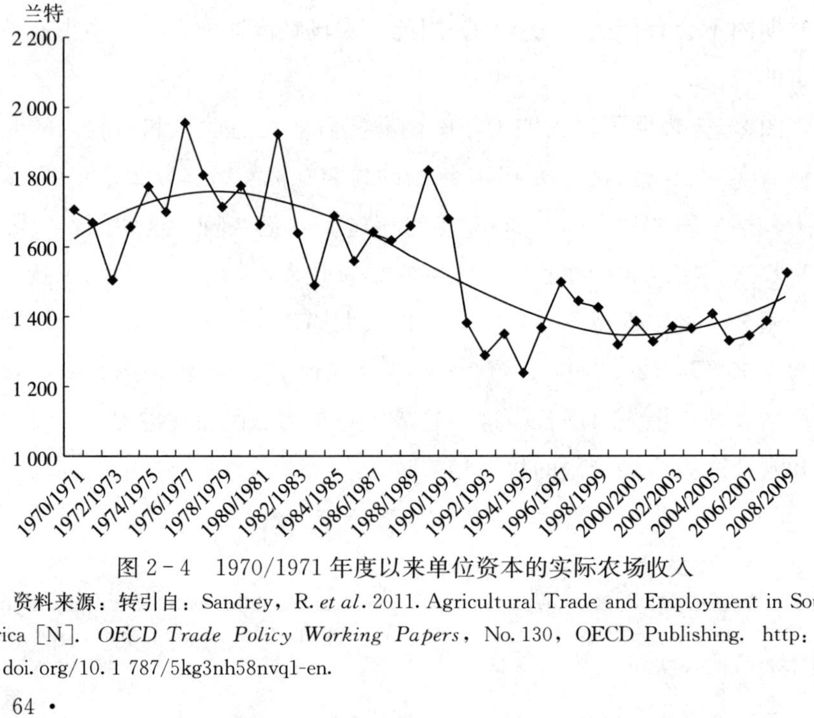

图 2-4　1970/1971 年度以来单位资本的实际农场收入

资料来源：转引自：Sandrey，R. *et al*. 2011. Agricultural Trade and Employment in South Africa [N]. *OECD Trade Policy Working Papers*，No. 130，OECD Publishing. http：//dx. doi. org/10. 1 787/5kg3nh58nvq1-en.

实际农场净收入在过去 40 年间基本保持不变这一现象应该正确来看待。图 2－5 表明了 2002 年以前农业资本资产的价值出现了迅速下降，名义土地价格随通胀飙升而恢复，农场净收入的增加来自于汇率的崩溃。

像南非这样的半干旱国家，只有 17%的可用农业用地适合耕作，在 1965—2009 年间，畜禽产品在农产品总值中的相对份额保持了相对不变（40%以上）。但这段时间，畜禽产品不同品种的相对比重却发生了变化：红肉的生产和消费停滞不前，而禽肉的生产却有了显著的提高。园艺产品的份额由之前的 10%上升到 27%，这是以牺牲田间作物为代价的。由于过去的几十年中，几乎所有的农产品生产都有了实际的增加，这就意味着园艺产品生产的平均增长速度超过了所有农产品生产的平均增长速度。水果和葡萄酒作为特例，在这一时期获得了很大的发展。

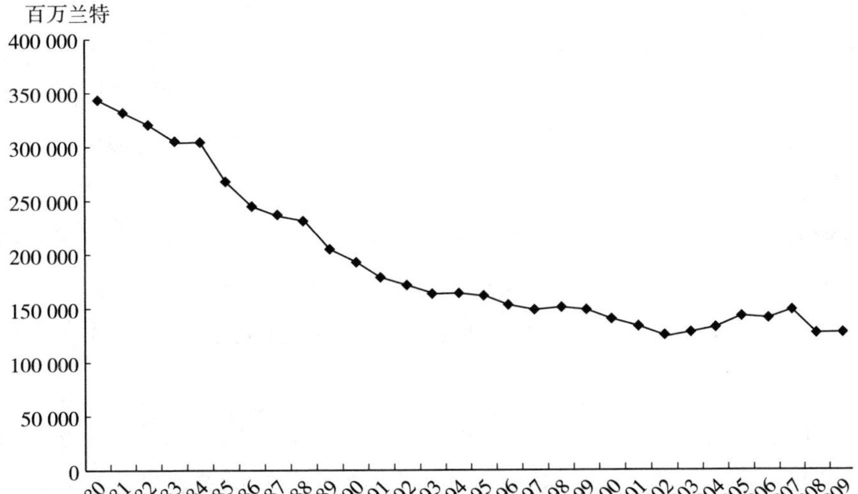

图 2－5 商业农场资本资产的实际价值

资料来源：转引自：Sandrey，R. *et al*. 2011. Agricultural Trade and Employment in South Africa [N]. *OECD Trade Policy Working Papers*，No. 130，OECD Publishing. http：// dx. doi. org/10. 1 787/5kg3nh58nvq1-en.

第三章
南非农产品贸易

南非农产品拥有广阔的地区市场。1994年，南非加入了南部非洲发展共同体（英文缩写为SADC)，为推动南部非洲地区农业的发展，特别是为其农产品顺利进入邻国创造了有利条件。共同体中的国家如纳米比亚、博茨瓦纳、莱索托和斯威士兰几乎没有什么粮食储备。南非加入共同体，对于缓解共同体其他成员国的粮食危机、保障整个南部非洲地区的稳定起到了一定的积极作用。

1996年，共同体各国签署的贸易议定书使各国之间的粮食流通更为容易。南非的玉米销售局不再规定国内的价格，对粮食的进出口额也不再实行管制，而是由一个成熟的私营销售体制代替。在共同体中，农业的研究和培训部门也是各成员国积极参与的重点。科技相对占优势的南非也不例外，有望在这一领域中发挥积极作用。1996年4月，南非的比勒陀利亚大学还成为了共同体中可培养农业科学硕士的几所高校之一。

南非农业发展的国际、地区间的合作前景是比较广阔的。南非有自身的科技优势，有条件加强与其他成员国的合作与交流。同时，农业部门的广泛合作，也有助于南非同共同体各成员国发展睦邻友好关系，从而有助于整个南部非洲地区的稳定和发展。

南非是世界上少有的几个粮食净出口国家之一。南非的农业出口还包括蔬菜、加工食品和饮料。新鲜水果、罐头水果、罐头肉、婴儿食品、奶粉、小麦和各种面粉等生产加工以及畜牧业、海洋捕捞业都比较发达，并有玉米、蔗糖、羊毛、食用油、花卉、果汁、水果、葡萄酒、畜产品等多种农产品出口。

第一节　20世纪70年代以来农产品贸易发展情况

一、南非农产品贸易整体发展概况

随着快速成长的园艺产品在南非农产品出口中发挥着越来越重要的带头作用，贸易成为调节农业产出结构的主要驱动力，从1970年以来，南非农产品进出口有很多重要的变化。

1. 南非农产品进出口总值都在不断增加，是农产品净出口国

表3-1显示，1975—2012年，南非农产品的进口额度是不断上升的，1975年仅为2.55亿兰特，2012年这一数值急剧攀升至530.71亿兰特。出口额度也保持较快增长，由1975年的1 249百万兰特增加到2012年的525.79亿兰特。由图3-1可以看出，两者相比，在2007年之前，南非一直是出口产值大于进口产值，出口产值大约为进口产值的2倍，在2007年有一个进出口持平的节点，之后，依然是出口大于进口，相差比例有所减少。从2008—2010年的分季度数据来看（图3-2），2010年前三季度，南非农产品出口增加，第四季度减少，与上季度相比，农产品出口总额从143亿兰特下降到第四季度的103亿兰特。进口方面，上半年进口减少，下半年增加，第三季度农产品的进口总额为95亿兰特，第四季度增加到101亿兰特。总体来说，南非是一个农产品净出口国。

2. 农产品进口的增长快于出口

农产品进口占进口总额的比重自1970年以来一直保持相对稳定。而其他类别产品进口一直有增加倾向，使得农产品进口占全部产品进口总额的比重从1999年的6.6%下降到之后的5.2%。然而这一期间，农产品进口占农产品总产出的比重由起初的19.6%上升到2008年的26.4%。

表 3-1　农产品进出口总额及占全部进出口总额的比重

年份	进口			出口		
	全部产品（百万兰特）	农产品（百万兰特）	农产品占全部产品进口比重（%）	全部产品（百万兰特）	农产品（百万兰特）	农产品占全部产品出口比重（%）
1975	5 545.00	255.00	4.60	3 983.20	1 249.00	31.36
1980	14 381.30	369.20	2.57	19 915.40	2 052.50	10.31
1985	22 731.90	1 298.30	5.71	36 410.40	2 382.30	6.54
1990	44 141.50	1 936.20	4.39	60 770.00	4 625.10	7.61
1995	97 285.00	6 834.30	7.03	102 545.10	8 142.60	7.94
2000	186 476.50	9 644.10	5.17	210 512.70	15 752.20	7.48
2005	349 163.70	16 286.40	4.66	327 125.40	26 141.20	7.99
2006	465 215.70	20 588.50	4.43	393 046.70	26 977.50	6.86
2007	484 837.50	29 304.50	6.04	463 237.90	30 666.80	6.62
2008	627 450.30	38 427.50	6.12	635 315.00	46 943.70	7.39
2009	541 173.40	35 039.20	6.47	513 864.10	47 459.40	9.24
2010	585 547.40	34 626.80	5.91	590 053.60	46 400.20	7.86
2011	621 327.70	44 926.40	7.23	693 945.30	50 813.20	7.32
2012①	832 917.20	53 071.00	6.37	720 011.40	52 578.90	7.30

注：①预测值。

资料来源：南非农林渔业部．农业统计摘要 2013.

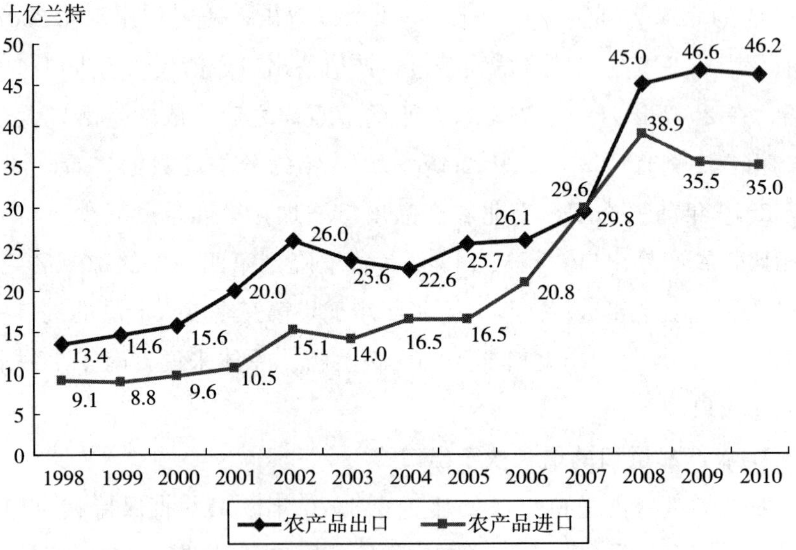

图 3-1　1998—2010 年南非农产品进出口情况

注：以上农产品贸易不包括林业和渔业产品在内。

资料来源：SamLegare，Agriculture Trade Performance Review（ATPR）——South Africa's Agriculture，Forestry and Fisheries Trade Performance during Quarter Four of 2010，World Trade Atlas.

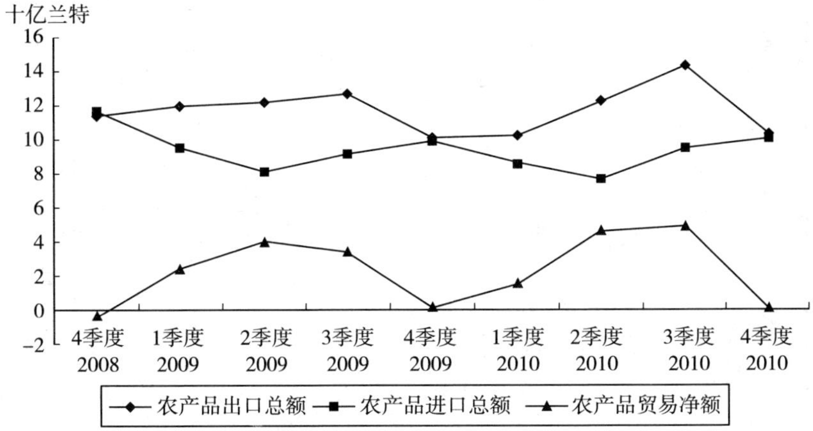

图 3-2　2008—2010 年南非农产品贸易情况

注：以上农产品贸易不包括林业和渔业产品在内。

资料来源：SamLegare，Agriculture Trade Performance Review（ATPR）——South Africa's Agriculture，Forestry and Fisheries Trade Performance during Quarter Four of 2010，World Trade Atlas.

3. 农产品出口总额占全部产品出口比重下降

1975 年农产品出口占南非出口总额的比重高达 30%以上，从 20 世纪 80 年代（在此之前，黄金出口并不包括在总出口数据之中）开始，农产品出口占南非出口总额的比重在 6%～10%，表明对经济增长以出口为导向的南非来说，农业扮演的重要催化剂的角色作用有所下降（表 3-1 和表 3-2）。

4. 农产品出口份额占农产品总产值的比重在波动中下降

这一比例从 20 世纪 70 年代约为 1/3 下降到 1980—1994 年间的刚刚超过 1/5，继而回升到之前的水平，然后降低到 1/4 左右。这清楚地反映了期间南非受到国际制裁的影响，也部分说明了农业竞争力的相对缺乏。20 世纪 90 年代后半期，农业出口重新进入的市场，但是远不及在 70 和 80 年代所失去的市场（表 3-2）。

5. 进口概率降低

进口概率是农产品出口对农产品进口的比率，一个衡量农业部门支付自己进口能力的指标，由 1970—1974 年的 3.95∶1 骤降为 2006—2008 年的 0.98∶1（表 3-2）。

表 3-2　1970 年以来南非农产品贸易情况

	1970—1974 年	1975—1979 年	1980—1984 年	1985—1989 年	1990—1994 年	1995—1999 年	2000—2005 年	2006—2008 年
出口								
总出口（百万兰特）	2 092	7 305	20 746	45 164	72 534	133 623	272 382	497 210
农产品出口总额（百万兰特）	689	1 412	1946	3 613	5 520	12 132	22 293	32 279
农业总产值（百万兰特）	2 100	4 234	8 458	16 087	25 581	42 349	68 282	112 189
农产品出口占出口总额比重（%）	32.92	19.33	9.38	8.00	7.61	9.08	8.18	6.49
农产品出口占农产品总产值比重（%）	32.80	33.35	23.01	22.46	21.58	28.65	32.65	28.77
进口								
总进口（百万兰特）	3 243	6 536	18 240	32 499	55 122	125 364	264 682	525 835
农产品进口总额（百万兰特）	174	290	870	1 689	3 476	8 317	13 687	29 440
农产品进口占进口总额比重（%）	5.38	4.43	4.77	5.20	6.31	6.63	5.17	5.59
农产品进口占农产品总产值比重（%）	8.30	6.84	10.29	10.50	13.59	19.64	20.05	26.24
进口概率	3.95	4.88	2.24	2.14	1.59	1.46	1.63	0.98
开放度（%）	41.10	40.19	33.30	32.96	35.16	48.29	52.69	55.01

资料来源：转引自：Sandrey，R. *et al*. 2011. Agricultural Trade and Employment in South Africa [N]. OECD Trade Policy Working Papers，No. 130，OECD Publishing.

6. 农产品贸易开放度显著加大

农产品贸易开放度是农产品出口总额加上进口总额占农业总产值的比重，用来衡量农业部门贸易的开放度，这一指标在 1970—2008 年表现出显著和稳定增长，由 41.10%增长到 55.01%（表 3－2）。

7. 加工产品和初级产品的出口额度都快速增长，加工产品增加更为迅速

加工产品从 1975 年的 6.07 亿兰特，增加到 2012 年的 362.37 亿兰特，初级产品则由 6.42 亿兰特增加到 2012 年的 163.42 亿兰特。初级产品在 1975 年的比重为 51.41%，以微弱的优势高于加工产品 48.59%的比重，到了近些年这一格局发生根本性扭转，2011 年，加工品出口比重高达 74.79%，贸易结构趋于以加工产品为主（表 3－3）。

表 3－3 农产品出口结构

年份	加工产品（百万兰特）	初级产品（百万兰特）	全部农产品（百万兰特）	加工产品比重（%）	初级产品比重（%）
1975	606.90	642.10	1 249.00	48.59	51.41
1980	1 043.60	1 008.90	2 052.50	50.85	49.15
1985	1 334.00	1 048.30	2 382.30	56.00	44.00
1990	2 246.40	2 378.70	4 625.10	48.57	51.43
1995	2 714.00	5 428.60	8 142.60	33.33	66.67
2000	9 785.00	5 967.20	15 752.20	62.12	37.88
2005	15 067.90	11 073.30	26 141.20	57.64	42.36
2006	16 517.10	10 460.40	26 977.50	61.23	38.77
2007	18 136.70	12 530.10	30 666.80	59.14	40.86
2008	25 951.10	20 992.60	46 943.70	55.28	44.72
2009①	27 664.85	19 007.10	46 671.95	59.30	40.70
2010	29 378.60	17 021.60	46 400.20	63.32	36.68
2011	38 004.00	12 809.20	50 813.20	74.79	25.21
2012②	36 237.10	16 341.80	52 578.90	68.92	31.08

注：①因原统计数据与其他年份相比较为异常，2009 年的数据值是将 2008 和 2009 年数据进行平均处理的结果；

②预测值。

资料来源：南非农林渔业部．农业统计摘要 2013.

二、南非分类农产品贸易概况

（一）南非初级农产品贸易概况

2008—2010 年间，南非初级农产品出口大于进口。然而，2010 年第四季度出口额与上季度相比明显下降，从 75 亿兰特降到了 42 亿兰特，同期的进口额略有增加，结果是，这一时期初级农产品的贸易顺差从 52 亿兰特下降到 22 亿兰特。尽管如此，过去十年，南非仍然保持了初级农产品净出口国的地位（图 3-3）。

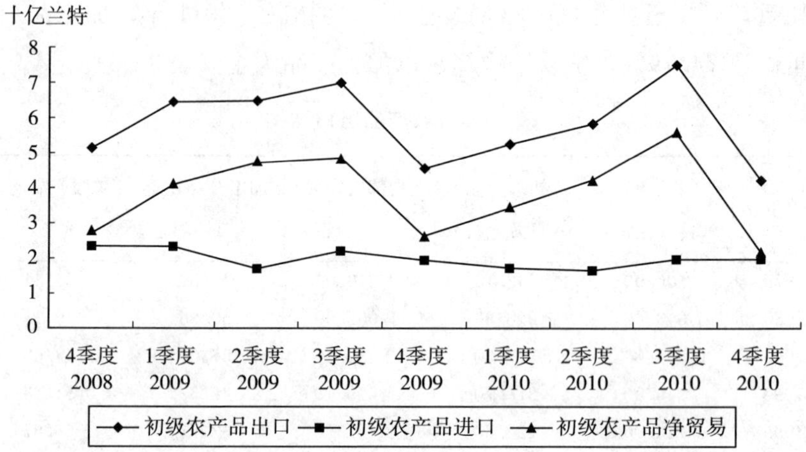

图 3-3　2008—2010 年南非初级农产品贸易情况

资料来源：SamLegare. Agriculture Trade Performance Review（ATPR）——South Africa's Agriculture，Forestry and Fisheries Trade Performance during Quarter Four of 2010，World Trade Atlas.

（二）南非加工农产品贸易概况

1998—2005 年南非一直保持着加工农产品净出口国的地位，其后到 2010 年，则成为加工农产品的净进口国。尽管经历了第二季度的复苏，总体来看，2010 年加工农产品的出口仍然小于进口，而且这一差距在第三和第四季度进一步扩大（图 3-4）。

（三）南非林业产品贸易概况

林业产品方面，南非的进出口保持了积极的贸易平衡。2010 年第四季度，林业产品出口额达到26亿兰特的高峰，同一季度，进口略有下降，为15亿兰特，使得2010年第四季度的贸易顺差扩大到11亿兰特（图3-5）。

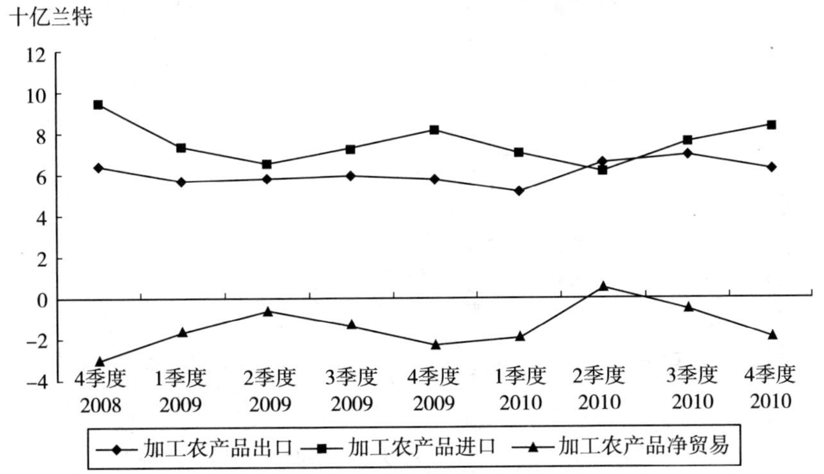

图3-4　2008—2010年南非加工农产品贸易情况

资料来源：SamLegare. Agriculture Trade Performance Review（ATPR）——South Africa's Agriculture, Forestry and Fisheries Trade Performance during Quarter Four of 2010, World Trade Atlas.

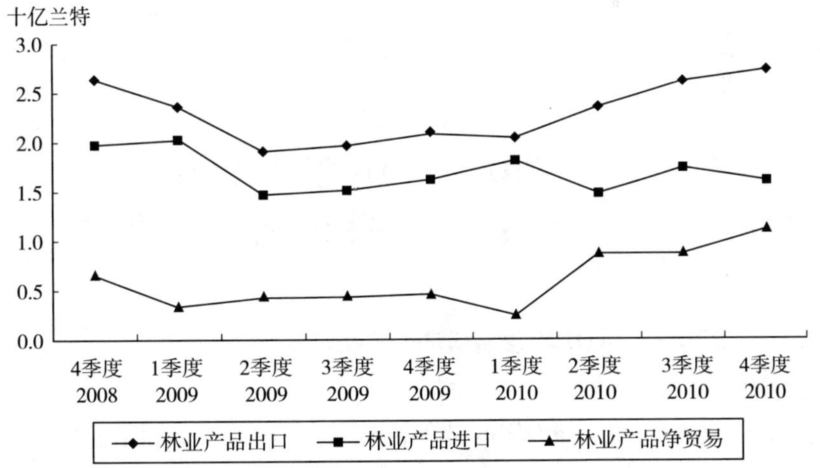

图3-5　2008—2010年南非林产品贸易情况

资料来源：SamLegare. Agriculture Trade Performance Review（ATPR）——South Africa's Agriculture, Forestry and Fisheries Trade Performance during Quarter Four of 2010, World Trade Atlas.

（四）南非渔业产品贸易概况

南非渔业产品进出口保持了积极的贸易平衡。2010 年第四季度，渔业产品进口与出口均延续了下降的趋势，按季度来看，渔业产品保持了约为 2 亿兰特的净贸易（图 3－6）。

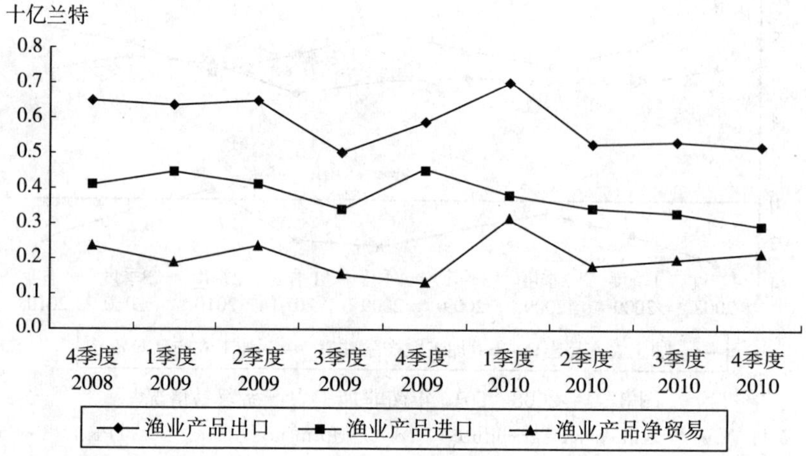

图 3－6 2008—2010 年南非渔业产品贸易情况

资料来源：SamLegare. Agriculture Trade Performance Review（ATPR）——South Africa's Agriculture，Forestry and Fisheries Trade Performance during Quarter Four of 2010，World Trade Atlas.

第二节 2009—2010 年主要农产品进出口市场和主要产品分析

一、2009—2010 年度南非农产品出口情况分析

（一）2009—2010 年南非农产品对主要出口国出口情况

1. 荷兰

2010 年，荷兰成为南非农产品出口到欧盟的第一大市场，同时也是出口到世界的第一大市场。与上年相比，2010 年南非出口到荷兰的

农产品金额增加了12%，占南非农产品出口总额的比重也从10%增加到11%。出口的前五种主要农产品分别为葡萄、柑橘、葡萄酒、梨子和鳄梨。此间，出口到荷兰的柑橘大幅增长，增幅达52%。

2. 英国

与2009年相比，2010年南非对英国的农产品出口额下降了7%，其占南非农产品出口总额的比重也有所下降，但英国仍位列南非农产品出口的第二大市场。2010年出口到英国的前五种主要农产品分别是葡萄酒、葡萄、苹果、柑橘和橘子，其中葡萄酒和苹果出口分别下降了25%和18%。

3. 津巴布韦

是南非农产品出口的世界第三大市场，非洲第一大市场。2010年，南非出口到津巴布韦的农产品金额为35亿兰特，与2009年持平。出口到该国前五位的主要农产品为葵花籽、葵花籽油、小麦、甜玉米和鸡块。这一期间，葵花籽和葵花籽油以及小麦出口显著增加，分别增长了57%和48%。

4. 莫桑比克

该国是南非农产品出口的非洲第二大市场。2010年，南非出口到该国的农产品金额从上年的20亿兰特增加到30亿兰特，增幅高达41%，出口的前五种主要农产品为酒精、糖、食品、玉米和柑橘。

5. 德国

2010年南非出口到德国的农产品与上年持平。出口到该国前五位的主要农产品是葡萄酒、鸵鸟肉、葡萄、杏子和蔬菜与水果罐头，其中鸵鸟肉出口增长了35%，而葡萄出口下降了38%。

表3-4　2009—2010年南非前十大农产品出口市场与产品种类（按价值计算）

2009年度			2010年度			
主要出口市场	占南非农产品出口总额比重	出口金额（十亿兰特）	主要出口市场	占南非农产品出口总额比重	出口金额（十亿兰特）	出口到主要市场的前3位产品
英国	10%	4.7	荷兰	11%	5.1	葡萄、柑橘、葡萄酒
荷兰	10%	4.6	英国	9%	4.4	葡萄酒、葡萄、苹果

（续）

2009 年度			2010 年度			
主要出口市场	占南非农产品出口总额比重	出口金额（十亿兰特）	主要出口市场	占南非农产品出口总额比重	出口金额（十亿兰特）	出口到主要市场的前 3 位产品
津巴布韦	8%	3.6	津巴布韦	8%	3.6	葵花籽 & 油、小麦、糖
肯尼亚	6%	2.8	莫桑比克	6%	2.9	酒精、糖、食品
莫桑比克	4%	2.1	德国	4%	1.9	葡萄酒、肉类、葡萄
德国	4%	1.9	美国	3%	1.6	葡萄酒、柑橘、澳洲坚果
美国	3%	1.6	日本	3%	1.5	糖、西柚、玉米
安哥拉	3%	1.5	阿联酋	3%	1.3	柑橘、葡萄、苹果
阿联酋	3%	1.4	安哥拉	3%	1.3	发酵饮料、香烟、威士忌
中国	2%	1.3	中国	3%	1.2	羊毛、鱼粉、葡萄酒

资料来源：SamLegare. Agriculture Trade Performance Review（ATPR）——South Africa's Agriculture，Forestry and Fisheries Trade Performance during Quarter Four of 2010，World Trade Atlas.

（二）2009—2010 年南非农产品出口市场扩大与萎缩情况

表 3-5 表明了 2009—2010 年度，南非农产品所有的出口合作伙伴中，莫桑比克、日本与荷兰荣登南非出口增长国家的榜首，其中酒精、花生和鳄梨分别为莫桑比克、日本和荷兰进口增长率最高的农产品。该表进一步也说明了这一时期安哥拉、中国以及英国是从南非进口农产品缩减最大的三个国家，其中安哥拉的精制糖、中国的羊毛以及英国水果制品进口缩减率最大。

表 3-5 2009—2010 年南非农产品出口市场扩大与萎缩情况

出口扩大的市场			推动出口总额增长的前三位产品及它们各自出口增长百分比		
排名	出口扩大市场	出口总额增长			
1	莫桑比克	41%	酒精（2147%）	香烟（136%）	玉米粉（75%）
2	日本	18%	花生（61%）	梨子（60%）	柑橘（37%）
3	荷兰	12%	鳄梨（53%）	柑橘（52%）	澳洲坚果（27%）

（续）

出口萎缩的市场			导致进口总额缩减的前三位产品及它们各自出口缩减百分比		
排名	出口萎缩市场	出口总额缩减			
1	安哥拉	－12％	精制糖（－66％）	酸乳（－62％）	玉米粉（－44％）
2	中国	－7％	羊毛（－49％）	葡萄酒（－31％）	动物皮（－28％）
3	英国	－6％	水果制品（－32％）	葡萄酒（－25％）	苹果（－18％）

资料来源：SamLegare. Agriculture Trade Performance Review（ATPR）——South Africa's Agriculture, Forestry and Fisheries Trade Performance during Quarter Four of 2010, World Trade Atlas.

（三）2009—2010年度南非农产品出口的产品种类分析

19世纪末期，南非主要出口的农产品为羊毛、水果和酒，而目前这一出口情形仍未改变（2008年这三类产品出口贡献了南非农产品出口总额的51％）。在这种出口高度集中的表面下，农产品贸易也隐藏着很多潜在的趋势，比如羊毛曾一度是南非出口的主导产品，近些年随着国际市场价格的上升，羊毛出口已经变得相对微不足道了。另一方面，南非农产品出口的来源地并没有发生多大变化：大多数农产品出口仍来自于西开普省，近期看到农产品出口的显著增加仅仅来自于北开普省（由于鲜食葡萄出口的增加）。

2000年以后，南非最重要25种农产品和食品出口占全部农产品出口收入的92％，2008年，园艺产业出口占到全部农产品出口收入的52％。20世纪90年代后半期的大多数年份里，南非食品和饮料类制成品保持了积极的贸易平衡，而到2005年进口额与出口额相等，即有一个中立的贸易平衡。

1. 食用水果和坚果

按出口价值计算，食用水果和坚果类产品2009年和2010年连续两

表 3-6　2010 年南非农产品出口前 10 大产品种类（按价值计算）

产品种类描述（HS-2）	2010 年出口金额（十亿兰特）	2009—2010 年该类产品出口增长	该类别出口前三位产品	该类别出口前三位市场
食用水果和坚果	15.5	14%	柑橘、葡萄、苹果	荷兰、英国、俄罗斯
饮料、酒及醋	8.6	−1%	葡萄酒、酒精、香甜酒	英国、德国、莫桑比克
蔬菜、水果和坚果制品（罐头食品）	3.5	7%	桃子罐头、水果混合物、梨罐头	中国、意大利、比利时
鱼类和海鲜	3.3	1%	鱼片、鱿鱼、小海虾	西班牙、意大利、香港
谷物	2.4	−42%	玉米、玉米种子、大米	韩国、肯尼亚、津巴布韦
糖和糖食	2.1	−39%	蔗糖、甘蔗（生）、糖食	莫桑比克、津巴布韦、日本
烟草及烟草制品	1.8	−5%	香烟、烟草、烟草精汁	也门、比利时、埃及
杂项食品	1.8	14%	酱油、汤 & 养料、冰淇淋	津巴布韦、莫桑比克、尼日利亚
动植物油脂	1.3	39%	向日葵提取物、大豆提取物、人造黄油	津巴布韦、莫桑比克、赞比亚
杂项谷物、和子和水果	1.2	−8%	大豆、花生、含油子仁的粉	马来西亚、印度尼西亚、荷兰

资料来源：SamLegare. Agriculture Trade Performance Review（ATPR）——South Africa's Agriculture，Forestry and Fisheries Trade Performance during Quarter Four of 2010，World Trade Atlas.

年位列南非农产品出口第一大类别。2010年，食用水果和坚果出口从上年的136亿兰特增加到155亿兰特，增幅高达14%，其出口占农产品出口总额的比重也由上年的29%上升到33%。2010年，食用水果和坚果类出口排名前五位的产品分别是柑橘、葡萄、苹果、梨和柠檬，合计占该类产品出口总额的73%，其中，柑橘和柠檬出口增长最快，分别增长了31%和29%。

2. 饮料、酒及醋

从出口价值来看，2009年和2010年两年饮料、酒及醋类产品稳居南非农产品出口类别的第二位。2010年，饮料、酒及醋类产品出口86亿兰特，占农产品出口总额比重的18%，与上年持平，主要出口产品为葡萄酒和酒精，二者占到该类产品出口总额的80%，仅葡萄酒出口就达到50亿兰特，同时酒精出口额高达10亿兰特，相比2009年，葡萄酒出口额下降了8%。

3. 罐头食品

2010年罐头食品的出口额同比上升了7个百分点，从上年排名第五跃升为第三大农产品出口类别，尽管如此，其占农产品出口总额的比重仍然保持在7%，与上年相同。罐头食品类主要出口产品为桃子罐头、水果和蔬菜混合物和果汁、梨罐头和杏子罐头。

4. 鱼和鱼类产品

2010年南非鱼和鱼类产品出口额33亿兰特，与上年相同，主要出口产品为冻鱼片和鱿鱼，分别占该类产品出口总额的20%和15%。龙虾和小海虾的出口出现快速增长，龙虾出口同比增长了21%，小海虾同比增长了10%。

5. 谷物

2010年南非谷物出口出现大幅滑坡，出口金额从上年的42亿兰特下降到24亿兰特，降幅高达42%，其占农产品出口总额的比重也由上年的9%下降到5%。这主要是由于小麦、玉米和玉米种子出口指数下降而导致的，三种产品的出口降幅分别达到81%、44%和19%。2009年，仅玉米出口一项就占到谷物出口的80%，而2010年这一比例是79%。

二、2009—2010 年度南非农产品进口情况分析

（一）2009—2010 年南非农产品进口来源国和产品分析

2010 年南非从中国进口的农产品在金额和比重方面均与上年持平，进口的五大主要农产品分别为白豌豆豆类、动物内脏、苹果汁、蛋白胨和沙丁鱼，其中苹果汁的进口，同比下降了 16%。从 2009—2010 年的进口金额来看，没有一个非洲国家跻身于南非十大进口来源国之列。

1. 阿根廷

2009 年和 2010 年，阿根廷均是南非第一大农产品进口来源国。但 2010 年南非从阿根廷进口的农产品与上年相比下降了 16%，其占南非农产品进口总额的比重也从上年的 14%降为 12%，下降了两个百分点。这一结果主要由向日葵种子、葵花籽油以及鸡肉进口下降所致，其下降幅度分别为 19%和 38%。

2. 泰国

尽管与上年相比，2010 年南非从泰国进口的农产品金额减少了 16%，但是泰国仍延续了南非第二大农产品进口来源国的地位，只不过其占南非农产品进口总额的比重有所降低。然而，贸易分析进一步表明，2010 年来自于泰国的大米满足了南非 75%的大米总需求，泰国已经成为南非大米最大的进口来源国。

3. 巴西

与上年相比，2010 年南非进口自巴西的农产品金额下降了 16%，比重下降了 2%，这主要是由烟草与精制糖进口减少所致，这一期间两种产品的进口下降分别达到 51%和 23%。但同期，鸡肉进口指数上涨了 390%。

4. 德国

2010 年南非进口的德国农产品显著增加，从上年的 20 亿兰特增加到 25 亿兰特，占南非农产品进口总额的比重也由 6%上升到 7%。这一趋势主要是由于进口猪肉与咖啡浓缩精汁的增加，增加幅度分别为 132%和 21%。

表 3-7　2009—2010 年南非前十大农产品进口来源国与产品种类（按价值计算）

2009 年			2010 年			
主要进口来源国	占南非农产品进口总额比重	进口金额（十亿兰特）	主要进口来源国	占南非农产品进口总额比重	进口金额（十亿兰特）	来自主要进口来源国前 3 位产品
阿根廷	14%	5.1	阿根廷	12%	4.3	大豆、向日葵种子 & 油、鸡肉
泰国	11%	4.0	泰国	9%	3.4	大米、鱼、谷物和淀粉
巴西	9%	3.5	巴西	7%	2.7	鸡肉、烟草、糖
中国	6%	2.2	德国	7%	2.5	小麦、大豆油、猪肉
德国	6%	2.1	中国	6%	2.2	豆类、动物内脏、苹果汁
英国	5%	1.8	英国	6%	2.1	威士忌酒、朗姆酒和塔非亚酒和食品
荷兰	5%	1.7	美国	5%	1.9	小麦、食品和威士忌
马来西亚	4%	1.6	马来西亚	5%	1.8	棕榈油、可可黄油、植物油脂 & 油
美国	4%	1.4	荷兰	4%	1.4	大豆油、食品、麦芽啤酒
印度尼西亚	4%	1.3	印度尼西亚	4%	1.4	棕榈油、咖啡、可可粉

资料来源：SamLegare. Agriculture Trade Performance Review（ATPR）——South Africa's Agriculture，Forestry and Fisheries Trade Performance during Quarter Four of 2010，World Trade Atlas.

（二）2009—2010年南非农产品进口来源扩大与萎缩情况

表3-8表明了2009—2010年度，南非农产品进口的所有合作伙伴中，美国、德国和英国位列南非进口增长国家的前三甲，其中小麦、猪肉和肉粉分别为南非从美国、德国和英国进口增长率最高的农产品。该表也进一步说明了这一时期巴西、荷兰和泰国为南非农产品进口缩减最多的三个国家，其中巴西的烟草、荷兰的麦芽啤酒以及泰国的沙丁鱼进口缩减率最高。

表3-8　2009—2010年南非农产品进口扩大与萎缩情况

进口扩大的市场			推动进口总额增长的前三位产品及它们各自进口增长百分比		
排名	扩大的市场	进口总额增长			
1	美国	35%	小麦（512%）	动物内脏（16%）	食品（5%）
2	德国	17%	猪肉（132%）	咖啡浓缩精汁（21%）	食品（1%）
3	英国	16%	肉粉（65%）	糖食（30%）	燕麦片（27%）
进口萎缩的市场			**导致进口总额缩减的前三位产品及它们各自进口增长百分比**		
排名	萎缩的市场	进口总额缩减			
1	巴西	−24%	烟草（−51%）	原糖（−47%）	精制糖（−23%）
2	荷兰	−18%	麦芽啤酒（−90%）	鳞茎&块茎（−17%）	食品（−13%）
3	泰国	−16%	沙丁鱼（−37%）	金枪鱼（−14%）	大米（−13%）

资料来源：SamLegare. Agriculture Trade Performance Review（ATPR）——South Africa's Agriculture, Forestry and Fisheries Trade Performance during Quarter Four of 2010, World Trade Atlas.

（三）2009—2010年度南非农产品进口的产品种类分析

1. 动植物油脂

2010年南非动植物油脂进口同比增长了31%，占南非农产品进口

表 3-9　2010 年南非农产品进口前 10 大产品种类（按价值计算）

产品种类描述（HS-2）	2010 年进口金额（十亿兰特）	2009—2010 年该类产品进口增长	该类别进口前三位产品	该类别前三位进口来源国
动植物油脂	6.1	31%	棕榈油、大豆油、葵花籽	马来西亚、阿根廷、美国
谷物	5.3	−17%	大米、小麦、大麦	泰国、德国、美国
食品残渣（动物饲料）	3.7	4%	豆粕、猫食狗食、肉粉	阿根廷、荷兰、法国
饮料、酒及醋	3.0	−20%	威士忌、矿泉水、麦芽啤酒	英国、美国、爱尔兰
肉及肉类食品	2.6	7%	鸡肉、猪肉、火鸡肉	巴西、加拿大、澳大利亚
烟草及烟草制品	1.6	−20%	烟草、香烟、烟草废料	巴西、津巴布韦、印度
杂项食品	1.5	3%	婴儿食品、速溶咖啡、酱汁	美国、荷兰、德国
咖啡、茶、伴侣和香料	1.2	16%	咖啡（生）、红茶、辣椒或胡椒	越南、马拉维、印度
蔬菜、水果和坚果制品（罐头食品）	1.2	−1%	加工的土豆、苹果汁、葡萄汁	中国、意大利、比利时
糖和糖食	1.1	−7%	糖食、蔗糖、甘蔗（生）	巴西、中国、美国

资料来源：SamLegare. Agriculture Trade Performance Review（ATPR）——South Africa's Agriculture，Forestry and Fisheries Trade Performance during Quarter Four of 2010，World Trade Atlas.

总额的比重也由上年的13%上升到17%。主要进口产品有棕榈油、大豆油和葵花籽油，合计占此类产品总进口的80%，进口主要来源于亚洲的印度尼西亚和马来西亚以及南美洲的阿根廷。

2. 谷物

2010年南非谷物进口从上年的64亿兰特下降到53亿兰特，降幅达17%，主要由玉米种子、大米和小麦进口减少所致，进口降幅分别为67%、19%和14%。2009年和2010年的进口中，仅小麦和大米两种产品就超过全部谷物进口的90%。南非谷物进口主要来自于美国、泰国、德国和阿根廷。2010年，来自美国的玉米种子、泰国的大米、德国和阿根廷的小麦分别同比下降了54%、13%、34%和85%。

3. 食品残渣（动物饲料）

2010年南非食品残渣（动物饲料）进口在农产品进口总额中的排名由上年的第四位跃升为第三位，进口金额由35亿兰特增加到37亿兰特，增加了4个百分点，主要归因于从法国进口的肉粉、球团以及猫食狗食的指数级增加，但同期从荷兰进口的猫食狗食却减少了5%。

4. 饮料、酒及醋

2010年南非饮料、酒及醋的进口在农产品进口总额中的排名从上年的第三位下降到第四位，进口金额从38亿兰特减少到30亿兰特，降幅达20%，主要原因是从荷兰进口的麦芽啤酒降幅高达90%，而这期间12%的矿泉水进口缩减也极大地助推了这一下滑趋势。

5. 肉及肉类食品

2010年南非肉及肉类食品进口金额同比上涨了7%，主要得益于冷冻鸡和冷冻猪进口的大幅增加，这一期间，从巴西进口的冷冻鸡增加了390%，而冷冻猪的进口增加了131%。

第四章
南非农产品价格

第一节　20世纪70年代以来的农产品价格波动

价格指数是反映不同时期一组商品（服务项目）价格水平变化方向、趋势和程度的经济指标，是经济指数的一种，通常以报告期和基期相对比的相对数来表示。价格指数是研究价格动态变化的一种工具。为了了解20世纪70年代以来南非农产品价格波动情况，本节从农产品价格指数、农产品价格两个方面进行介绍。

一、农产品价格指数

（一）农产品生产者价格指数

20世纪70年代以来，南非农产品的生产者价格不断攀升。如果将所有农产品综合指数看成是100，其中大田作物给定的比重为24，园艺产品的比重为27，动物产品的比重为49。下面以2005年为基期，分析不同类型农产品生产者价格指数变动情况，结果如下：①大田作物。1970年大田作物的生产者价格指数是5.7，2012年达到288.2，是1970年的51倍。从整体趋势来看，20世纪70年代到90年代，大田作物的生产者价格指数呈现缓慢上升趋势，而近20年来，直到2000年整体呈现稳步上升趋势，而近10年来价格指数波动较大，但整体呈现上升趋势。②园艺产品。1970年园艺产品的生产者价格指数是3.8，2012年达到177.3，分别是2000年和1970年的2.6倍和47倍，整体呈现稳步上升趋势。③动物产品。与园艺产品相同，整体呈现稳步上升趋势，2012年达到183.7，是1970年的61倍（1970年为3）。总之，这40年之内南非各类农产品生产者价格指数持续上升，涨了好几十倍。综合这三项，南非农产品综合价格指数2012年达到207.1，是2000年的2.8倍，是1970年的53倍。农产品生产者价格不断上升，表明农产品实际生产价格在不断增长（表4-1）。

表4-1　以2005年为基期的农产品生产者价格指数

年份	大田作物	园艺产品	动物产品	综合指数
1970	5.7	3.8	3.0	3.9
1975	9.7	6.7	6.0	7.0
1980	18.7	11.2	11.2	13.0
1985	31.3	16.9	19.0	21.5
1986	34.3	20.6	21.7	24.5
1987	36.9	23.6	27.1	28.6
1988	39.3	26.3	32.4	32.2
1989	42.8	27.4	33.6	34.0
1990	47.6	32.2	34.2	36.6
1991	54.4	34.3	35.5	39.5
1992	71.3	39.2	38.8	46.9
1993	69.9	36.1	41.8	47.2
1994	67.4	40.0	52.9	52.6
1995	84.6	46.9	55.8	60.1
1996	88.1	50.7	58.7	63.4
1997	86.5	52.4	66.9	67.7
1998	91.7	60.1	64.8	70.1
1999	101.2	57.7	62.2	70.1
2000	94.3	68.7	67.3	74.0
2001	113.2	76.0	74.5	84.0
2002	157.6	93.6	91.6	107.7
2003	163.2	104.4	96.8	115.2

（续）

年份	大田作物	园艺产品	动物产品	综合指数
2004	137.3	108.9	98.4	110.2
2005	100.0	100.0	100.0	100.0
2006	132.9	107.3	113.3	116.4
2007	189.4	124.0	129.1	142.2
2008	227.1	133.3	143.8	161.0
2009	200.5	158.3	153.5	166.1
2010	187.7	158.5	154.3	163.3
2011	234.3	166.2	168.9	184.0
2012	288.2	177.3	183.7	207.1
比重	24	27	49	100

资料来源：南非农林渔业部．农业统计摘要 2013.

1. 大田作物价格指数

表 4-2　以 2005 年为基期的大田作物价格指数

年份	夏粮[①]	冬季谷物[②]	油料种子[③]	甘蔗	干草[④]	干豆	棉花	烟草	综合指数
1970	7.5	6.2	6.1	4.1	3.8	4.6	6.1	2.7	5.7
1975	13.2	9.7	11.6	8.0	4.3	8.1	9.8	6.4	9.7
1980	24.3	19.1	17.5	14.4	9.1	17.2	19.8	10.6	18.7
1985	45.5	29.2	30.4	18.0	17.4	25.8	34.2	24.9	31.3
1990	63.4	46.6	52.1	32.2	27.2	35.8	54.2	45.5	47.6
1991	75.0	55.6	54.9	33.3	32.6	36.2	52.2	54.2	54.4
1992	95.8	63.9	60.1	52.6	49.2	54.2	53.8	62.5	71.3
1993	88.5	68.6	60.3	58.3	45.1	52.3	57.9	53.9	69.9
1994	81.1	69.3	63.4	60.7	38.3	55.1	64.2	51.4	67.4
1995	124.2	72.5	72.5	60.0	61.1	78.5	77.3	57.4	84.6
1996	127.1	82.7	69.0	63.4	59.0	74.1	95.1	65.9	88.1
1997	122.8	76.3	67.9	69.2	53.3	79.1	101.9	76.7	86.5
1998	119.2	74.6	92.7	73.4	63.5	88.6	103.4	91.9	91.7
1999	142.3	86.5	84.3	71.9	74.2	99.9	105.5	98.4	101.2
2000	122.3	90.2	73.9	75.4	71.3	102.8	92.7	84.9	94.3
2001	161.5	111.3	84.3	89.9	71.8	87.3	100.0	96.4	113.2

（续）

年份	夏粮①	冬季谷物②	油料种子③	甘蔗	干草④	干豆	棉花	烟草	综合指数
2002	254.9	132.3	133.7	99.3	109.3	146.9	133.7	103.6	157.6
2003	228.8	139.6	153.8	99.8	151.7	135.7	149.1	109.9	163.2
2004	181.9	123.7	123.1	95.2	126.6	112.9	135.3	105.6	137.3
2005	100.0	100.0	100.0	100.0	100.0	100.0	100.0	100.0	100.0
2006	153.6	117.0	124.0	113.2	121.2	142.2	93.0	89.4	132.9
2007	234.2	183.3	200.7	117.1	155.8	207.1	115.5	87.1	189.4
2008	250.0	270.2	271.7	135.1	223.1	246.5	175.2	104.7	227.1
2009	217.0	175.6	214.9	160.4	224.3	229.0	155.5	130.2	200.5
2010	175.2	185.5	222.7	184.5	218.7	198.7	169.2	144.4	187.7
2011	260.2	237.1	247.7	203.2	199.8	214.7	182.5	147.1	234.3
2012	340.6	254.0	322.5	224.5	235.1	327.5	245.4	142.6	288.2
比重	43	13	9	17	14	1	1	2	100

注：①玉米和高粱；

②小麦，大麦，燕麦和黑麦，从2000年开始，油菜取代了大麦；

③葵花籽，花生，从1975年开始，大豆被包括在内；

④苜蓿干草和画眉草。

资料来源：南非农林渔业部．农业统计摘要2013.

表4－2是南非大田作物价格指数，整体来看，40年来呈现急剧上升势头。将所有大田作物综合指数看成是100，其中给定夏粮的比重最大为43，甘蔗的比重为17，干草的比重为14，冬季谷物的比重为13，油料种子的比重为9，其余干豆、棉花、烟草的比重各为1或2。

以2005年为基期，观察每种作物价格指数变动情况，结果表明：①1970年夏粮的生产者价格指数是7.5，随后明显上升，2012年达到340.6，是1970年的45倍。尤其是近10年来夏粮生产者价格指数上升幅度特别快，2000年为122.3，2012年为2000年的2.8倍；②1970年冬季谷物的生产者价格指数是6.2，随后也有一个明显上升的过程，2012年达到254，是1970年的41倍，尤其是近10年来，2012年价格指数较2000年上升了2.8倍；③1970年油料种子的生产者价格指数是6.1，随后也有一个明显上升的过程，2012年达到322.5，是1970年的

53 倍，是 2000 年的 4.4 倍；④其余大田作物在 1970 年价格指数也都为个位数，2012 年，上升至几百，趋势相同，不再赘述。⑤综合各项，南非大田作物综合价格指数 2012 年达到 288.2，是 2000 年的 3.1 倍，是 1970 年的 51 倍。

2. 园艺产品生产者价格指数

表 4-3 是南非园艺产品生产者价格指数，保持了与大田作物产品相似的上升趋势。同样，所有园艺产品综合指数为 100，其中水果的比重为 48，蔬菜的比重为 38，葡萄栽培产品的比重为 14。以 2005 年为基期，观察每种作物价格指数变动情况，结果表明：①1970 年水果的生产者价格指数是 3.6，2012 年达到 184.3，是 1970 年的 51 倍，是 2000 年的 2.8 倍；②1970 年蔬菜的生产者价格指数是 4.0，2000 年为 76.7，2012 年达到 185.8，分别是 1970 年和 2000 年的 46 倍和 2.4 倍；③1970 年葡萄栽培产品的生产者价格指数是 4.1，2012 年达到 129.9，是 1970 年的 32 倍，尤其是近 10 年来，2012 年价格指数较 2000 年上升了 2.1 倍；④综合价格指数 2012 年达到 177.3，是 2000 年的 2.6 倍，是 1975 年的 47 倍。

表 4-3　以 2005 年为基期的园艺产品生产者价格指数

年份	水果①	蔬菜	葡萄栽培产品②	综合指数
1970	3.6	4.0	4.1	3.8
1975	6.1	8.0	7.7	6.7
1980	9.9	12.1	12.0	11.2
1985	18.1	15.8	15.3	16.9
1986	22.2	19.8	17.9	20.6
1987	22.5	26.8	20.9	23.6
1988	25.0	28.1	24.3	26.3
1989	30.2	22.9	25.6	27.4
1990	35.2	31.9	28.7	32.2
1991	38.0	32.1	33.6	34.3
1992	40.9	40.1	37.4	39.2
1993	41.2	31.1	37.9	36.1
1994	45.2	37.4	37.0	40.0
1995	52.6	43.8	44.0	46.9

（续）

年份	水果①	蔬菜	葡萄栽培产品②	综合指数
1996	55.2	46.3	54.7	50.7
1997	55.0	47.1	62.4	52.4
1998	65.0	54.5	68.0	60.1
1999	66.4	48.2	64.7	57.7
2000	66.2	76.7	63.3	68.7
2001	81.3	74.1	67.2	76.0
2002	89.6	105.1	86.2	93.6
2003	98.2	112.8	110.7	104.3
2004	108.1	117.1	103.4	108.9
2005	100.0	100.0	100.0	100.0
2006	104.5	112.8	99.6	107.0
2007	122.6	135.1	98.6	124.0
2008	144.5	131.3	100.4	133.8
2009	149.2	186.8	112.1	158.3
2010	162.1	166.6	120.5	158.5
2011	176.1	169.4	123.6	166.2
2012	184.3	185.8	129.9	177.3
比重	48	38	14	100

注：①落叶、橘柑属、副热带夏季水果；

②优质葡萄酒和蒸馏葡萄酒。

资料来源：南非农林渔业部．农业统计摘要 2013.

3. 蔬菜生产者价格指数

表 4-4　以 2005 年为基期的蔬菜生产者价格指数

年份	土豆	葱	红薯	番茄	绿豆	红萝卜	宝石南瓜	卷心菜	生菜	南瓜	综合指数①②
1975	12.5	12.2	7.5	8.2	8.6	5.7	6.9	14.1	13.1	5.7	8.0
1980	19.8	13.3	11.7	12.9	17.1	11.3	11.4	20.0	15.3	10.7	12.1
1985	26.2	16.8	15.0	16.4	23.6	14.9	12.4	29.5	20.6	13.3	15.8
1990	44.5	31.4	31.2	42.6	38.3	38.5	30.2	52.4	48.8	33.1	31.8
1991	44.7	32.0	30.4	42.6	38.1	34.5	28.6	63.9	50.6	22.9	32.0
1992	61.3	38.9	37.3	48.5	42.6	35.2	35.6	68.3	55.9	33.5	40.0
1993	39.7	35.1	30.6	44.3	45.5	37.2	28.0	57.2	49.5	28.8	31.0

（续）

年份	土豆	葱	红薯	番茄	绿豆	红萝卜	宝石南瓜	卷心菜	生菜	南瓜	综合指数①②
1994	38.9	60.5	32.5	55.8	53.7	54.8	44.1	73.7	57.4	39.4	37.3
1995	66.2	28.2	52.3	56.5	68.2	41.6	48.2	65.0	68.7	41.1	43.8
1996	59.8	49.4	48.1	63.0	67.6	47.0	49.3	89.5	73.8	42.7	46.2
1997	63.5	47.7	46.0	65.0	71.3	55.8	52.3	87.9	86.7	44.6	47.9
1998	77.4	41.6	62.5	70.1	72.5	61.6	65.2	115.9	75.2	52.5	54.3
1999	67.5	33.3	51.6	67.5	73.1	56.0	53.4	90.0	80.1	48.3	48.1
2000	86.6	88.4	65.6	89.4	86.3	73.2	85.4	131.8	182.1	69.0	79.0
2001	55.6	87.4	62.2	86.4	94.0	70.4	78.2	157.7	116.2	53.7	75.5
2002	78.7	142.9	99.0	91.8	104.5	87.4	105.5	208.9	113.2	87.7	107.7
2003	77.5	140.8	118.7	120.7	135.3	89.3	106.4	225.3	160.0	76.1	115.3
2004	59.1	112.3	95.4	112.1	129.8	76.7	105.9	153.7	175.3	72.6	98.5
2005	100.0	100.0	100.0	100.0	100.0	100.0	100.0	100.0	100.0	100.0	100.0
2006	97.1	110.4	153.4	117.3	117.3	119.2	132.5	115.1	141.7	132.8	114.3
2007	124.9	216.5	174.5	138.4	135.7	148.5	153.2	177.8	164.6	151.3	137.8
2008	119.5	161.8	194.2	142.7	170.1	138.6	167.8	151.9	173.3	149.5	132.8
2009	192.4	234.5	195.9	173.4	155.9	198.2	204.4	233.9	191.9	181.7	188.3
2010	149.1	197.2	166.5	173.8	151.1	225.9	199.9	192.3	206.8	208.0	167.1
2011	147.1	162.7	274.7	172.9	169.9	191.8	225.4	207.1	243.3	200.4	170.0
2012	150.6	190.1	340.4	181.9	186.8	179.5	218.3	246.9	282.1	194.4	186.5
比重	44	8	1	13	2	3	3	1	1	2	100

注：①从 2000 年起，包括青玉米；

②从 2005 年起，包括黄瓜和蘑菇。

资料来源：南非农林渔业部．农业统计摘要 2013.

表 4－4 是南非蔬菜生产者价格指数，也不例外地呈现上升趋势。所有蔬菜综合指数为 100，其中土豆的比重为 44，葱的比重为 8，红薯的比重为 1，番茄的比重为 13，其余绿豆、红萝卜、宝石南瓜、卷心菜等的比重各为 1～3 之间，以 2005 年为基期，得出：①土豆是最重要的蔬菜，1975 年土豆的生产者价格指数是 12.5，随后平稳上升，2012 年达到 150.6，是 1975 年的 12 倍。近 10 年来土豆生产者价格指数上升幅度比较大，2000 年为 86.6，2012 年为 2000 年的 1.7 倍，相比较而

言，土豆的价格指数上升幅度并不算大；②1975 年葱的生产者价格指数是 12.2，随后也有一个比较平稳的上升过程，2000 年为 88.4，2012 年则达到了 190.1，这是 1975 年的 16 倍，且较 2000 年上升了 2.2 倍；③1975 年番茄的生产者价格指数是 8.2，2012 年达到 181.9，是 1975 年的 22 倍；④南非蔬菜综合价格指数 2012 年达到 186.5，是 2000 年的 2.4 倍，是 1975 年的 23 倍。总之，南非蔬菜近 40 年来价格上升趋势并不太明显，尤其是与大田作物、园艺作物相比，价格基本平稳。

4. 动物产品生产者价格指数

南非动物产品生产者价格指数见表 4－5，所有动物产品综合指数为 100，其中畜牧业产品的比重为 3，库存屠宰产品的比重为 33，奶产品的比重为 16，家禽产品的比重为 48。以 2005 年为基期，得出：①1970 年畜牧业产品的生产者价格指数是 3.9，之后快速上升，2012 年达到 265.1，是 1970 年的 68 倍。近 10 年来畜牧业产品生产者价格指数上升幅度比较快，2000 年为 77.6，2012 年为 2000 年的 3.4 倍；②1970 年库存屠宰产品的生产者价格指数是 4，2012 年达到 191.2，这是 1970 年的 48 倍及 2000 年的 2.3 倍；③1970 年奶产品的生产者价格指数是 3.6，2012 年达到 192，是 1970 年的 53 倍及 2000 年的 2.8 倍；④1970 年家禽产品的生产者价格指数是 2.9，2012 年则达到 170.6，是 1970 年的 59 倍，是 2000 年价格指数的 2.4 倍。而动物产品生产价格综合指数 2012 年达到了 183.7，是 2000 年的 2.7 倍，是 1970 年的 61 倍。总而言之，南非动物产品近 40 年来的价格上升趋势十分明显，尤其是与大田作物、园艺作物、蔬菜相比，价格上升幅度很大。

表 4－5 以 2005 年为基期的动物产品生产者价格指数

年份	畜牧业产品①	库存屠宰产品②	奶产品③	家禽产品④	综合指数
1970	3.9	4.0	3.6	2.9	3.0
1975	8.0	5.2	7.1	5.8	6.0
1980	13.2	13.9	11.6	12.7	11.2
1985	32.9	19.7	19.1	20.0	19.0
1990	43.5	30.8	33.8	38.9	34.2

（续）

年份	畜牧业产品①	库存屠宰产品②	奶产品③	家禽产品④	综合指数
1991	33.4	37.5	32.7	42.7	35.5
1992	35.3	43.1	40.1	46.4	38.8
1993	29.3	44.4	42.4	52.1	41.8
1994	49.1	57.3	44.1	61.0	52.9
1995	61.3	53.6	48.3	62.7	55.8
1996	58.4	55.4	52.7	65.1	58.7
1997	67.9	70.8	67.7	72.9	66.9
1998	56.3	70.8	63.6	73.1	64.8
1999	55.3	68.5	60.3	67.8	62.2
2000	77.6	81.8	68.6	70.8	67.3
2001	90.7	84.7	77.8	80.6	74.5
2002	144.6	109.6	93.3	94.2	91.6
2003	119.6	103.3	105.9	99.2	96.8
2004	100.9	103.0	102.0	99.8	98.4
2005	100.0	100.0	100.0	100.0	100.0
2006	120.0	122.7	106.1	108.9	113.3
2007	163.2	131.2	142.1	121.3	129.1
2008	162.5	143.1	173.6	133.1	143.8
2009	155.3	148.4	169.4	151.6	153.5
2010	188.8	154.5	166.8	147.8	154.3
2011	260.3	187.4	163.9	152.2	168.9
2012	265.1	191.2	192.0	170.6	183.7
比重	3	33	16	48	100

注：①羊毛和马海毛；

②牛、羊、猪；

③1998 年之前，有乳脂、干酪用乳、鲜奶，1988 年 9 月仅仅有乳脂和鲜牛奶，从 1995 年开始，仅有鲜牛奶；

④鸡和鸡蛋。

资料来源：南非农林渔业部．农业统计摘要 2013.

5. 部分畜产品生产者价格指数

表 4-6　以 2005 年为基期的部分畜产品生产者价格指数

年份	库存屠宰品			羊毛	鲜奶
	牛	羊	猪		
1970	2.5	2.2	4.0	4.0	3.6
1975	4.9	4.8	8.2	7.8	7.0
1980	10.4	7.8	13.9	13.3	11.6
1985	16.2	15.4	19.7	30.3	18.9
1990	30.7	26.4	30.8	54.2	33.8
1991	32.4	27.1	37.5	37.8	32.7
1992	32.8	30.8	43.1	40.7	40.1
1993	34.8	35.7	44.4	32.7	42.5
1994	50.3	50.2	57.3	50.0	44.1
1995	50.9	50.4	53.6	63.0	48.4
1996	54.1	53.0	54.9	60.2	52.7
1997	56.2	58.8	70.7	73.0	67.8
1998	53.2	56.4	70.7	61.8	63.7
1999	54.5	56.7	68.5	58.8	60.4
2000	57.3	65.3	81.8	78.7	68.6
2001	60.3	66.7	84.7	95.9	77.8
2002	79.4	78.6	109.6	166.5	93.3
2003	84.7	88.6	103.3	140.6	105.9
2004	93.9	94.6	102.9	112.1	102.1
2005	100.0	100.0	100.0	100.0	100.0
2006	126.7	119.6	104.5	113.7	106.1
2007	132.7	129.2	125.3	172.8	142.1
2008	143.5	139.2	145.6	178.4	187.8
2009	149.3	141.8	151.2	161.3	183.2
2010	153.9	166.1	142.9	194.1	166.8
2011	187.1	210.3	160.6	287.7	163.9
2012	192.2	199.3	175.9	295.0	192.0

资料来源：南非农林渔业部．农业统计摘要 2013.

表 4-6 是南非畜产品生产者价格指数，结果得出：①1970 年库存

屠宰品牛的价格指数是 2.5，2012 年达到 192.2，分别是 1970 年和 2000 年的 77 倍和 3.4 倍；②1970 年库存屠宰品羊的价格指数是 2.2，随后快速上升，2012 年达到 199.3，是 1970 年的 91 倍，是 2000 年的 3.1 倍；③1970 年库存屠宰品猪的价格指数是 4.0，2012 年达到 175.9，是 1970 年的 44 倍，是 2000 年的 2.2 倍；④1970 年羊毛的价格指数是 4，之后呈现快速上升趋势，2012 年达到 295，是 1970 年的 74 倍，是 2000 年的 3.7 倍；⑤1970 年鲜奶的价格指数是 3.6，2012 年达到 192，是 1970 年的 53 倍，是 2000 年的 2.8 倍。畜产品的价格上升幅度在 40 年间比较明显。

（二）消费者价格指数

表 4－7 是南非 1970 年以来主要产品的消费者价格指数，以 2005 年为基期，可以看到，所有产品的 1970 年消费者价格指数为 3.1，随后稳步快速上升，2000 年为 78.1，2012 年为 155.2，2012 年价格指数是 2000 年的 2 倍，是 1970 年的 50 倍。近 10 年来，消费者价格指数已经翻番，价格升高的趋势十分明显。分项来看：①1970 年食品的价格指数为 2，2000 年为 72.5，2012 年为 175.3，是 2012 年价格指数是 2000 年的 2.4 倍，是 1970 年的 88 倍；②肉的价格指数 1970 年为 1.6，2000 年为 70.9，2012 年为 177.1，2012 年价格指数是 2000 年的 2.5 倍，是 1970 年的 111 倍；③成品粮 1970 年的价格指数为 2.4，2000 年为 76.4，2012 年为 187.7，2012 年价格指数是 2000 年的 2.5 倍，是 1970 年的 78 倍；④奶、奶酪以及蛋 1970 年的价格指数为 2.3，2000 年为 66.5，2012 年为 172.4，2012 年价格指数是 2000 年的 2.6 倍，是 1970 年的 75 倍；⑤蔬菜 1970 年的价格指数为 1.8，2000 年为 75.4，2012 年为 170.9，2012 年价格指数是 2000 年的 2.3 倍，是 1970 年的 95 倍。大体看来，40 年来，南非消费者价格指数中，肉的价格指数上升最快，其次是蔬菜和食品，成品粮和奶、奶酪以及蛋的价格上升幅度最小。近 10 年来，各类产品价格指数上升幅度在 2～2.6 倍，产品之间差别不大。

比较之前的生产者价格指数，40 年间消费者价格指数上升的幅度大于生产者价格指数的上升幅度，例如成品粮的消费者价格指数较1970年上升了78倍，而生产者价格指数仅上升了45倍；奶产品消费者价格指数上升75倍，生产者价格指数仅上升了53倍；蔬菜消费者价格指数上升95倍，生产者价格指数仅上升23倍。但是，近10年来两者差别并不明显。

表4-7　以2005年为基期的消费者价格指数

年份	所有项目	食品	肉	成品粮	奶、奶酪以及蛋	蔬菜
1970	3.1	2.0	1.6	2.4	2.3	1.8
1975	4.8	3.4	3.2	4.0	4.0	3.3
1980	8.4	6.3	5.8	7.0	6.6	5.8
1985	16.3	12.0	10.6	15.7	12.3	9.6
1986	19.3	14.4	13.5	18.0	14.3	10.9
1987	22.4	17.7	17.7	20.2	17.2	14.0
1988	25.4	20.4	21.8	22.7	19.5	15.9
1989	29.0	22.7	23.8	25.6	22.3	16.5
1990	33.1	26.3	26.1	29.8	26.8	21.8
1991	38.2	31.5	31.1	35.2	31.8	25.2
1992	43.5	39.4	37.7	41.5	38.6	40.5
1993	47.8	42.1	40.9	46.2	44.4	37.3
1994	52.0	47.9	50.4	50.1	43.7	44.2
1995	56.5	52.0	55.4	53.3	46.4	46.1
1996	60.7	55.2	56.0	59.8	50.1	50.4
1997	65.9	60.4	62.6	64.2	56.6	56.9
1998	70.5	64.2	64.4	68.6	60.2	61.5
1999	74.1	67.2	65.5	72.5	62.7	62.3
2000	78.1	72.5	70.9	76.4	66.5	75.4
2001	82.5	76.4	75.6	79.4	73.9	74.3
2002	90.1	88.5	88.9	93.1	85.7	89.8
2003	95.4	95.6	94.2	100.3	95.4	97.4
2004	96.7	97.8	96.4	98.8	97.7	97.4
2005	100.0	100.0	100.0	100.0	100.0	100.0
2006	104.6	107.2	115.3	104.3	105.6	107.3

（续）

年份	所有项目	食品	肉	成品粮	奶、奶酪以及蛋	蔬菜
2007	112.1	118.3	127.2	118.1	117.0	120.3
2008	125.0	138.3	138.7	154.7	139.6	133.9
2009	134.2	150.9	148.3	169.8	155.1	154.7
2010	139.9	152.3	149.0	163.0	158.0	157.8
2011	146.9	163.3	164.7	173.7	159.6	164.0
2012	155.2	175.3	177.1	187.7	172.4	170.9

资料来源：南非农林渔业部．农业统计摘要 2013.

二、农产品价格

1. 玉米

从南非 1970—1994 年期间玉米的销售价格统计数据（表 4－8）得出：1970/1971 年度白玉米小批量的价格为 39.61 兰特/吨，黄玉米小批量的价格为 35.42 兰特/吨，同年白玉米大批量的价格为 37.68 兰特/吨，黄玉米大批量的价格为 33.49 兰特/吨。随着时间的推移，无论是小批量还是大批量，无论是白玉米还是黄玉米，价格都在上涨。而到了 1994/1995 年度，白玉米小批量的价格升为 545.9 兰特/吨，黄玉米小批量的价格为 542.7 兰特/吨，同年白玉米大批量的价格为 515 兰特/吨，黄玉米大批量的价格为 495 兰特/吨。总之，白玉米和黄玉米的小批量价格以及大批量价格均比 20 年前（1970 年）上涨了 14～15 倍。

2. 葵花籽

表 4－9 是南非 1975 年以来葵花籽的生产者价格，1975/1976 年度预付价格是 160 兰特/吨，净价是 170.25 兰特/吨，价格指数为 10.8，之后均有所上升，到 1992/1993 年度，葵花籽预付价格是 820 兰特/吨，净价是 845 兰特/吨，价格指数为 53.5，分别为 1975/1976 年度的 5 倍。随后预付价格与指数继续上升，到 2011/2012 年度预付价为 4 396.9兰特/吨，价格指数 273.7，分别为 1975/1976 年度的 27 倍和 25 倍。40 年的时间，葵花籽的价格上升幅度可见一斑。

表 4-8 玉米的销售价格

5月到第二年4月	销售价格①（兰特/吨）			
	小批量		大批量	
	白玉米	黄玉米	白玉米	黄玉米
1970/1971	39.61	35.42	37.68	33.49
1971/1972	39.87	37.22	37.92	35.27
1972/1973	40.95	39.60	39.00	37.65
1973/1974	45.45	45.45	43.50	43.50
1974/1975	48.95	48.95	47.00	47.00
1975/1976	52.30	52.30	50.00	50.00
1976/1977	61.30	61.30	59.00	59.00
1977/1978	74.95	74.95	71.50	71.50
1978/1979	86.55	86.55	83.10	83.10
1979/1980	106.55	106.55	102.15	102.00
1980/1981	130.00	129.75	122.65	122.40
1981/1982	142.20	142.05	134.15	134.00
1982/1983	164.60	164.60	155.30	155.30
1983/1984	180.25	180.25	170.05	170.05
1984/1985	237.95	233.80	224.50	220.50
1985/1986	261.40	257.20	246.60	242.65
1986/1987	315.68	286.76	308.89	285.27
1987/1988	328.60	305.30	310.00	288.00
1988/1989	341.30	312.70	322.00	295.00
1989/1990	375.25	353.00	354.00	333.00
1990/1991	416.60	381.60	393.00	360.00
1991/1992	491.85	444.15	464.00	419.00
1992/1993	561.80	523.50	530.00	495.00
1993/1994	577.70	535.30	545.00	505.00
1994/1995	545.90	542.70	515.00	495.00

注：①小批量：1吨及以上，但是少于38吨。1982/1983以前：1吨及以上，但是少于36吨。1979/1980以前：1吨及以上，但是少于5吨。1971/1972以前：1吨及以上，但是少于2吨。大批量：190吨及以上。1982/1983以前：216吨及以上。1979/1980以前：380吨及以上。1971/1972以前：453吨及以上。

资料来源：南非农林渔业部．农业统计摘要2013.

表 4-9　葵花籽的生产者价格

年份	生产者价格①（兰特/吨）		价格指数②
	预付价格	净价	2005＝100
1975/1976	160.00	170.25	10.8
1980/1981	223.00	265.47	16.8
1985/1986	400.00	460.84	26.6
1986/1987	464.00	564.50	35.8
1987/1988	464.00	580.81	36.8
1988/1989	548.00	683.91	43.3
1989/1990	619.00	739.29	46.8
1990/1991	676.00	736.40	46.6
1991/1992	746.00	835.10	52.9
1992/1993	820.00	845.00	53.5
1993/1994	898.00	—	56.9
1994/1995	980.00	—	62.1
1995/1996	870.00	—	55.1
1996/1997	1 003.74	—	63.5
1997/1998	1 364.17	—	86.4
1998/1999	1 257.80	—	79.7
1999/2000	915.70	—	58.0
2000/2001	1 292.78	—	81.9
2001/2002	2 238.04	—	141.7
2002/2003	1 977.72	—	125.2
2003/2004	1 826.88	—	115.7
2004/2005	1 579.78	—	100.0
2005/2006	1 866.65	—	122.5
2006/2007	2 547.48	—	187.1
2007/2008	4 271.88	—	271.2
2008/2009	2 854.58	—	183.7
2009/2010	2 953.46	—	184.9
2010/2011	3 735.57	—	238.1
2011/2012③	4 396.90	—	273.7

注：①前 TBVC 州及自治领土被包括在内；

②指数的数值指公历年；

③预测值。

资料来源：南非农林渔业部．农业统计摘要 2013.

3. 鲜奶和蛋

表4－10是南非1970年以来鲜奶和鸡蛋的价格，其中，1970/1971年度鲜牛奶的价格是7.2分/升，蛋的价格是22.57分/打，随时间两类产品价格不断上涨，到1986/1987年度鲜牛奶的价格是38.3分/升，是1970/1971年度的5.3倍，1986/1987年度蛋的价格是117分/打，是1970/1971年度的5倍，上升趋势比较明显。此表从1987/1988年度开始，统计的牛奶价格是购买者支付给生产者的价格，相当于是消费者价格，由于统计口径的原因，也许略微有数据偏大的可能，到2011/2012年度，鲜牛奶的价格是299.2分/升，蛋的价格是924.13分/打，分别是1970/1971年度的42倍和41倍，1986/1987年度的7.8倍和7.9倍，可以看到，鲜奶和蛋40年来价格上升明显，两者价格上升的程度相差不大。

表4－10　鲜奶和鸡蛋的价格

3月到第二年2月	鲜牛奶	7月到第二年6月	蛋
	平均单位价格①（分/升）		一级大号（分/打）
1970/1971	7.2	1970/1971	22.57
1975/1976	14.9	1975/1976	30.47
1980/1981	24.5	1980/1981	46.23
1985/1986	37.9	1985/1986	75.00
1986/1987	38.3	1986/1987	117.00
1987/1988	45.1	1987/1988	116.00
1988/1989	53.1	1988/1989	127.00
1989/1990	61.8	1989/1990	161.00
1990/1991	62.7	1990/1991	186.00
1991/1992	67.4	1991/1992	218.49
1992/1993	78.4	1992/1993	221.90
1993/1994	81.3	1993/1994	324.54
1994/1995	88.2	1994/1995	365.49
1995/1996	92.1	1995/1996	326.37
1996/1997	103.5	1996/1997	375.09
1997/1998	130.0	1997/1998	382.35
1998/1999	117.6	1998/1999	356.79

（续）

3月到第二年2月	鲜牛奶 平均单位价格[①]（分/升）	7月到第二年6月	蛋 一级大号（分/打）
1999/2000	116.1	1999/2000	357.00
2000/2001	133.1	2000/2001	398.25
2001/2002	147.8	2001/2002	439.33
2002/2003	178.9	2002/2003	529.67
2003/2004	199.7	2003/2004	562.58
2004/2005	194.9	2004/2005	572.95
2005/2006	182.1	2005/2006	599.90
2006/2007	193.8	2006/2007	669.53
2007/2008	273.3	2007/2008	749.90
2008/2009	303.4	2008/2009	883.23
2009/2010	305.2	2009/2010	935.80
2010/2011	294.2	2010/2011	896.97
2011/2012	299.2	2011/2012	924.13

注：①从1987/1988开始，价格是指由牛奶购买者支付给生产者的价格。

资料来源：南非农林渔业部．农业统计摘要2013.

4. 油菜

表4－11是南非近10年油菜的生产者价格和价格指数，其中价格指数以2005年为基期，2000年，油菜的生产者价格是1 208兰特/吨，当年价格指数为88.26，随后价格不断大幅上升，在2003年出现波幅下降，到2006年又在波动中平稳上升，2011年，油菜的生产者价格是3 449.94兰特/吨，当年价格指数是199.3，分别是2000年的2.9倍和2.3倍，价格上涨趋势十分明显。

表4－11　油菜的生产者价格

年份	生产者价格（兰特/吨）	价格指数（2005年为基期，指数为100）
2000	1 208.00	88.26
2001	1 638.00	126.76
2002	2 385.00	110.26

（续）

年份	生产者价格（兰特/吨）	价格指数（2005 年为基期，指数为 100）
2003	1 754.50	101.18
2004	1 745.38	100.90
2005	1 686.54	100.00
2006	2 660.00	139.60
2007	2 700.00	155.40
2008	3 100.00	173.30
2009	2 800.00	166.10
2010	3 182.04	188.30
2011	3 449.94	199.30
2012①	4 579.50	—

注：①预测值。

资料来源：南非农林渔业部．农业统计摘要 2013.

5. 棉花

表 4－12 是南非 1970 年以来棉花的价格，其中价格指数以 2000 年为基期，1970/1971 年度籽棉的平均生产者价格是 162.52 兰特/吨，当年价格指数是 6.7，随时间推移，两个数值不断上涨，到 2000/2001 年度棉花的平均生产者价格是 2 540 兰特/吨，当年价格指数是 100，分别是 1970/1971 年度的 16 倍和 15 倍，随后，价格依然持续大幅上升，至 2011/2012 年度，棉花的平均生产者价格是 6 500 兰特/吨，价格指数是 245.4，分别是 2000/2001 年度的 2.6 倍和 2.5 倍。价格上涨趋势明显。

表 4－12　棉花的生产者价格

4 月到第二年 3 月	籽棉的平均生产者价格（兰特/吨）	价格指数（2000 年为基期，指数为 100）
1970/1971	162.52	6.7
1975/1976	352.77	14.4
1980/1981	511.68	20.9
1985/1986	862.04	35.1
1986/1987	933.84	38.3

（续）

4月到第二年3月	籽棉的平均生产者价格（兰特/吨）	价格指数（2000年为基期，指数为100）
1987/1988	1 029.41	42.1
1988/1989	1 073.80	43.9
1989/1990	1 324.75	54.2
1990/1991	1 275.21	52.2
1991/1992	1 316.17	53.8
1992/1993	1 414.64	57.9
1993/1994	1 572.56	64.2
1994/1995	1 910.46	77.3
1995/1996	2 230.00	95.1
1996/1997	2 430.00	101.9
1997/1998	2 530.00	103.4
1998/1999	2 580.00	105.5
1999/2000	2 160.00	92.7
2000/2001	2 540.00	100.0
2001/2002	3 510.00	143.6
2002/2003	3 690.00	150.9
2003/2004	3 180.00	130.1
2004/2005	2 200.00	100.0
2005/2006	2 300.00	93.0
2006/2007	3 000.00	115.5
2007/2008	4 710.00	175.2
2008/2009	3 500.00	155.5
2009/2010	4 350.00	169.2
2010/2011	4 500.00	182.5
2011/2012①	6 500.00	245.4

注：①预测值。

资料来源：南非农林渔业部．农业统计摘要2013.

6. 水果

表4-13是南非1980年以来各种水果的平均市场价格，可得出：①1980/1981年度苹果的市场均价是286兰特/吨，随后一直呈上涨趋

势，2000/2001 年度市场均价是 1 907 兰特/吨，是 1980/1981 年度的 6.7 倍。2000/2001 年度以后，价格更是持续快速上涨，2011/2012 年度达到 5 258 兰特/吨，分别是 1980/1981 年度的 18 倍和 2000/2001 年度的 2.8 倍。②1980/1981 年度梨子的市场均价是 296 兰特/吨，2000/2001 年度市场均价是 1 507 兰特/吨。2000/2001 年度以后，价格更是持续快速上涨，2011/2012 年度达到 4 841 兰特/吨，分别是 1980/1981 年度的 16 倍和 2000/2001 年度的 3.2 倍。③1980/1981 年度桃子的市场均价 279 兰特/吨，随后一直呈上涨趋势，2000/2001 年度达 2 694 兰特/吨，是 1980/1981 年度的 9.7 倍。2000/2001 年度以后，价格更是持续快速上涨，2011/2012 年度达到 8 304.18 兰特/吨，是 1980/1981 年度的 30 倍，是 2000/2001 年度的 3.1 倍。④1980/1981 年度梅子的市场均价是 309 兰特/吨，随后一直呈上涨趋势，2000/2001 年度为 2 139 兰特/吨，是 1980/1981 年度的 6.9 倍。2000/2001 年度以后，价格更是持续快速上涨，2011/2012 年度达到 5 278 兰特/吨，是 1980/1981 年度的 17 倍，是 2000/2001 年度的 2.5 倍。⑤1980/1981 年度无花果市场均价是 369 兰特/吨，随后一直呈上涨趋势，2000/2001 年度无花果的市场均价是11 589兰特/吨，是 1980/1981 年度的 31 倍。2011/2012 年度则高达16 232兰特/吨，分别是 1980/1981 年度的 44 倍及 2000/2001 年度的 1.4 倍。⑥1980/1981 年度草莓的市场均价是 1 446 兰特/吨，2011/2012 年度达到 31 280 兰特/吨，是 1980/1981 年度的 22 倍，是 2000/2001 年度的 5.7 倍。⑦1980/1981 年度西瓜的市场均价是 100 兰特/吨，随后一直呈上涨趋势，2000/2001 年度西瓜的市场均价是 709 兰特/吨，是 1980/1981 年度的 7.1 倍，2000/2001 年度以后，价格更是持续快速上涨，2011/2012 年度达到 1 731 兰特/吨，是 1980/1981 年度的 17 倍，是 2000/2001 年度的 2.4 倍。纵观南非 30 多年各种水果的平均市场价格，无花果、桃子的价格上涨幅度最大，分别是 44 和 30 倍，其次草莓是 22 倍，剩余的水果价格涨幅在 16～18 倍。2000 年以来，草莓价格上涨幅度最大，为 5.7 倍，其余是梨子和桃子，上涨幅度为 3.2 倍和 3.1 倍，苹果、梅子、西瓜的上涨幅度均在 2.4～2.8，只有无花果的上涨幅度是 1.4 倍。

表 4－13　水果的平均市场价格

单位：兰特/吨

10 月到第二年 9 月	苹果市场均价	梨子市场均价	桃子市场均价	梅子市场均价	无花果市场均价	草莓市场均价	西瓜市场均价
1980/1981	286	296.00	279.00	309	369	1 446	100
1981/1982	324	327.00	307.00	333	412	1 598	133
1982/1983	368	347.00	422.00	297	517	1 974	161
1983/1984	405	436.00	498.00	368	626	2 182	147
1984/1985	488	479.00	638.00	501	767	2 413	154
1985/1986	517	591.00	689.00	509	619	2 287	162
1986/1987	631	596.00	779.00	666	660	2 328	201
1987/1988	666	677.00	814.00	730	948	2 578	208
1988/1989	746	737.00	949.00	773	1 786	3 054	207
1989/1990	952	833.00	1 317.00	1 111	1 908	3 554	341
1990/1991	1 033	1 000.00	1 302.00	1 095	2 154	3 549	420
1991/1992	1 319	1 188.00	1 555.00	1 409	2 374	3 523	457
1992/1993	1 202	972.00	1 557.00	1 340	2 103	3 739	473
1993/1994	1 230	1 119.00	1 446.00	1 238	2 877	4 907	463
1994/1995	1 694	1 505.00	1 695.00	1 466	2 294	6 082	575
1995/1996	1 716	1 454.00	1 978.00	1 471	3 345	8 164	628
1996/1997	1 623	1 314.00	2 001.00	1 620	3 475	7 891	634
1997/1998	1 646	1 497.00	2 207.00	1 772	7 021	6 645	750
1998/1999	1 772	1 428.00	2 619.00	1 850	7 270	6 993	662
1999/2000	1 800	1 337.00	2 632.00	2 061	9 494	5 199	672
2000/2001	1 907	1 507.00	2 694.00	2 139	11 589	5 511	709
2001/2002	2 282	1 712.00	2 865.00	2 369	10 579	7 188	937
2002/2003	2 409	1 996.00	3 455.00	2 315	13 532	6 919	1 118
2003/2004	2 481	2 302.00	4 774.00	2 622	14 583	5 964	1 006
2004/2005	2 717	2 469.00	4 449.00	2 657	17 684	9 601	1 185
2005/2006	3 035	2 657.00	5 943.00	3 973	26 634	14 008	1 081
2006/2007	3 293	3 078.00	5 943.00	3 548	19 895	18 258	1 453
2007/2008	4 257	3 727.00	6 158.00	3 614	8 438	17 723	1 412
2008/2009	4 197	3 988.00	7 485.00	4 622	20 905	20 703	1 997
2009/2010	4 301	4 008.00	7 065.00	4 531	18 599	22 395	1 232
2010/2011	5 091	4 472.00	7 872.52	4 747	18 974	22 880	934
2011/2012①	5 258	4 841.00	8 304.18	5 278	16 232	31 280	1 731

注：①预测值。

资料来源：南非农林渔业部．农业统计摘要 2013.

7. 干果（葡萄干）

表 4－14 是南非 1970—2006 年期间干果的生产者价格。1970/1971 年度葡萄干的价格是 23.12 分*/千克，之后持续上涨，2000/2001 年度为 295.89 分/千克，是 1970/1971 年度价格的 13 倍；2000/2001 年度以后，葡萄干的价格仍呈上涨趋势，只有 2003/2004 年度生产者价格略有下降，而 2006/2007 年度葡萄干价格上升为 656 分/千克，是 1970/1971 年度的 28 倍，是 2000/2001 年度价格的 2.2 倍，价格上涨趋势比较明显。

表 4－14　干果（葡萄干）的生产者价格

1 月到 12 月	葡萄干（分/千克）	1 月到 12 月	葡萄干（分/千克）
1970/1971	23.12	1989/1990	176.23
1971/1972	22.76	1990/1991	266.00
1972/1973	26.34	1991/1992	296.00
1973/1974	34.14	1992/1993	453.00
1974/1975	51.52	1993/1994	361.00
1975/1976	42.89	1994/1995	379.00
1976/1977	59.88	1995/1996	325.00
1977/1978	51.62	1996/1997	348.00
1978/1979	58.25	1997/1998	239.86
1979/1980	61.51	1998/1999	462.78
1980/1981	62.71	1999/2000	263.22
1981/1982	65.25	2000/2001	295.89
1982/1983	67.15	2001/2002	319.57
1983/1984	79.69	2002/2003	358.39
1984/1985	95.96	2003/2004	261.03
1985/1986	100.48	2004/2005	465.01
1986/1987	109.14	2005/2006	593.00
1987/1988	124.42	2006/2007	656.00
1988/1989	156.53		

资料来源：南非农林渔业部．农业统计摘要 2013.

* 1 兰特＝100 分。

8. 红酒

表 4－15 是南非 1990 年以来优质葡萄酒的售价，1990 年葡萄酒的价格是 95.4 分/升，之后持续上涨，2000 年为 212 分/升，是 1990 年价格的 2 倍；之后除了 2004—2008 年售价略有下降以外，葡萄酒的价格一直呈现上升趋势，2012 年价格达到 437.8 分/升，是 1990 年的 5 倍，是 2000 年价格的 2.1 倍，价格上涨趋势较明显。

表 4－15　红酒的售价

年份	优质葡萄酒的平均售价（分/升）
1990	95.4
1991	107.0
1992	121.9
1993	130.1
1994	127.3
1995	143.3
1996	172.3
1997	204.0
1998	222.8
1999	214.7
2000	212.0
2001	229.2
2002	299.4
2003	378.1
2004	354.2
2005	338.4
2006	338.4
2007	334.9
2008	340.7
2009	384.2
2010	413.5
2011	424.9
2012①	437.8

注：①预测值。

资料来源：南非农林渔业部．农业统计摘要 2013.

表 4-16 进口蔬菜的平均售价①

单位：兰特/吨

年份	2000	2001	2002	2003	2004	2005	2006	2007	2008	2009	2010	2011	2012②
土豆	1 202	1 179	1 890	1 921	1 499	1 744	1 688	2 163	2 076	3 354	2 598	2 591	2 646
西红柿	1 914	1 959	2 098	2 736	2 464	2 501	2 901	3 448	3 562	4 257	4 243	4 367	4 501
卷心菜	413	495	617	748	559	688	829	1 303	1 080	1 624	1 379	1 480	1 753
洋葱	1 700	1 192	1 660	1 641	1 229	1 330	1 490	2 938	2 167	3 182	2 575	2 217	2 586
南瓜	722	564	939	827	798	826	1 074	1 222	1 205	1 470	1 737	1 675	1 617
胡萝卜	1 070	1 081	1 291	1 349	1 176	1 446	1 749	2 176	1 962	2 728	3 251	2 855	2 653
红薯	750	725	1 109	1 389	1 129	1 184	1 769	2 100	2 325	2 330	1 977	3 045	3 650
菜花	845	980	1 144	1 368	1 383	1 667	2 083	2 713	2 900	3 616	3 777	4 252	5 066
绿豆	2 237	2 407	2 739	3 516	3 410	3 679	4 317	5 023	6 230	5 681	5 634	6 617	6 836
甜菜	941	874	1 250	1 597	1 343	1 339	1 795	1 992	2 221	2 109	2 763	2 824	2 368
黄瓜	2 855	3 197	3 387	3 965	3 578	4 547	4 777	5 406	6 016	6 559	7 281	5 925	7 412
生菜	1 247	1 408	1 400	1 977	2 175	1 789	2 538	2 922	2 919	3 338	3 694	4 432	4 945
豌豆	3 637	5 156	5 326	7 632	7 316	7 660	11 523	12 572	13 617	13 687	17 960	24 143	31 857
萝卜	1 148	1 189	1 304	1 629	1 647	1 728	2 172	2 746	2 854	2 781	3 483	3 655	2 772
全部蔬菜	1 310	1 255	1 738	1 876	1 564	1 743	1 899	2 496	2 391	3 332	2 945	2 955	3 063

注：①从 2000 年开始，在 16 个主要新鲜产品市场上的销售；从 2001 年开始，在 17 个主要新鲜产品市场上的销售；从 2004 年开始，在 19 个主要新鲜产品市场上的销售；从 2005 年开始，在 20 个主要新鲜产品市场上的销售；从 2010 年开始，在 19 个主要新鲜产品市场上的销售。

②预测值。

资料来源：南非农林渔业部．农业统计摘要 2013.

9. 蔬菜

南非的进口蔬菜主要包括土豆、西红柿、卷心菜、洋葱、南瓜、胡萝卜等 14 个品种，通过表 4-16 可以看出：2000 年，全部进口蔬菜的平均售价是 1 310 兰特/吨，之后在波动中增长，2005 年，全部进口蔬菜的平均售价是 1 743 兰特/吨，2012 年达到 3 063 兰特/吨，这是 2000 年的 2.3 倍。

具体品种情况如下：①土豆 2000 年的平均售价是 1 202 兰特/吨，2005 年为 1 744 兰特/吨，2012 年为 2 646 兰特/吨，2012 年售价是 2000 年的 2.2 倍，是 2005 年的 1.5 倍；②西红柿 2000 年的平均售价是 1 914 兰特/吨，之后在波动中增长，2005 年为 2 501 兰特/吨，2012 年则达到 4 501 兰特/吨，这分别是 2000 年的 2.4 倍、2005 年的 1.8 倍；③卷心菜情况如下，2000 年、2005 年和 2012 年卷心菜平均售价分别是 413 兰特/吨、688 兰特/吨和 1 753 兰特/吨，2012 年售价是 2000 年的 4.2 倍，是 2005 年的 2.5 倍；④洋葱平均售价波动较大，但在波动中整体呈上升趋势，2006 年之后更是上下幅度较大。南瓜、胡萝卜、红薯、绿豆等其他进口蔬菜的售价也情况雷同，局部会有波动，但整体呈上升趋势。

第二节　2005—2010 年农产品和农业生产资料价格变化

一、2005/2006 年度，南非农产品和农业生产资料价格变化

2005/2006 年度，南非农产品价格下降而同期农业生产资料价格却在上涨。与上年相比，2005/2006 年度南非所有农产品价格平均下降了 2.2%。农作物综合平均价格下降 15.3%，主要由于棉花、夏季谷物与冬季谷物价格下降，降幅分别达 30.8%、28.0%和 14.4%。园艺产品价格上涨 3.6%，水果价格上涨 1%，蔬菜价格增幅为 9.8%。动物产品平均价格增长了 17.5%，主要因为动物屠宰和家禽价格分别增长了

8%和2.8%。但乳制品价格同比下降了1.65%。

农业生产资料包括机械和设备、固定资产更换材料以及中间产品和服务的价格上涨1.9%，上年这一比率为3.2%。其中燃油价格上涨3.4%，农民购买的化肥价格上涨了8.3%。

二、2006/2007年度，南非农产品和农业生产资料价格变化

2006/2007年度，相对于生产资料价格的上升，南非农产品价格上涨幅度更大。与上年相比，2006/2007年度南非农产品价格上涨了21.2%，农作物综合平均价格上涨49.1%，主要因为夏季谷物价格上涨104.1%，冬季谷物价格和油籽价格分别上涨了27.8%和21.1%。园艺产品价格上涨4.1%，蔬菜价格同比增幅达9.8%，水果价格小幅上涨，涨幅为0.6%。动物产品价格平均增长34.1%，畜产品价格平均增长23.0%，红色肉类动物屠宰价格增长21.8%，家禽和牛奶价格分别同比增长了10.3%和3.8%。

农业生产资料包括机械和设备、固定资产更换材料以及中间产品和服务的价格上涨了5.4%，上年这一比率为1.9%。其中燃油价格上涨了9.8%，同期农民购买的动物健康、农作物保护、饲料、保养及维修产品价格分别较上年上涨7%、8%、7.5%和7.2%。

三、2007/2008年度，南非农产品和农业生产资料价格变动

2007/2008年度，南非农产品和农业生产资料价格纷纷出现了上涨。与上年相比，2007/2008年度南非农产品价格上涨了24.6%，农作物综合平均价格上涨42.6%，主要因为油籽、冬季谷物、干草、干豆、夏季谷物价格上涨，涨幅分别为87%、83.5%、42.2%、40%和36.2%。园艺产品价格上涨16.8%，蔬菜价格同比增幅达29%，水果价格上涨12.4%。动物产品价格平均增长15.5%，牛奶价格增长40.4%，畜产品价格增长25.7%，禽肉价格增长11.3%，红色肉类动物屠宰价格增长了7.9%。

农业生产资料包括机械和设备、固定资产更换材料以及中间产品和服务的价格上涨了14.5%，上年这一比率为6%。其中化肥价格上涨了44.8%，燃油价格上涨30.7%，农民购买的建筑材料、种子和包装材料价格分别较上年上涨了21.7%、15%和11.3%。

四、2008/2009年度，南非农产品和农业生产资料价格变动

2008/2009年度，南非农产品价格上涨不及农业生产资料价格的上涨。与上年相比，2008/2009年度南非农产品价格上涨了8.6%，农作物综合平均价格上涨9.1%，主要因为棉花、烟草、甘蔗、干豆和油籽价格上涨，涨幅分别为40%、20.9%、18.5%、17.3%和16.6%。园艺产品价格上涨4.5%，水果价格上涨10.2%，蔬菜价格同比小幅上涨，涨幅0.4%。动物产品价格平均增长9.5%，其中禽肉价格增长了14.5%。乳制品价格平均增长8.4%，红色肉类动物屠宰价格增长了7.7%。

农业生产资料包括机械和设备、固定资产更换材料以及中间产品和服务的价格上涨了33.1%，上年这一比率为15%。其中化肥价格上涨103.6%，燃油价格上涨56.8%，农民购买的饲料、种子和拖拉机的价格分别较上年上涨了22.9%、22.1%和20.4%。

五、2009/2010年度，南非农产品和农业生产资料价格变动

2009/2010年，南非农产品和农业生产资料价格双双上涨。与上年相比，2009/2010年度南非农产品价格上涨了2.6%，农作物综合平均价格下降了7.4%，主要因为冬季谷物、油籽、夏季谷物、干豆和棉花价格下降，降幅分别为24.3%、20.7%、9.5%、8.4%和5.8%。同期，烟草、甘蔗和干草的价格分别上涨了24.4%、18.7%和2.2%。园艺产品价格上涨19.8%，蔬菜、水果和葡萄栽培类产品价格分别上涨了42.3%、6.8%和1.8%。动物产品的综合平均价格增长6.2%，家禽和屠宰存栏价格分别增长12.9%和3.7%，而同期畜产品和乳制品价

格则分别下降了 4.5%和 2.4%。

农业生产资料包括机械和设备、固定资产更换材料以及中间产品和服务的价格上涨了 8.3%，上年这一比率为 31.9%。其中购买种子、农场饲料及维护和修理产品的价格分别较上年上涨了 20.7%、17.2%和 15.4%。

第五章

南非农业经济及其管理

第一节 农业经济发展史

一、改革前的南非农业

（一）改革前的农业发展战略

南非农业具有明显的二元化倾向，即对白人农民给予大力支持，给他们提供大量补贴，而对黑人农民（小农）则采取欺压政策。第二次世界大战前，南非农业的目标是使白人农民的收入与其他经济部门的收入一致。第二次世界大战后，农业政策旨在促进农产品自给。20 世纪 70～80 年代，由于国际社会对南非实行制裁和抵制，政府进一步坚定了实现产品自给的目标。南非农业结构的演变，在 1985 年改革前分为两个阶段。

1913—1948 年，南非的农业政策导向是支持白人的商业性农业而抑制黑人的农业发展，土地分配上把白人和黑人隔离开来。1913 年的“土著居民土地法”把非洲土著人限制于当地保留地（只占南非土地总面积 7.8%），保留地之外不允许黑人得到土地或从事其他土地交易。政府的一些法令限制农场工人改变职业，禁止土著农民参加销售合作社或农民协会。因此，非洲土著人只能在家园进行自给性农业生产，或到白人移民建立的农场去出卖劳动力。1947 年，政府出台了农产品销售法，以法律的形式保护白人农民的利益，使白人很容易得到土地，获得市场、贷款和各种服务。

1948—1985年，政府加强了种族分区隔离政策。按照1951—1959年的法律，南非设立了8个国家级的单位（自治家园），其边界与土地法规定的保留地边界一致。1954年，家园的面积定为1 700公顷。20世纪80年代初，政府通过从白人农场上驱赶黑人佃户和多余的工人、家园合并、城市从白人区迁往家园等措施，在家园安置了约350万人（大部分是非洲土著居民）。20世纪70年代和80年代初，出于对家园贫困化和土地退化的关切，政府执行了“改良计划”，对农业生产的某些项目给予财政上的支持，但此举成效不大，仅增加了一些农村就业机会，未能增加小农生产的活力。与此相反，20世纪60年代以前，政府在鼓励白人从事农业生产时，则从土地、机械和劳力投入等各方面加以支持，通过采取补贴利息的政策，使资本密集型生产利润更高。20世纪70年代的大多数时间里，土地银行和农业合作社向农民贷款，实际利息基本上是负的。白人农民可以领到投资补贴，其中包括化肥、农药、灌溉补贴等。从20世纪60年代开始，南非转向发展农业机械化，大田作物开始实行机械化收获，70年代农业机械化进程更快，形成了一批使用资本密集型技术和大量中间投入的大农场。由于劳动市场受“通行证法”的限制，黑人劳力不可能或要付出极大的代价，才能转换农场或离开农业去从事其他行业，他们的农业工资仅相当于工人工资的1/3。

（二）改革前的农产品销售体系

南非的农产品销售体系已经运作多年。从1937年的“销售法”开始，南非就成立了销售局，制订了销售计划，对市场进行控制。1968年政府又出台了新的“销售法”，该法将销售计划分为四类：①单渠道固定价格计划（玉米和冬季粮食）由销售局垄断，事先宣布价格。②单渠道集中计划（落叶水果），生产者通过销售局管理的一个联营情况为基础制定联营价格。③剩余产品处理或价格支持计划（肉类、食用高粱）由销售局进行干预，以维持基本价格。④监督计划（水果罐头、棉花），在销售局监督下，由生产者与消费者进行交换（朱丕荣，1996）。

销售局除了拥有以上权力外，还行使征收特别税、按批准的价格收购某种产品、通过销售局及其代理人进行单渠道销售、决定产品价格控制进出口等职权。因此，占农业总产值近 2/3 的农产品受销售计划管制，但受干预程度不同。另外，10%的农产品按照“特别立法”销售，对大多数农产品进口实行数量控制，牛肉和葡萄酒则有产量定额和供应限制。对半独立的自治家园，由销售局负责安排农产品销售，但由于缺乏相关信息以及小生产者商品率低，销售局很难对他们进行全面干预。

销售局确定的玉米、小麦和冬季谷物的生产者价格和消费者价格通常高于国际市场价格，促使消费者或纳税人向生产者让利。偶然有剩余玉米亏本出口，亏损则由稳定税予以补贴。国内的小麦价格 1980—1987 年期间高出国际市场价格 11%～46%。为了保护国内价格，南非严格控制其进口数量。由于复杂的销售条例、关税等原因，南非农业生产部门基本上立足于国内，与国际市场的竞争有所隔绝。

（三）改革前的农业政策对社会经济的影响

20 世纪 70 年代中期之前，南非农业资源多样化，技术和管理水平较高，所有重要农产品的产量较为充足，有的自给有余，长期自给的目标已基本达到。但是从产品的经济效益和社会效益来看，其农业政策中暴露出一些问题，主要是商业性的大农场与家园农民在获得资源和服务方面待遇不平等。86%的农田为 5.5 万个白人办的大农场所有，供养着 530 万农业人口，而家园的 1 310 万黑人仅靠 14%的农田来维持生活。另外，政府的开支用于农场和家园的比例差距很大，第二次世界大战前为 179∶1，50 年代为 14∶1，80 年代为 4∶1。据世界银行调查，其商业性大农场得到预算转付款项的 96.7%。南非过去的农业政策，除了产生严重的社会影响外，大大降低了经济效率。由于国家对土地和劳力市场加以限制，地主与佃农、农工之间利益不能协调，压抑了农业发展的活力。对外封闭，使农业只能使用国内高价资源，不能利用国际上有利的廉价资源，最终导致农业生产停滞不前。

二、改革后的南非农业

自 20 世纪 90 年代起，南非政府推行以土地改革为核心，以市场为导向的国内农业政策改革。一是依靠《土地援助法》《土地所有权调整法》等法律支持，推进以土地归还、土地再分配、土地所有权改革等为内容的土地改革，改变种族歧视引起土地资源配置严重扭曲的遗留问题。2007 年出台“土地收购政策”以替代土地再分配计划，将新收购的土地登记为国家所有，并以租赁的方式提供给选定受益人，待约定租期期满后，受益人可以自主处置土地。二是出台《农产品销售法》，放松对农业生产部门管制，大幅减少对农产品销售和价格的干预，取消所有出口补贴以及除食糖以外的农产品价格支持，仅依靠关税措施实施价格支持。

进入 21 世纪以来，南非政府积极调整农业支持方向，将大部分财政补贴投向与土地改革及新兴农场和小农户有关的项目，农业支持总量有了明显的波动。例如，2004 年引入“农业综合扶持计划”，向土地改革的受益者和获得土地的黑人提供信息和知识管理、技术和咨询援助、培训和能力培养、市场营销、农场基础设施建设、农业生产投入等服务。2008 年和 2009 年该项支出分别达到 7.15 亿兰特（折合 8 700 万美元）和 5.44 亿兰特（折合 6 400 万美元），相当于财政预算支出的 1/3。2005 年实施“小额信贷计划”，向农户特别是土地归还、土地再分配和土地所有权改革受益者提供小额贷款。自 2006 年以来，农业支持总量呈递减趋势，而且农业一般服务支持水平基本稳定，农业支持政策对国内农产品市场的干预作用减弱。2008 年政府启动“Illima/Letsema 计划”，下拨财政资金主要用于支持小农部门的农业生产建设投资，2008—2010 年支持额度分别为 9 600 万兰特、5 000 万兰特和 2 亿兰特。2009 年启动“农村地区全面发展计划”，2009 年和 2010 年分别资助 2.63 亿兰特和 2.56 亿兰特。2010 年实施“机械化计划”，财政预算支持达 4.2 亿兰特，购买拖拉机及配套设施为新兴农户提供机械化服务。

南非还把自身划分为 7 个农业区域，依据区域地理范围内资源最佳利用原则，各个区域负责各自农业系统的规划、开发和实现。7 个区域内已有 6 个农学院，供农民在那里接受培养，在农业居民点还有专业的农业推广服务。

第二节　农业公共管理体系

南非农业发展具有二元结构、商品率高、农业生产集中等鲜明特点，也形成了与之相应的农业公共管理系统。南非的农业公共管理体系近年来日趋发展完善，各个职能部门之间分工明确、互相协作，共同发展。

一、农业信息化管理体系

南非在2000—2005年农业科技发展战略计划中明确提出要建立信息社会的目标，确保农业研究委员会（ARC）及时掌握世界农业科研信息，以建立有效的沟通体系，满足农业对信息的需求。通过技术转让与推广，建立高效的信息系统，确保科研成果在南非农业领域的应用和推广。

具体战略有：开拓信息渠道，增加公众对农业科技的了解，以利于农业科技的推广和应用；促进新技术的转化，以利于科研成果的商品化；提供信息服务，包括培训和教育计划，满足ARC用户对农业信息的需求；保护有关农业方面的重要著作，使这些文献能为现在和将来的人们所用。

二、农业生态保护体系

南非土地资源十分丰富，地理位置优越。国家一方面支持有竞争能力的优势产业项目；另一方面特别重视资源的适度开发和生态保护，决不允许盲目开发，破坏生态环境。南非平均每公顷人口为39人，单位面积人口承载量只有中国（135人）的29%，农村人口的比例只是中国的56%。但是却非常重视环境和生态保护，而且重视发展有机农业。南非国家野生动物自然保护区占地3.95千米^2，完全按照自然生态方式保护野生动物，大量的角马、羚羊、豺狼、狐狸、野兔和非洲草原，灌木浑然一体，相得益彰，重现了大自然的生态循环和盎然生气。发展有机农业主要是为了防止化学制品危害人们的健康，保护环境。在农业生产过程中完全不用或基本不用人工合成的化肥、农药、生长调节剂和牲畜饲料添加剂，尽量采用豆科植物、作物秸秆、牲畜肥粪、有机废物和作物轮休来保持土壤肥力，对病虫害尽可能采取生物防治的方法。

三、农业风险管理体系

南非曾广泛采取对遭受自然灾害的农场主给予一定现金补贴的做法。20 世纪 90 年代中期后，随着国际社会对南非制裁的逐步取消，其农产品自给性生产的压力减小，南非政府已很少对农业进行直接补贴，而是鼓励农场主通过参加商业保险减少损失，政府则通过加强信贷服务、完善预警机制、资助灾后基础设施重建等间接措施支持农业的发展。

南非历史上由于长期实行白人庄园经济，农业经济规模相对较大，对市场化的商业保险承受能力较强。因而，保险产业比较发达，保险品种丰富，体系也十分完备，具有很强的竞争力。南非保险业分为提供短期保险的公司、提供长期保险的公司、再保险机构和中介机构。农业保险基本上由提供短期保险的互助保险社和商业性保险公司承办。目前，大约有一半农民为自己种植的作物购买了作物保险，大多数农民都是通过合作社购买作物保险，而不是去找保险中介。虽然南非政府不直接参与农业保险的经营，但对商业保险没有涵盖的一些自然灾害，一般通过优惠利率的贷款和担保的方式提供公共灾害援助金，对农场主的损失进行补偿。同时，通过特别公共援助金对由于干旱给畜牧业造成的损失进行援助。

依据本国国情选择相应的农业保险制度。南非根据本国保险产业比较发达的国情，选择了以商业保险为主的农业保险制度。农场主可以通过保险经纪公司和农业合作社，获得选择各类保险所需的必要信息。保险经纪公司则需向其所属的经纪公司联合会预交一定比例的职业赔偿保险金，如果咨询服务出错，农场主可以向联合会申请对其损失给予赔偿。

通过完善法律法规促进农业保险的健康发展。南非农业保险的建立和发展都是依据相关法律法规进行的。南非也十分重视保险业法律法规的完善。2001 年 7 月 1 日生效的《南非保险客户保护规则》，对保险经纪人和保险公司的义务都作了十分具体的规定。例如，规定在咨询之初公司就应向客户提供详细的公司资料、代理的产品内容以及资费标准等。2002 年底通过的新《南非金融咨询和中介服务法案》进一步规定了此类服务机构申请执照的最低从业资格，如果违反则会被吊销执照。除此之外，还有一些常设的独立监督机构，接受并处理保险持有人的投诉。其次，对开展农业保险的农业共济组合的方方面面，包括成员资格、加入、选举权、推出、组合的设立程序、章程、管理机构的产生、领导成员的民主选举及其职责、权限、组合的解散和清算等，都做了详尽、具体、严格的规定。同时，对联合会和中央政府的再保险关系、义务、分保方法、保额分配、财务处理等也做了同样细致的规定。这些规范具有很强的可操作性，为农业保险的成功运作奠定了法律基础。

政府对农业保险提供补贴。南非政府虽然不对农业保险实行直接补贴，但给农业保险以税收等政策优惠，实质上是财政给予间接补贴。

通过再保险制度分散农业风险。南非的再保险机构则完全按照商业保险的运作方式，接受各类短期保险公司的分保业务。在遇到大灾时，政府还酌情对私有保险公司实行免税或减税政策，并且由国家提供止损再保险。

农业保险计划与其他政策措施配套实施。南非政府大都把财政对农民的保费补贴与农业信贷、价格保护、农业灾害救济、生产调整等捆绑起来实施。例如将农业保险与担保信贷结合起来，以投保农作物受灾可能获得的最高赔偿额作为担保，向投保农民提供贷款以购买必需的化肥、种子、农药等生产资料，既增加了农民投保的积极性，又满足了农民金融贷款的需求。这种由配套措施共同推动的农业保险，对农民吸引力较大，约束力较强，运作效率也较高，相对容易为农民所接受。

四、农产品质量管理体系

（一）管理法规

目前，南非尚没有一部专门规范农产品质量安全的法律法规，而是通过制定多部农产品质量安全的法律、法规和规章来对农产品生产的不同方面、不同环节进行管理。因此，农产品质量安全立法具有层级性，除了通过法律对农产品质量安全管理做出原则性的规定外，大量法律条文的细化和技术性的规定都授权行政机关以法令和条例形式做出，例如《食品、化妆品和消毒剂法》《种子法》《饲料法》《动物检疫法》等。

（二）管理模式

由于食品由农产品的生产到最终用于消费是一个有机、连续的过程，对其管理也不能人为地割裂，故要强调对农产品质量安全的全程性管理。这种全程性管理不仅强调要从农业投入品开始，对食品由生产到消费的各个环节进行管理，并且体现在尽可能地减少管理机关数量，由尽可能少的机关对食品安全进行全程管理方面。

南非的农产品质量管理模式主要是由农业部门来负责，其他部门协同监管。南非农业部负责农业投入品监管、产地检查、动植物和食品及其包装检疫、药残监控、加工设施检查和标签检查，真正实现了“从农田到餐桌”的全程性监管。卫生部和贸工部负责其他食品、瓶装水、酒精含量低于7%的葡萄酒饮料的监管。在这种多部门管理的模式下，农业部的管理环节也涵盖了其管理的农产品生产、交工、销售乃至进口环节，如针对生产、加工厂商制定了生产标准并进行检查、采样分析，要求生产厂商召回不安全产品，对向南非出口肉类和家禽产品的出口厂商进行检查等。由于南非的食品安全监督管理由多个部门负责，因此特别强调团队管理的方法，强调各机构之间的协调和配合。

（三）农产品质量安全标准体系系统

国际上一般把标准分为强制类和非强制类两种。前者为政府部门的法律、法规所采用，具有强制性，必须严格遵守。后者则由政府委托标准制定机构或由行业协会制定管理，由社会自愿采用。

南非的农产品标准有三个层次：①国家标准，由农业部、卫生部和贸工部等政府机构以及经南非政府授权的特定机构制定。②行业标准，由民间团体如南非谷物化学师协会、南非花卉协会、南非饲料工业协会等制定。民间组织制定的标准具有很大的权威性，不仅在国内享有良好的声誉，而且在非洲地区也被广泛采用。③由农场主或公司制定的行业操作规范，相当于我国的企业标准。目前，南非的农、林、牧、渔、果、蔬、农产品加工、营销各个方面都有大量的产品和服务标准。

（四）农产品质量安全检测检验体系

南非根据农产品市场准入和市场监管的需要，建设有分农产品品种的全国性专业机构和分区域的大区性农产品质量检测机构。同时，各省也根据需要，建有省级农产品质量检测机构，主要负责农产品生产过程中的质量安全和产地质量安全。南非的检测检验体系还负责对食品的风险评估、风险管理和风险通报。

（五）农产品质量安全认证

南非除了对最终产品进行质量安全认证之外，还普遍在生产企业推行 HACCP（危害分析和关键控制点）体系。该体系是目前世界公认的最有效的食品安全卫生质量保证体系。HACCP 强调企业自身的作用，以预防为主。南非在 2001 年颁布法令和法规，将 HACCP 认证作为强制性措施在本国实行，提高肉禽制品的安全程度，期望通过 HACCP 为基础的加工控制系统、微生物检测、减少致病菌操作规范及卫生标准操作规范的有效组合应用，减少肉禽产品致病菌的污染、预防食品中毒事件。随着这些新法规的出台，南非还加强了相应的执法力度。

（六）农产品质量安全技术研究

南非为加强农产品安全管理的技术能力，一方面在管理机构内组织技术人员研究前沿问题；另一方面通过技术咨询服务等形式，利用政府部门以外的科学家资源，努力保持与相关国际组织的密切联系，分享最新的科学成果。

（七）农产品质量安全信息工作措施

南非特别强调对农产品质量安全管理工作的制度建设和管理过程的公开性和透明度，强调公众参与。这就要求公众有了解和获取各种信息及情况的途径和方式，并可参与评论。由政府机构或政府授权机构牵头，成立由政府官员、利益主体（农场主、加工商、行业协会）及技术专家组成工作组或委员会，负责标准的拟定。标准草案完成之后，政府部门利用公文或网站向社会征求意见，有关利益团体也会利用刊物或举办技术咨询活动来征求意见。

五、生物安全管理体系

生物安全性管理的核心是实施生物技术的风险评估、管理和生物安全能力建设，尽可能减少因释放生物技术改变的活生物体或因使用生物技术而产生的环境灾害或事故。此项工作的实质是研究和探讨生物技术及其产品释放产生的环境影响评价与管理对策，包括人畜健康安全评价、景观影响评价、环境风险评价、经济效益评价及其管理对策，其中最主要的是转基因植物对人畜健康和生态系统影响评价。

南非政府在 1997 年发布、1999 年实施的《转基因生物法》，对转基因生物产品的进口、消费和环境保护做了规定，规定了转基因生物的申报制度，并建立了对执行理事会决定的申诉制度。转基因产品的安全性由现行农业和卫生部门的法规管理。

这一法律规定了如下生物安全管理体制：

执行理事会（EC）：是一个独立的决策机构，对所有转基因生物的申请做出审批决定。EC 由 6 个政府部门的代表组成，处理社会经济、贸易、劳动、人类和环境安全性问题。

科学咨询委员会：评估转基因生物对人类和环境的安全性，向执行理事会提出咨询意见。

登记和检查局：代表农业部实施《转基因生物法》，根据执行理事会的要求发放许可证，并监测和检查当地开展的转基因生物工作。

近年来，南非 GM 作物研究十分活跃，推广应用发展相当迅速。自 1992 年，南非农业部首次允许进行转基因棉花田间试验以来，至 2000 年 7 月，已经批准了 182 种 GM 作物的田间试验和包括 GM 玉米、GM 棉花的 5 种抗虫、抗除草剂 GM 作物的商业环境释放，并清除了转基因玉米作为动物饲料的进出口贸易壁垒。其中，GM 玉米、GM 棉花、GM 大豆、GM 马铃薯、GM 番茄、GM 苹果等植物在全国多个地区进行大规模田间试验或商业种植。目前，根据对环境和人类的安全与收益评估后，已有 2 个转基因作物——耐虫棉花（孟山都的品系 Mon531）和抗虫玉米（孟山都的品系 Mon810）在南非批准商业化释放。南非也批准了从美国和阿根廷进口转基因大豆和玉米，但必须通过严格的植物检疫，且禁止其种子的环境释放。

目前，南非正在制定国家生物安全框架，以执行 GMO（转基因）法规（1997 年 15 号法规）。同时 GM0 还受 1994 年颁布的害虫控制法规制约。国家生物安全框架包括执行委员会、咨询委员会、登记员和检查员。执行委员会决策全国所有 GMO 活动，主要由国家农业部、环境事务与旅游部、卫生部、贸易工业部、劳动部、水务与森林部以及艺术、文化、科学技术部的代表组成。为了确保咨询委员会与执行委员会间联系顺畅，咨询委员会的主席也是执行委员会的成员。咨询委员会由 8 名科学家和 2 名具有 GMO 和生态学知识的人员组成，在广泛征求意见后由农业部长任命。咨询委员会评估所有 GMO 工作的安全，并向农业部长、执行委员会和 GMO 事务登记员提出建议。登记员负责执行有关 GMO 法规，协调各部门间的关系，监督和登记 GMO 释放申请，颁发 GMO 许可证，监督田间试验，向工业部门和公众提出有关生物安全的建议。检查员负责检测 GMO 设备、工具和行动，一般是在正常工作时间对 GMO 设备和工具进行例行检测，根据在特殊领域具有司法权的法官的授权，检查员也参与调查违法行为与法律条款纠纷。国家生物框架要求生物技术产业及其相关部门需要注意 GMO 法规对其商业活动的影响。GMO 设备在开始使用的 12 个月以内登记，设备的单项活动也要根据登记程序进行登记，对GMO活动的生物安全要进行风险评估，大规模的实验室实验、温室试验、田间和诊断试验及商业释放都要有许可证，并要求付一定的登记和许可证费。南非法规对转基因植物管理，特别是许可证颁发和管理是相当严格的。例如，有关法规条款规定GM玉米加工为动物饲料必须用封闭容器运到离海边最近的磨坊处理。

然而，尽管公众的呼声很高，南非企业如零售集团 wool-worths 等已对GM产品予以关注，市场存放了大批相关的有机产品，但是南非消费者尚未将大量的GM产品纳入其食品当中，GM产品不像美国、加拿大等发达国家那样普遍。目前，南非还没有制定关于生物技术利用的国家政策，也尚未建立标签和专利制度，但政府正在协商和准备中。许多相关法规条款是从美国、欧盟等国家或地区条款和试验数据演绎而来，较少考虑南非社会和自然环境特点。例如，南非对GM产品专利的态度与欧盟近似，与WTO有抵触。南非政府认为WTO的TRIP协议虽然为生物多样性知识产权提供了全球统一框架，但是它承认生命形式的可专利性，增加了对农业可持续性的威胁。非洲联盟组织与其他WTO和《生物多样性公约》非洲团体已经重申了他们拒绝生命形式专利，正在游说WTO允许各成员国有权选择适合自己本国特点的食品安全、生活健康和可持续发展的农业政策。南非政府认为，专利制度和基因工程将相互促进、互相依赖。没有专利知识产权的保护，基因工程也不会有序地向前发展，专利制度为GM产品最终走向市场、获得最大经济效益提供了法律保障。基因工程专利可以归私人公司，但同时也承认，基因工程专利的创新性有时难以认定，同时也涉及宗教信仰问题（国际上著名的NEEM专利经历6年法律纠纷后被撤销）。

第三节　农业公共管理部门

一、食品安全管理部门

南非食品安全的管理部门在中央主要是农业部、卫生部和贸工部。

（一）农业部

农业部作为农产品质量安全的主要监管部门，设有食品安全和质量保障局（Directorate Food Safety and Quality Assurance）、南非农业食品检疫和监察局（Directorate South African Agricultural Food Quarantine and Inspection Services）、动物卫生局（Directorate Animal Health）、植物健康局（Directorate Plant Health）和遗传资源管理局（Directorate Genetic Resources Management）等农产品质量安全监管机构。从监管对象上看，农业部的职能涵盖了下列产品：化肥、饲料、农药、部分兽药、种子等农业生产资料；农产品（包括玉米、小麦、谷物、新鲜水果和蔬菜、新鲜肉类及肉类含量少于10%的罐装肉产品、奶产品、果汁、蜜汁饮料、果汁饮料和果味饮料等）；酒产品（包括葡萄酒和啤酒）等。农业部对农业产品的监管向前延伸到农业生产资料监管，向后延伸到农产品加工、销售以及进出口环节，形成了一个相对衔接的管理链条。

（二）卫生部

卫生部作为食品的主要监管部门，设有食品监控局（Directorate Food Control）、药品管理局（Directorate Medicines Administration）等机构，主要对食品的加工、销售和进口进行监管。根据《食品、化妆品和消毒剂法》，食品是指除药品外，通常用于人类使用或饮用，或声称适于人类消费、为人类消费生产或销售的任何物品或物质，并包括上述物品的任何部分或成分，或意图、预定作为上述物品或物质的某一部分或成分的任何物质。此外，卫生部还根据《药品及有关物质法》负责部分兽药的登记工作。

（三）贸工部

贸工部除具有监管食品标签的职能外，其在食品安全方面的作用主要通过其下属的南非标准局（SABS）发挥。根据《标准法》，南非标准局具有法人资格，属法定机构（Statutory Body 类似于中国的法律法规授权组织），负责促进和维护南非的国家标准，并对肉类含量超过10%的罐装肉类及罐装和冷冻海产品进行监管。

（四）环境部

环境部主要负责食品安全的饮用水和杀虫剂农药管理方面。南非环境部立足农业生态环境监察，并定期开展全国农产品的质量安全普查，对饮用水和杀虫剂进行例行监测；研发农业生态环境类检验检测技术并制定相关标准，必要时候进行农业环境污染技术仲裁，还负责相关技术的咨询、技术服务和农业环境监管工作人员的培训等。

二、其他农业相关组织机构

（一）南非农业产业化服务组织

目前南非农业产业化服务体系基本没有政府力量的参与和扶持，而是以营利性的民间产业力量为主体构建的。以果木园艺业为例，它是南非农业中商品化程度最高的部门，它的产业化服务体系在南非农业中比较具有代表性。

南非最大的落叶水果销售商Tru-Cape水果营销公司成立于1999年，是由Ceres集团、Kromco集团和Two-a-Day集团3家公司共同投资组建的，这3家母公司分别占有Tru-Cape 20%的股份，另外40%的股份由3家母公司的股东直接拥有。这3家母公司是由200多位农场主拥有的，都是由合作社改组而成的。

（二）南非农业研究支持机构

南非农业研究支持体系独立于农业行政系统之外，主要由南非的国家级研究实体农业研究委员会（ARC）及其下属的17个研究机构和分布在全国各地的81个试验站构成。它是依据1990年第86号《农业研究法案》而成立的。ARC的宗旨是通过科研，技术创新及技术转移，促进农业及相关领域的发展，以达到进一步保护自然资源基地及环境，保持农业经济的竞争力，为社会提供新的经济机会，提供高质、安全的食品，为全国的经济增长及发展做出贡献。

ARC 和各省农业研究机构、大学的农学院形成了较为完善的全国农业教育、研究和推广体系。研究机构的装备先进，基础研究和高新技术的条件可以与欧美发达国家相媲美。ARC 及其所属研究机构所需经费由议会单列预算。1998 年，ARC 的研究经费为 4.3 亿兰特，其中78%来自国会拨款，12%来自技术转让和产品销售等，并且后者的份额还在逐步扩大。

ARC 设有 4 个业务部门，即谷物及工业作物部、园艺部、畜牧部和全国服务部，负责下属的 17 个研究所和分布在全国各地的 81 个试验站和研究站的工作，具体分布如下：

1. 谷物及工业作物部

负责谷物研究所（Grain Crops Institute），小粒谷物作物研究所（Small Grain Institute），工业作物研究所（Institute for Industrial Crops）。

2. 园艺部

负责热带及亚热带作物研究所（Institute for Tropical and Subtropical Crops），蔬菜及观赏植物研究所（Vegetable & Ornamental Plant Institute），水果、葡萄栽培及酒类研究所（Institute for Fruitec-Nietvoorbij）。

3. 畜牧部

负责动物营养与生产研究所（Animal Nutrition & Animal Production Institute），动物改良研究所（Animal Improvement Institute），兽医研究所（Onderstepoort Veterinary Institute），草原和牧草研究所（Range & Forage Institute）。

4. 全国服务部

负责农业工程研究所（Agriculture Engineer Institute），土壤研究所（Institute of soil）和气候、水及植物保护研究所（Climate and Water, Plant Protection Research Institute）。

其中，值得一提的是畜牧部。南非畜牧业较为发达，商品性畜牧业规模较大，产值已经超过了大田种植业，成为南非农业的第一大部门，在卫生防疫以及产业发展等方面对研究支持体系具有较为强烈的需求。

ARC下设的牲畜改良发展所和动物卫生研究所。前者主要负责动物疫病的预防和控制研究，以及动物疫苗的开发。后者则设立了5个研究小组：①动物营养和环境小组，主要负责研究改进草原开发管理、牧草种植及品种培育，以及作物和动物综合培养体系。②动物生产、生物技术和繁育小组，主要负责研究基因改良，运用基因模型进行品种繁育，以及运用分子基因学进行动物鉴定和生产研究。③牲畜记录和改良小组，主要负责建立国家级资料库，记录各种研究数据和资料，以及进行动物性能测试。④动物产品和食品安全小组，主要负责用革新的方法解决动物食品安全问题，以及帮助加工企业提高动物产品的加工质量和保质期。⑤畜牧经济学小组，主要负责畜牧业产业发展和市场拓展研究。ARC的研究范畴基本囊括了畜牧业研究支持的主要方面。

南非议会给予ARC的预算拨款仅占其所需资金的50%左右，而这些资金的80%用于发放研究人员的工资，其余20%用于办公经费和其他维护性的日常开支。开展研究工作所需的经费主要是来自外部资金，包括由产业界和农场主提供的合作研究经费、非政府组织的支持和社会捐赠。合作研究是其主要的研究经费来源，一般有两种模式，一是需求方提出研究课题和要求，并提供所需经费，然后由ARC就此开展研究并提供成果；二是由ARC自行研究，然后将研究成果向潜在客户进行推介，寻找买家。

（三）非政府性农业合作组织

合作社农业服务系统、植保合作社或其他组织作为种植业研究和推广机构，在农业发展过程中起到了重要作用。另外，各个大学的农学院或农社组织在南非一体化农业服务体系中也提供多项惠农服务，农场学院、农业试验站在农业技术推广中同样发挥着不可替代的作用。

1. 农业技术推广站

农业技术推广站直接面向农民提供技术培训和推广业务，由省级农业管理机构管理并提供全部经费进行技术示范和推广工作。推广站有小型的农牧场，用于进行新技术和新品种的引进、试验和示范。推广站有一定数量的固定技术人员，也经常根据工作需要邀请研究人员到站短期工作。技术推广站的技术人员经常接受国家研究机构的培训，以获得新的技术知识技术。

技术推广站从研究机构获得新技术新品种后，先在站内农牧场进行引进和试验，再对农民和农场主进行培训。这种培训是完全免费的，对偏远山区和经济困难的农民还提供免费的生活安排。技术推广站一般针对某一项技术进行短期培训，有时也会为农业合作社培养基层的农业技术人员，这样的培训一般需要半年左右的时间。

2. 农业企业

在南非大约有 1 000 多家合作社型的农业企业提供新技术和新品种的引进和推广服务，占南非农业企业的绝大多数，另外有大约 15 家中心企业为这些合作社企业提供服务，包括粮食加工和销售、农业器械以及金融服务。合作社组织培训来引进新技术和新品种，当地技术人员会帮助农民来使用新技术和开发新品种，有条件的合作社还能为引进新技术和新品种提供金融支持。公司型农业企业数量较少，其新技术和新品种的推广活动往往以营利为目的。

3. 合作社

合作社运动在南非有很长的发展历史，早期发展缓慢，近年来发展迅猛。据南非贸易工业部合作社局介绍，1922—1994 年期间，南非仅成立了 1 444 个合作社，1995—2004 年十年间共有 3 362 个合作社成立，而 2005—2007 年间，共有 12 188 个合作社成立。截至 2008 年 3 月，南非登记注册的合作社为 17 154 个。南非合作社得到快速发展得益于政府的重视和支持。由于南非特殊的国情，政府希望合作社在解决贫富分化方面发挥作用，认为合作社可以在南非经济社会发展，特别是在促进就业、提高收入、根除贫困、广泛地促进黑人经济权利实现中扮演重要角色。政府出台了相关扶持政策，包括制订合作社发展规划、建立合作社发展基金、开展一系列同合作社业务相关的项目、设立发展合作社激励措施。另外，南非政府 1981 年出台了合作社法，用于指导、规范合作社发展。2005 年又重新制定颁布了合作社法，废除了被认为是保障白人权益的 1981 年合作社法。南非合作社类型众多，涉及农业、消费、营销、金融、住房、交通等多个领域，其中农业合作社占多数，这些合作社受到了黑人低收入者的普遍欢迎。值得注意的是，南非合作社原先有三级体系的联合组织，但由于构建方式是自上而下政府主导性的，这些联合组织更多地关注上面的需求，而不是来自下面的需求，从而出现了很多问题，最终导致体系的溃散。南非贸易工业部合作社局是主管合作社的最高机构，南非合作社多数实行双重管理，除受合作社局的领导外，还接受行业部门的技术指导。目前，南非合作社发展也面临着一些困难，如：合作社数量虽然众多，但实力普遍较弱，许多合作社社员仅有几户，经营存在困难；合作社得不到足够的资金支持；合作社人才匮乏，管理薄弱，技术落后等。

第六章
南非农业政策

第一节 农业政策体系

南非农业之所以取得较好的发展成就，主要原因在于制定了一系列推动农业发展的政策，形成了利于农业发展的政策体系。例如，政府颁布扶持农业的法令，增加对农业的投入，重视水利建设，提高农产品的收购价格，降低农产品的运输价格，制定保护农业的关税政策等。此外，国家非常重视农业教育，许多中小学都设有农业专题课程。

一、政府调控农产品市场的建设与管理

南非建有布局较合理、规模较大、吞吐能力较强、市场信号准确、管理规范的农产品批发市场。其市场有明显的特点：

（1）政府宏观调控较多。政府关注并协调农产品市场布局，对农产品市场建设给予前期的资金扶持与启动：政府有关部门直接建设和管理农产品市场，南非最大的农产品批发市场是政府建立的；政府对农产品市场管理费收取的比例，市场经纪人佣金的比率，市场管理人员的工资收入水平，以及农产品市场价格信息的提供和发布都有政府调控和指导。

（2）市场管理规范。南非农业市场都是实行董事会管理，有规范的

章程和管理制度，有统一规范的入门、出门、称重、监控、结算系统，全过程实行计算机统一管理。整个市场从农民将农产品送入，交代理商验货收货、论价谈判，到经销商买货、送货运出，再到结算划款转账，环环相扣，管理严密规范，难以发现任何疏漏。

(3) 规范的市场管理极利于确保农民利益。比如，南非的农产品市场规定市场管理中心收取不得超过交易额的5%作为市场管理费，市场经纪人的佣金收取交易额的7.5%，也就是说农民至少可以拿到其出售农产品货款的87.5%，且3日内货款划入售货农民的账户，这种据交易额的大小收取管理费和佣金的机制使农民、市场管理者、市场经纪人利益相关，从机制上使农民免受了不应有的中间盘剥。

二、建立发达的农产品市场流通机制

为促进农产品市场流通，南非农业部（DOA）制定了农产品贸易和营销发展计划。为此，南非国家农业市场委员会（NAMC）每年向农业部（DOA）划拨相应的支持资金，2000年和2001年划拨资金670万兰特，2006年和2007年增加到1 160万兰特，年均增长率为9.7%（OECD，2006）。另外，为提高南非农产品的国际竞争力，南非政府实施的支持政策有：

(1) 加强对农产品出口市场的研究，培养农产品国际贸易专家，建立农产品虫害、疾病监测和控制服务体系。2001年南非政府在农产品质量检测和检疫方面的财政支出为2.92亿兰特，2007年增加到6.84亿兰特（OECD，2010）。

(2) 建立农产品市场准入体系的同时建立出口市场投资援助框架。

(3) 加强信用保险公司为农产品出口企业提供贷款服务。

(4) 通过举办农产品交易会、组织农产品出口访问团等形式，增加南非农产品的国际影响力。

(5) 划拨专项资金对农产品市场及国际贸易发展趋势进行研究，向国内市场公开发布农产品市场信息。

三、十分重视农业科学技术的研究与开发

农业研究委员会（ARC）是南非国家级的农业研究实体，由农业部和工艺科学部共同领导。ARC 有 17 个研究所和分布在全国各地的 40 个试验站，ARC 与各省农业研究机构以及大学的农学院形成了较为完善的全国农业研究体系。研究机构设备先进，基础研究与高新技术开发的条件可与欧美发达国家相媲美。1998 年，ARC 的研究经费为 4.3 亿兰特，其中 78%来自国会拨款，12%左右来自技术转让和产品销售等，且后者的份额还在逐步扩大。

四、重视农业技术的推广和普及

农业部大力组织科研力量进行农业、园艺、兽医学的研究和普及工作。ARC 的很多研究都与企业和市场的需要紧密联系。例如，蔬菜花卉研究所对南非特有的花种 Fynbos 进行改良，根据国际市场对该花的市场需求进行研究，然后将其技术转让。ARC 十分重视适宜小农户应用的技术开发，如小规模节水作物园区综合配套技术、贫困小农户初级产品加工技术、家畜和水产品养殖配套技术等，经济实用，效果很好。南非政府在改良农作物和牲畜品种，预防病、虫、害方面已建立起了一个全国性的网络，使农业科研直接服务于农业生产，取得了良好的效果。

五、农业科研与科技成果应用推广一体化

1990 年南非政府依据《农业研究委员会法案》，在 15 个政府特别研究所的基础上组建了农业研究委员会（Agricultural Research Committee，ARC）；1992 年 ARC 正式从南非农业部分离出来，成为一个独立的国有科研机构，主要负责农业科研、技术推广和技术转让等工作。为满足小规模家庭农场对农业技术的需求，ARC 设立了农村生计可持

续发展部（Sustainable Rural Livelihood Division），通过该部门加强农业科研与家庭农场之间的联系。为避免对同一个项目出现重复研究的现象，ARC加强了与农业部、各省农业部门之间的联系，明确各自的研究项目。为及时掌握南非农业发展状况，南非农业部制定了“经济研究和分析计划”（Program Economic Research and Analysis）。在每个季度里，“经济研究和分析计划”都为农业部门的决策制定者提供及时、准确的农业、经济和统计信息。

六、农业用水政策

由于南非的气候及土壤条件，能否实现水资源可持续利用成为南非部分地区农业持续发展的决定性因素。1998年南非政府颁布了《国家水资源法》（1998年第36号法案），明确提出解决缺水地区居民（尤其是家庭农场）的用水问题。通常来说，南非的农业灌溉用水量约占其用水总量的60%。1998年南非水资源法针对农业用水主要提出以下五方面的内容：

（1）优先考虑小规模家庭农场的用水；

（2）终止河流附近居民自然拥有水资源的原则；

（3）整合流域管理体制；

（4）通过流域管理协会分散水资源管理；

（5）终止对用水的价格支持。1998年水资源法的实施，不仅改善了农村居民的饮水条件，也改善了家庭农场的生产条件和食品卫生条件。

第二节　农产品贸易政策

为了更好地理解农产品贸易的模式，有必要简要概括一下南非农业部门管制放松的进程。这一改革进程已被深入研究（vanZyl等，2001；Vink和Schirmer，2002；Vink，2003；Sandrey和Vink，2006），并定期更新，特别是在经济合作与发展组织（OECD）的一份工作文件（Sandrey和Vink，2008）和世界银行出版物（Kirsten等，2009）中。南非农业在20世纪70年代实行了完全的种族隔离：商业农业补助达到顶峰，而“黑人家园”的农业部门生产基地除了少数农民以外，没有提供任何有意义的收入机会。到1980年前后，农业政策开始发生改变。管制的放松始于农业部门之外，金融行业管制的放松标志着长期货币贬值和利率增加的开始，结果给农业投入（有相当大的进口构成）和信贷带来巨大压力。此外，20世纪80年代中期劳动力流动方面的许多控制得以解除，大量人口流向乡镇和城市。最后，大量微观经济领域管制得以放松，非正式经济活动显著增加，其中包括了城市地区农产品非正式市场的增加。

期间，南非的农业产业政策也发生了一系列变化，包括对部分农产品价格开始实行关税化贸易保护；放松《1968年营销法案》及其他立法对农业的管制；减少对农民的隐性补贴而代之以所得税减免；降低农业直接预算支出等。因此，20世纪80年代，南非农业以试图提高商业化农业的效率和生存能力以及在现有制度框架下的财政可持续性为主要特征。1994年南非进行了第一次民主选举并采取了一系列改革举措，其中最重要的包括：贸易自由化、土地改革、公共部门机构重组、《农产品营销法》和《水法》的颁布以及劳动力市场政策的改革。

南非的贸易体制也发生了变化。成为马拉喀什协议签约国以后，南非旧营销法案下的数量限制、从量税和价格控制、进出口许可证以及其他法规都被关税措施所取代。此外，南非还单方面将大部门农产品的关税水平降到远低于马拉喀什协议约定的税率。

南非在南部非洲地区三个最重要的贸易关系包括南部非洲关税同盟——代表了一体化水平的最高层次，南部非洲发展共同体和南非—津巴布韦双边协议。该区域以外，最有影响的贸易关系分别是欧盟的科托努协议①（以及正在进行的经济合作协议谈判），美国的《非洲成长与

① 南非是科托努协议的缔约国，但并非该协议的所有规定均适用于南非与欧共体之间的合作（见科托努协议3）。详细信息可参阅欧共体EuropeAid网站，ec. europa. eu/europeaid/where/acp/overview/cotonou-agreement/index _ en. htm.

机会法案（AGOA)》，以及与欧盟的单独双边贸易、发展与合作协定（TDCA)。

第三节　农业保险政策

南非农业风险管理曾广泛采取的做法是对遭受自然灾害的农场主给予一定的现金补贴。20世纪90年代中期以后，随着国际社会对南非制裁的逐步取消，以及农产品自给性生产压力的减小，南非政府已很少对农业进行直接补贴，而是鼓励农场主通过参加商业保险减少损失，政府则通过加强信贷服务、完善预警机制、资助灾后基础设施重建等间接措施支持农业的发展。

在南非历史上，由于长期实行白人庄园经济，农业经济规模相对较大，对市场化的商业保险承受能力较强。因而，保险产业比较发达，保险品种丰富，体系也十分完备，具有很强的竞争力。南非保险领域活跃着提供短期保险的公司、提供长期保险的公司、再保险机构和中介机构。农业保险基本上由提供短期保险的互助保险社和商业性保险公司承办。目前，约有一半农民为自己种植的作物购买了作物保险，大多数农民通过合作社购买作物保险，而不是保险中介。虽然南非政府不直接参与农业保险的经营，但对商业保险没有涵盖的一些自然灾害，一般通过优惠利率的贷款和担保的方式提供公共灾害援助金来对农场主的损失进行补偿，同时通过特别公共援助金对由于干旱给畜牧业造成的损失进行援助。

南非农业保险的具体做法主要有如下几个特点①：

一是依据本国国情选择相应的农业保险制度。南非根据本国保险产业比较发达的国情，选择了以商业保险为主的农业保险制度。农场主可以通过保险经纪公司和农业合作社来获得选择各类保险所需的必要信

① 南非农业保险的基本做法和启示．http：//www.circ.gov.cn/web/site0/tab211/i31396.htm

息。保险经纪公司则需向其所属的经纪公司联合会预交一定比例的职业赔偿保险金，如果咨询服务出错，农场主可以向联合会申请损失赔偿。

二是通过完善法律法规促进农业保险的健康发展。南非农业保险的建立和发展都是依据相关法律法规进行的，因此，南非十分重视保险业法律法规的完善。2001 年 7 月 1 日生效的《南非保险客户保护规则》，对保险经纪人和保险公司的义务都作了十分具体的规定。例如，规定在咨询之初公司就应向客户提供详细的公司资料、代理的产品内容以及资费标准等。2002 年底通过的新《南非金融咨询和中介服务法案》进一步规定了此类服务机构申请执照的最低从业资格，如果违反则会被吊销执照。除此之外，还有一些常设的独立监督机构，接受并处理保险持有人的投诉。

三是通过再保险制度分散农业风险。南非的再保险机构则完全按照商业保险的运作方式，接受各类短期保险公司的分保业务。在遇到大灾时，政府还酌情对私有保险公司实行免税或减税政策，并且由国家提供止损再保险。

第四节　农业价格政策

南非农业价格政策的制定旨在稳定农民收入、维持价格平稳。小麦和玉米市场的价格政策由垄断市场管理委员会管理，委员会支持生产商固定农业价格，在国际和国内市场上以不同价格出售。

在南非，对食品市场的监管决定了从 BLS 国家（波斯瓦纳，莱索托，斯威士兰）进口的价格。此外，南非农业价格策略与南部非洲关税联盟其他国家食品安全之间存在由来已久的关系。1969 年的南部非洲关税联盟（SACU）协定是南非和 BLS 国家合作的正式基础。此协议包含了适用于关税联盟国家的食品和非食品贸易的其他规则。南非针对 SACU 的对外贸易设置了进口税、消费税和销售税。对于食品类产品，关税政策和农业政策之间存在着密切的关系。通过关税政策，南非的农业以及食品政策将会有效约束并决定 BLS 国家的农业以及食品政策。

以BLS国家中的博茨瓦纳为例。通过SACU规则，南非农业价格政策影响到博茨瓦纳粮食安全的前景，同时，博茨瓦纳的玉米和食糖进口价格与南非共和国的玉米和食糖生产价格高度相关。具体表现在：1969—1984年间，受南非农业价格政策的影响，博茨瓦纳谷物市场的经济收益有所降低。与此同时，南非玉米价格政策也影响了博茨瓦纳。受南非玉米价格政策的影响，1969—1974年间，博茨瓦纳的玉米进口价格低于世界市场进口价格，但1977—1984年间（除1981年），受南非农业价格政策的影响，玉米进口价格上涨导致了较低的进口以及进口支出水平。尽管，在南非，糖的价格不受农业价格策略保护，早期，糖的价格受制于股票政策和国际协议，低廉的运输成本使得南非可以以更低的价格向SACU其他国家出口糖。但是，对食品行业价格策略的分析表明，价格策略对谷物的影响过度转移到了对糖的影响上。在博茨瓦纳，净收益效应对食品进口部门有9年的负面影响，7年的正面影响。在食品行业，随着时间的推移，SACU价格策略对博茨瓦纳的收益影响变得日益消极，个人收益也随着SACU中食品行业受到的负面影响而变化。

由对博茨瓦纳的分析可以得出：SACU中农产品进口价格与世界市场价格相互隔绝。谷物进口的减少和谷物进口开支的减少源于进口需求的价格弹性特点，SACU国家的食品进口价格增长速度将超过世界市场价格。因此，随着时间的推移，政策性粮食进口的总量将会下降，经济收益将会提升。另一方面，南非的农业关税政策对博茨瓦纳的谷物和食品进口价格产生了稳定影响。最后，政策制定者将决定最终的价格政策。

第五节　农业投入和补贴政策

一、农业投入和补贴现状

自20世纪90年代起，南非政府推行以土地改革为核心、以市场为导向的国内农业政策改革。一是依靠《土地援助法》、《土地所有权调整法》等法律支持，推进以土地归还、土地再分配、土地所有权改革等为内容的土地改革，改变种族歧视引起土地资源配置严重扭曲的遗留问题。2007年出台“土地收购政策”以替代土地再分配计划，将新收购的土地登记为国家所有，并以租赁的方式提供给选定受益人，待约定租期期满后，受益人可以自主处置土地。二是出台《农产品销售法》，放松对农业生产部门管制，大幅减少对农产品销售和价格的干预，取消所有出口补贴以及除食糖以外的农产品价格支持，仅依靠关税措施实施价格支持。

进入新世纪，南非政府积极调整农业支持方向，将大部分财政补贴投向与土地改革、新兴农场和小农户有关的项目。如2004年引入“农业综合扶持计划”，向土地改革的受益者和获得土地的黑人提供信息和知识管理、技术和咨询援助、培训和能力培养、市场营销、农场基础设施建设、农业生产投入等服务。2008年和2009年该项支出分别达到7.15亿兰特（折合8 700万美元）和5.44亿兰特（折合6 400万美元），相当于财政预算支出的1/3。2005年实施“小额信贷计划”，向农户特别是土地归还、土地再分配和土地所有权改革受益者提供小额贷款，2008年提供9 500万兰特的零售贷款。2008年政府启动“Illima/Letsema计划”，下拨的财政资金主要用于支持小农部门的农业生产建设投资，2008—2010年支持额度分别为9 600万兰特、5 000万兰特和2亿兰特。2009年启动“农村地区全面发展计划”，2009年和2010年分别资助2.63亿兰特和2.56亿兰特。2010年实施“机械化计划”，财政预算支持达4.2亿兰特，用于购买拖拉机及配套设施，为新兴农户提供机械化服务。

南非20世纪90年代末农业补贴支持的产品主要有精制糖、牛奶、羊肉、玉米和小麦。目前，特定农产品补贴率（%PSCT，即某一单项农产品获得的生产者补贴水平PSCT与生产该产品经营收入的比率）显著降低，由1995年14.07%逐步降至2010年0.43%。2008—2010年，南非对精制糖的平均补贴率达13.01%，其余依次为牛奶（5.64%）、玉米（4.59%）和向日葵（1.08%）。除去玉米，这些农产品的补贴率都远低于OECD国家平均水平。牛肉（−0.23%）、禽肉（−0.85%）、猪肉（−1.1%）和鸡蛋（−1.09%）均为负保护，而OECD对这些产品平均补贴率均在5%以上。

南非农业补贴政策措施主要包括：价格和收入支持策略；土地改革；黑人发展农业经济赋权计划（AgriBEE）；农业投入和融资政策；减免税收。

二、农业支持的特点

（一）农业支持水平主要特点

1. 农业支持总量（TSE）波动明显，自2006年以来呈下降趋势

1995—2001年间，南非农业支持总量持续下降，从71.09亿兰特减少至44.33亿兰特。2002年由于玉米、牛奶和食糖的市场支持价格（MPS）大幅上涨，农业支持总量迅速增加至103.19亿兰特。2002—2006年间，南非农业支持总量波动较为明显，2006年增加至历史峰值113.73亿兰特。2010年已减至61.97亿兰特。但就相对水平而言，南非农业总支持率（%TSE）呈明显下降趋势，2008年至2010年平均为0.3%，低于OECD国家平均水平0.88%，也低于同属金砖国家的中国（2.24%）、俄罗斯（1.56%）和巴西（0.55%）。

2. 农业生产者支持（PSE①）水平较低，整体呈显著下降趋势

由于农业部门二元结构异常突出，南非政府取消大部分价格支持措施，仅实施关税保护措施。与国际市场的联动，导致其市场价格支持及农业生产者支持水平剧烈波动。2002年以来，农业生产者支持（PSE）最高达到78.73亿兰特（2006年），最低仅29.11亿兰特（2010年），几乎呈现“一增必连一减”的波动特点。以相对水平&PSE（即PSE占农业总收入的比重）测度，从1995年14.87%下降至2010年2.21%；其中2008—2010年平均水平只有3.2%。这与OECD国家平均水平（20.1%）和主要发达国家挪威（60.3%）、日本（48.8%）、韩国（47.1%）、欧盟（21.8%）、美国（8.5%），以及部分发展中国家土耳其（27.2%）、墨西哥（12.3%）、俄罗斯（21.8%）、中国

① 农业生产者支持（PSE），用于衡量农业生产者获得消费者和纳税人的补贴支持。

(11.5%)、巴西(5%)等相比，差距十分明显。

3. 农业一般服务支持水平(GSSE)保持基本稳定

针对整个农业部门的补贴支持主要集中在农业研究和发展(包括研究、技能培训和农业经济服务)、基础设施建设、检疫服务三大领域，从1995年24亿兰特缓慢增长至2010年33亿兰特，仅增长37.5%，比2003年至2006年每年约36亿兰特稍有下滑。

4. 农业支持政策对国内农产品市场的干预减弱

数据显示，南非的生产者名义支持系数(NACp)从1995年的1.17降至2010年的1.02，消费者名义支持系数(NACc)相应从1.19降至1.00。这意味着农业生产者从农业支持政策获得的超额收入、消费者为农产品实际支付的超额支出(与国际市场相比)均在不断减少，亦表明农业支持政策措施对市场干预的程度越来越小。

(二)农业支持结构主要特点

1. 生产者支持结构较为简单

根据OECD对农业支持政策的分类，南非仅包括市场价格支持、基于投入品使用的补贴、与农业生产挂钩的基于现期种植面积/牲畜数量/经营收入/所得收益(A/An/R/I)的补贴3类政策措施，而与农业生产挂钩的基于非现期A/An/R/I的补贴、与产量不挂钩的基于非现期A/An/R/I的补贴、非商品标准补贴、混合补贴等4措施并未采用。其中，脱钩的直接补贴措施完全没有实施。从农业支持总量构成分析，南非农业生产者支持占农业支持总量的比重从1995年65.8%减少至2010年47%，一般服务支持占农业持总量的比重(即%GSSE)从34.2%上升到53.0%，表明农业支持政策对农业生产者经营决策影响越来越弱。从农业支持总量来源结构分析，南非消费者向农业部门的价值转移占农业支持总量的比重从1995年77.9%下降至2001年55.2%，农业支持的政策成本主要由农产品消费者承担。最近10年该比例仅有2年超出50%，其中2008—2010年平均仅为28.3%。与之对应，纳税人向农业部门的价值转移占农业支持总量的比重由1995年31.8%提高至2010年87.4%，其中2008—2010年平均为72%，表明纳税人已逐步承担起农业支持的政策成本。

2. 价格支持始终是基本措施

南非政府通过特别关税、从价关税及关税配额等支持国内农产品价格，但农产品平均关税仅为9.4%，远低于WTO平均税率39.2%；关税配额外农产品约束税率也只有20%。1995—2000年，市场价格支持占农业生产者支持的比重一直保持在93%以上，2001—2009年总体呈波动下降趋势，从2000年97.5%下降至2009年63.4%。尽管2010年迅速降至19.1%，但价格支持措施依然是南非农业生产者支持的重要组成部分。

3. 农业生产者支持中的财政预算支持（含挂钩直接补贴和脱钩直接补贴）**日益发挥重要作用**

1995—2000年，南非的财政预算支持年均仅有1.37亿兰特；自2001年以来，财政预算支持大幅增长，当年增至4.54亿兰特。2010年，南非财政预算支持达23.56亿兰特，占农业生产者支持的比重陡增至80.9%。

4. 挂钩直接补贴以农业投入品为主

基本由燃料税补贴、土地基金、农场投资3大补贴项目构成；与农业生产挂钩的，基于现期种植面积/牲畜数量/经营收入/所得收益的补贴，主要是政府对干旱、洪涝等灾害损失的补偿。

总的来看，南非农业支持总量水平及农业生产者支持水平较低，明显低于主要OECD国家及俄罗斯、中国、巴西等新兴工业化国家农业支持水平，且近年呈现明显下降趋势；农业支持水平因市场价格支持的变化而呈明显波动；农业支持政策对国内农产品市场的干预和扭曲明显减少；农业支持结构单一，以关税为核心的价格支持措施和以农业投入品补贴为主的直接补贴措施，构成了农业支持制度的基本框架。

第六节　农业及农村金融政策

南非实施农业支持的历史相对较早。1937年南非颁布的《市场法案》明确提出针对商业农场生产的食糖、葡萄酒等产品实行价格支持，这标志着南非农业支持政策的开始。随后经过了近 60 年的发展，特别是 1996 年《市场法案》取代 1937 年法案后，南非的农业支持政策发生了较大的调整，支持对象由商业农场为主转向家庭农场为主。南非的农业政策主要表现为对生产者支持的政策以及一般服务支持政策。

对生产者支持的政策主要有：第一，市场价格支持。市场价格支持政策是农业支持政策中最常见的一种支持方式。政府通过设定目标价格来稳定农产品市场价格；当市场价格低于目标价格时，政府向生产者补偿市场价格与目标价格之间的差额；当市场价格高于目标价格时，政府关于市场价格支持的开支为零。虽然市场价格支持政策对稳定农业生产和农业生产者收入能够起到积极的作用，但是有碍农产品自由贸易，是 WTO《农业协议》规定的"黄箱"政策，属于被削减的内容。南非 1996 年《市场法案》明确提出废除农产品市场价格支持政策（食糖等产品除外）。有关数据显示，2001—2007 年南非一直获得市场价格支持的农产品仅有甘蔗；在此期间，曾获得市场价格支持的农产品有小麦、玉米、甘蔗、牛奶、牛肉、猪肉、羊肉、禽肉等。另外，1996 年《市场法案》对政府干预农产品市场的行为作为严格限制，并规定每两年对政府干预市场的行为进行 1 次评价。总体来看，虽然市场价格支持开支占南非农业支持总开支的比重持续下降（2000 年南非对市场价格支持的开支占其农业支持总支出的 53%，2007 年下降到 25%），但截至 2007 年，南非对"市场价格支持"的开支仅次于第二大农业支持方式"农业科研和推广"。

第二，信贷支持。1994 年以前，农业信贷局（Agricultural Credit Board，ACB）是南非执行农业信贷支持政策的唯一机构，它负责对商业农场提供低于市场利率的贷款业务，信贷资金来自农业部的财政预算。随着农业信贷支持造成的财政负担不断加重，1994 年民主选举后，土地银行取代农业信贷局成为南非执行农业信贷支持政策的金融机构；土地银行主要的支持对象有农业合作组织、农产品营销组织以及个体农户等。土地银行的贷款利率低于商业银行的利率。土地银行利用自身收益来维持发展，运营资金主要来自于金融市场。南非政府面向土地银行优惠政策是：土地银行不需要向政府缴纳税费和股息。2002年南非政府颁布了《土地和农业发展银行法案》（2002第25号法案），该法案指出土地银行应该在促进“公平获得土地所有权，特别是帮助历史上曾经处于劣势地位的黑人获得土地所有权”方面提供金融服务。土地银行在纯粹商业型运营的基础上向不同的客户（包括农村企业家）提供金融服务。作为南非金融机构，土地银行获得南非政府的授权，为农业扶持综合计划（CASP）提供服务。除了为商业农场和农业产业提供融资服务，土地银行还为土地再分配计划（LRAD）提供贷款服务。那些首次购买耕地的家庭农场可以得到土地银行的“特别贷款”服务，即：家庭农场主可向土地银行申请其所购耕地开支80%的贷款，贷款利率为10%（低于南非其他商业银行的贷款利率）。另外，为促进农村地区发展，2005年1月南非政府批准建立“南非小额信贷计划”（MAFISA），其主要内容是：优先向小规模家庭农场的农场主、佃户、农村小企业家等涉农人员提供储蓄、信贷、保险等服务。

第三，税收优惠。为促进农业的发展，民主选举之后的南非政府制定了延缓征收农业税的支持政策。具体的征收方式为：将一年一次全额征收改为3年分批次征收，即：第一年征收当年农业税的50%；第二年除征收当年农业税的50%外，再征收前年农业税的30%；第三年除征收当年农业税的50%，前年农业税的30%外，再征收前年农业税的20%。另外，为提高家庭农场农业机械化应用水平，从2000年开始南非政府实行了“柴油退税制度”（Diesel Refund System），免除因农业生产使用柴油的燃油税金（南非的燃油税率为31.6%）。2001年南非政府对农业生产使用燃料的财政支持为3.28亿兰特，2007年增加到4.93亿兰特。

一般服务支持政策主要包括：第一，农业科研和推广。1990年南非政府依据《农业研究委员会法案》，在15个政府特别研究所的基础上组建了农业研究委员会（Agricultural Research Committee，ARC）；1992年ARC正式从南非农业部分离出来，成为一个独立的国有科研机构，主要负责农业科研、技术推广和技术转让等工作。为满足小规模家庭农场对农业技术的需求，ARC设立了农村生计可持续发展部（Sustainable Rural Livelihood Division），通过该部门加强农业科研与家庭农场之间的联系。为避免重复研究同一个项目，ARC 加强了与农业部、各省农业部门之间的联系，明确各自的研究项目。为及时掌握南非农业发展状况，南非农业部制定了“经济研究和分析计划”（Program Economic Research and Analysis）。每个季度为农业部门决策制定者提供及时、准确的农业、经济和统计信息。南非的各所农业大学主要开展针对农业领域的基础性研究，教育部负责向农业大学和生物科学院划拨财政拨款。进入 21 世纪以来，南非在农业科研和推广方面的财政开支呈现出持续增长的态势：2001 年南非农业科研和推广的财政支出为 11.17 亿兰特（当年南非农业财政支出的第二大项目），2007 年增长到 33.12 亿兰特（当年南非农业开支的第一大项目）。

第二，建立发达的农产品市场流通机制。为促进农产品市场流通，南非农业部（DOA）制定了农产品贸易和营销发展计划。为此，南非国家农业市场委员会（NAMC）每年向农业部（DOA）划拨相应的支持资金，2000—2001 年划拨资金 670 万兰特，2006—2007 年增加到 1 160万兰特，年均增长率为 9.7%。另外，为提高南非农产品的国际竞争力，南非政府实施的支持政策有：①加强对农产品出口市场的研究，培养农产品国际贸易专家，建立农产品虫害、疾病监测和控制服务体系；2001 年南非政府在农产品质量检测和检疫方面的财政支出为 2.92 亿兰特，2007 年增加到 6.84 亿兰特。②建立农产品市场准入体系的同时建立出口市场投资援助框架。③加强信用保险公司为农产品出口企业提供贷款服务。④通过举办农产品交易会、组织农产品出口访问团等形式，增加南非农产品的国际影响力。⑤划拨专项资金对农产品市场及国际贸易发展趋势进行研究，向国内市场公开发布农产品市场信息。

第三，农业基础设施建设。对农业基础设施建设的开支一直是南非最主要的财政支出项目。农业基础设施建设的财政资金主要来自两方面：国家财政；省一级政府筹集。农业基础设施建设的主要内容包括：修建农业灌溉设施、农业公共设备的更新或升级、建设农场围栏、建设大坝、建设向农户输水系统等。据有关统计数据显示，2001 年南非支持农业基础设施建设的开支为 5.76 亿兰特（占南非支持农业总开支的 13%），2007 年增长至 13 亿兰特（占南非支持农业总开支的 14%）。

第七节 农村土地改革政策

新南非是通过和平谈判和民主进程诞生的。黑人和白人两大种族群体都做出了让步，实行种族和解与国家团结以及振兴经济成为首要任务。在这一前提下，必须本着协商与和解的精神，运用法律手段和市场机制，采取和平赎买方式，使白人土地回到黑人手中，从而加强稳定、提高生产水平，减少贫困，促进经济发展。任何非和平和非法律的方式，都与新南非的立国精神相违背，只能恶化种族关系，损害社会安定和经济增长，是不可取的。这就是新南非土地改革的指导思想。这一指导思想已经在南非的根本大法——1993 年《南非临时宪法》和 1996 年《南非正式宪法》中得到体现与确认。2002 年 9 月，土地事务总局长马延迪在表示不容许非法夺取土地的同时，又指出，政府计划在 2015 年将 30%的白人农田重新分配给无地的黑人，土地改革的步伐需要加速，因此，当协商机制受到阻碍无法推动下去时，将会考虑放弃通过市场实行“愿买愿卖”以购买土地的原则，按照宪法规定为公共利益而征用白人土地。根据上述指导思想和新南非颁布的有关文件规定，土地改革的基本方针政策可以概括如下（哲伦，2009）。

一、土地改革的目的

改变种族隔离时期土地占有和使用的不公正、不平等状况，使黑人拥有自己的土地；促进国家和解与稳定；推动经济增长；改善农民福利和减少贫困。

二、土地改革的基本内容

（一）实现土地回归

实现土地回归即把 1913 年《土著土地法》实行以来被强行剥夺的

黑人土地重新归还给黑人。1994 年 11 月 8 日，南非国民议会通过了《土地同归权利法》，这是该立法机构成立以来所制定的第一部重要法律。同年 11 月 17 日曼德拉总统在签署该法律时说，这是真正的归还土地法，它将保证那些在种族主义统治时代被剥夺土地的人们重新得到他们的财产。该法规定，所有南非人有权要求归还 1913 年 6 月 19 日以后被强行剥夺的土地或得到财政赔偿。根据临时宪法和《土地回归权利法》，相继成立了土地回归权利委员会和土地申诉法庭，前者负责调查、协商和处理土地申诉事宜，后者则对有争议的土地申诉进行审理和作出判决。土地申诉法庭的地位相当于高级法院，政府不得干涉该法庭的工作。由于经费、人手不足和体制上的原因，土地回归工作前几年进展缓慢，招致不满。

1997 年 11 月，对《土地同归权利法》进行了修改，将解决土地申诉问题的侧重面从司法手段转为行政手段，规定土地事务部长在土地申诉者的同意下可以介入运用行政手段来解决，以加速土地回归的步伐；进入 21 世纪，土地回归的步伐明显加快，有关财政拨款得到增加。据悉，在 2000 年的前 5 年内，仅有约 10%的土地申诉受到调查和交付讨论，获得解决的不过 4 000 起；但是，截至 2002 年 10 月 25 日，在全部 6.9 万起土地申诉中，获得解决的已达 3.513 7 万起，超过半数，付出赔偿金 120 亿兰特，归还土地 50.560 6 万公顷，受益者达 42.464 3 万人。

（二）土地重新分配

土地重新分配的目的在于使需要土地的南非弱势群体获得土地居住和从事生产，主要对象是黑人中的穷人、佃农、农场工人、妇女及处于危机中的农民。达到这一目的的基本途径是通过市场购买土地，由国家对购买费用及以后使用土地的费用给以财政支援。南非的《重建和发展计划》规定在 5 年内将 30%的白人农田重新分配给无地的黑人。这一目标后来被延期 15 年，改为到 2015 年实现。

新南非根据 1993 年制定的《提供土地和援助法》，并于 1998 年进行修改，作为启动重新分配土地的法律机制。该法由于仍然存在不少缺点，以后又继予以修改，以适合形势变化的要求。为了调整重新分配土地的步伐和提高质量，政府还针对其复杂情况，制定一系列具体的政策、制度、程序和执行方案。国有土地是土地重新分配的重要对象。据估计，国有土地达 3 200 万公顷，但是有人认为，这仅是名义上的，实际上，大量国有土地已经被传统部落村社所控制和使用，可用于分配的国有土地不超过 200 万公顷。国有土地还包括军事用地，部分军事用地也需要交付分配。光靠国有土地显然是不够的，还必须动员白人农场主向市场抛售土地。这就涉及市场价格、商业银行介入等许多具体问题。土地重新分配的进展也是缓慢的。政府一项有 300 多个执行方案、影响 5.4 万农户和分配 180 万公顷土地的计划，到 1996 年 11 月，才完成 28 起分配工作。2002 年 2 月，民主联盟对国有土地分配滞后公开提出批评。但是，也有比较成功的例子。2001 年 8 月，普马兰加省的思科马齐，有 241 个黑人农民，许多是妇女，获得重新分配土地的地契。他们每人得到 10 万兰特资助，用于购买 7 公顷甘蔗种植地。政府还另外资助他们 1 300 万兰特用于清地、装设水泵、管道和灌溉。

（三）土地所有权和使用权土地经过回归和重新分配后，需要得到法律保障

经过种族主义统治和多年的发展变化，原有的土地占有、使用和转让在法律上的种种不完备和混乱之处，也需要进行清理、调整和使之明确。例如，在特兰斯凯、博普塔茨瓦纳、文达、西斯凯的前黑人家园和“南非发展信托土地”的大约 1 700 万公顷土地上，世世代代居住着广大黑人。他们是这片土地事实上的居住者、占有者和使用者，无人予以否认，但是却始终不曾享有明确的合法权利，这显然是不合理的，导致法律上的不安全和难以保护土地。因此，土地的占有权和使用权问题也必须进行改革，其基本目的就是使每个南非人在土地的占有权和使用权方面都获得法律上的安全保证。这种改革之所以必要，还在于使人们在可持续的状态下放心地对自己的土地进行投资和使用。这种改革就是新南非土地改革的第三大内容。新南非制定了许多法律来推动这种改革。1996 年的《土地改革（佃农）法》和 1997 年的《扩大土地所有权和使

用权安全法》，保护了农场工人和佃农不受任意驱赶，并为他们提供获得长期土地所有权的安全机制条件。1996 年的《村社财产协会法》允许村社以“村社财产协会”的名义成为法人，获得、保有和管理其土地财产，改变了过去法律上不承认村社拥有土地的情况，使村社居民受益。但是，村社土地情况十分复杂，主要位于前黑人家园，名义上多为国有土地，又受到传统酋长管辖，而且村社居民并不全为村社成员，其中一部分是不属村社的农户。新南非多年来企图制定一部关于村社的土地权利法，以明确和解决数达 1 500 万黑人（其中 900 万居住在传统酋长统治下的村社土地，600 万是一般农户）的土地权利，但由于矛盾重重，一直在争议中。此外，土地所有权和使用权的改革还涉及公有土地、国有土地的调查和管理，以及妇女土地权益的保护等诸多问题。

第八节　借鉴及启示

鉴于南非农业发展的特点、市场的辐射力和发展农业的良好前景，我国应当重视开拓南非市场。具体领域可以在以下几个方面：

一、努力探索到南非进行农业合作和开发的机会

南非降水量有限，水资源匮乏严重制约了农业的发展，我国可以帮助南非从流域的角度实施区域重点开发计划，兴修小型灌溉设施，发展灌溉农业，提高农业产量，这样既有利于增加南部非洲国家的粮食供应，也有利于我国建立国外农产品生产基地。南非农业存在二元结构，很多地区耕作粗放，广种薄收，一些农业技术与中国存在差距。我国企业可以到南非广大农村地区兴办农场和各种企业，如养鸡场、农产品加工厂、饲料加工厂等。

我国农牧业在南非已经有了占地 80 多千米^2 的大型基地——南非茂华发展有限公司，位于约翰内斯堡东南 160 千米的斯坦顿。该公司由中国牧工商集团公司等组成，种植玉米、葵花、大豆、牧草等经济作

物，并放养南非的名种肉牛和波尔山羊。南非交通运输方便，电力供应充足，有良好的社会化服务和农作物保险制度，又是整个南部非洲的购物中心，市场前景良好。

二、积极开展经贸交流与合作

我国在南非设立了“长城贸易中心（南非）”，已有不少企业在南非落户，并开展了一定规模的劳务业务。在农产品贸易方面，我国向南非只有少量出口，从南非进口的主要是烟叶和羊毛，且贸易额都不大。我国地方省份同南非的进出口农产品的业务则更少，因此有进一步合作交流的潜力和空间。积极开展与南非的经贸交流与合作，发展合作共赢的经贸模式，将对我国优化进出口贸易结构有很大帮助。同时，中资企业应该将目光放长远，不要急于求成，注重政治与经济效益相结合，有理有节，实现互利双赢。

三、增进农业科学技术交流

目前，我国一些科研机构通过国际小麦玉米改良中心同南非开展了一些科技合作项目，但是联系还不多。通过考察，我们认为南非的农业发展水平总体较高，有许多值得学习的地方。加强与南非农业研究机构的联系与合作，一方面，可以引进一些优良品种，丰富我国的生物基因资源，学习其在生态农业建设方面的经验，改进我国的工作；另一方面，也可以提供我国的技术成果，帮助他们加快农业发展，在互利互惠投资、专业技术分享、合作项目以及技术转让等方面创造更多的机会。尽管我国同南非的农牧业自然环境和生产条件存在较大差别，但为了加快我国农牧业的发展，有必要同南非有计划地同南非开展合作与交流。

第七章 南非农民专业合作组织

第一节 农业协会

一、农民联合协会

南非非洲农民协会（AFASA）旨在使正在发展中的农业部门商业化发展，以确保黑人个体能够实质性地参与到主流商业化的农业部门中去，从而确保南非农业的长期可持续性。

愿景：为南非培养有胜任能力、成功的商业化农民。

使命：促进非洲农民的发展以增加他们在农业部门的实质性参与。

战略目标：创造一个有能力且可持续的非洲农民联合体，通过游说和宣传来影响政策的制定以支持非洲农民。促进非洲农民素质的提高以便他们能够实质性地参与到正式与非正式市场活动中，调动各种资源，造福非洲农民。

价值观：像其他组织一样，AFASA 是个为了共同目标而走到一起的群体。AFASA 支持它所代表的、具有相似价值观的人群。

AFASA 致力于追求以下价值观：

（1）由高度正直的人担任领导，并在成员、员工和公众中建立信任、忠诚和信心。

（2）时刻保持透明性和责任感。

（3）始终保持较高的专业性。

（4）尊重成员、员工和公众的权利、文化和尊严，不论性别、种族、阶级、部落、政治和宗教隶属或信仰。

（5）发展成以农民为中心的组织。

（6）确保组织始终忠于它的使命和目标。

（7）追求卓越包括提供高效各种服务。

二、各行业的农业协会

（一）Agri South Africa (AgriSA)

它是南非的一个农业贸易协会，是一个联盟机构，代表成员通过参与国内、国际活动促进商业化的农业生产者和农业企业实现持续盈利和稳定发展。它代表了7 000多家小型和大型商业农场，该协会业务主要集中于以下领域。

表7-1 Agri South Africa的集中领域

集中领域	备　注
贸易与工业	促进农业福利
经济事务	风险与灾害管理，燃料优惠等
法律与秩序	农业无犯罪的环境
水事务	所有水务相关问题
国家基础设施	联络地方政府有关政策及业务事项
劳工与培训	所有劳动相关问题
土地事务	土地作为农业生产要素的重要性
环境事务	环境事务相关活动
信息技术开发与转让	技术管理
农民发展	集中关注黑人经济赋权
企业联络	创造利益相关各方的伙伴关系与相互了解
当地政府	联络当地政府

（二）国家非洲农民联盟（NAFU）

20世纪80年代初，作为国家非洲联邦商会（NAFCOC）的下属一个农业委员会而成立，1991年在自由邦省的萨贝恩州正式启动。由于现有土地获取、金融资源、发展机会、支持服务与黑人农民掌握的关键农业技能不一致，因此 NAFCOC 决定成立 NAFU。

经过多年的发展，从乡村到国家层面，NAFCOC 已经拥有了许多的分支机构，成为一支全国性的不可忽视的力量。按照 NAFCOC 的 2014 年愿景，NAFCOC 已经成功地从城乡地区、省级和国家层面组织商品，但还有很多工作需要做。

国家非洲联邦工商联合会已经同意国家非洲农民联盟（NAFU）创建一个农业商会，纯粹专注于 NAFU 的商业方面。农业商会致力于：

（1）同负责农业/农村发展和土地改革的国家和省级部门建立积极的人际关系。

（2）与行业的各种利益相关者建立联系，帮助农民开展农业经营。

（3）寻求商会成立需要的财务资源。

（4）组建农业机构以解决小农需求。

（5）推进建立省级农业机构，赋予农民土地使用权。

（6）根据农民的需求，促进省级和地区可行性项目的发展。

（7）推动农业发展，增强黑人发展农业经济赋权计划（AgriBEE）确定的良好实践的示范作用。

（8）组建农业商会，使其成为推动实施南非黑人经济振兴法（BBEEE）的农业机构。

第二节　农业合作社

一、农业合作社概述

合作社运动在南非有很长的发展历史，早期发展缓慢，近年来发展迅猛。合作社作为南非一个行之有效的经济“车轮”可以追溯到 20 世纪早期，始于旨在发展和建立白人农业社区的白人农业合作社，这些合作社最终发展成为强大的商业企业，控制了农村地区的农产品生产、营销和加工。白人农业合作社的成功主要归因于政府通过以下形式提供的大规模支持：第一，1912 年建立土地银行向这些合作社提供融资渠道；第二，制定其他支持合作社的法律，包括 1912 年的《土地村落法案》、1913 年和 1936 年的《土地法案》、1922 年和 1939 年的《合作社社团法案》以及 1936 年的《原住民管理法》；第三，1937 年通过颁布《农业营销法案》建立营销局，负责确定农产品价格，作为二级合作社从合作社购买产品并在当地和国际市场进行销售；第四，国家向这些农业合作社提供补贴和税收减免①。

南非第一个合作社是 1892 年在《公司法》下组建的消费者合作社，当时合作社法案还尚未确定。此后到 1908 年第一部《合作社法案》颁布期间，几个合作社主要是在《公司法》下注册成立的农业合作社。紧随其后的是 1922 年的《合作社社团法案》(1922 年第 28 号法案)，该法案主要侧重于农业活动。接着是 1934 年合作社调查委员会成立及农业信贷法案出现。1939 年《合作社社团法案》(1939 年第 29 号法案）由南非议会通过，仍然侧重于农业活动方面，后来该法案随着 1981 年《合作社法案》(1981 年第 91 号法案）的颁布而废除，1981 年的《合作社法案》同时也对贸易合作社做出了规定，1981 年的法案前后修订了至少八次，主要侧重于农业合作社。总体来说，《合作社法案》和农业合作社的发展是在南非政府实施支持（白人）商业农场其他法律法规的背景下出现的。1913 年和 1936 年的《土地法案》旨在将黑人从指定的白人领域驱逐出去并强化黑人家园，并补充其他支持商业农场的措施，其中包括 1912 年《土地与农业银行》(向商业农场提供补贴贷款，支持土地银行的建立）的出台，1922 年和 1939 年《合作社社团法案》(确保投入供应和产品销售服务）的颁布和 1937 年《营销法案》(控制农业产品的市场营销）的颁布②。

农业合作社是在这种环境下产生并发展壮大的。传统上，很多合作社都涉及三个主要的商业领域：①农业投入品和设备的购买与销

① 引自贸易工业部．合作社发展与促进综合战略．2012－2022：30.

② Gerald F. Ortmann and Robert P. King. Small-scale farmers in South Africa: Can agricultural cooperatives facilitate access to input and product markets? 2006 (1): 15－20.

售；②农业商品的购买、贮藏和后续销售；③运输服务（Piesse 等，2003）。然而，合作社也被土地银行认定为以贴息利率向商业农场提供中短期贷款的机构，政府也经常通过债务重组的形式，利用合作社向农民提供灾害援助。因此，农业合作社变成了金融中介①。

然而，补贴、价格支持、税收减免和价格扭曲往往导致资源配置不当，通过这些方式支持商业农场则会产生巨额成本，因此难以持续。20 世纪 80 年代，南非开始了一系列改革，包括取消补贴和税收优惠，放松对农业融资和营销的管制，降低了农业合作社的作用和对政府支持的依赖。这些重大政策变革对南非合作社的作用产生了实质性的影响。合作社不再拥有被指定为各种营销管理局代理的特权，也就失去了区域垄断权力，不再参与政府补助的分配。尽管它们仍然向农场主提供中短期贷款，但必须作为土地银行在商业基础上行使这一职能，而且在这一业务领域需要与商业银行进行竞争。对合作社的管理，由先前的农业部转到了后来的贸易和工业部（DTI），就农业合作社而言，农业部门已经失去了相当可观的知识和管理能力②。公司和知识产权委员会的资料显示，到 2012 年 1 月 31 日，南非共有注册合作社 54 461 家，其中 47% 是农业合作社③。

二、农业合作社的内涵及类型④

（一）农业合作社的概念

合作社是人们自愿联合、通过共同所有和民主控制，并按照合作社原则进行组织和经营的企业，以满足成员经济、社会和文化方面的共同需求和渴望的自治组织。农业合作社是一种生产加工或营销农产品并向其成员提供农业投入和服务的合作社。

①② Gerald F. Ortmann and Robert P. King. Small-scale farmers in South Africa: Can agricultural cooperatives facilitate access to input and product markets? 2006 (1): 15-20.

③ 引自：南非农林渔业部．南非全国农业合作社会议报告．2012 (3): 6.

④ 引自：南非农业合作社成立指南．2010.

（二）农业合作社的等级

1. 初级农业合作社

初级农业合作社由单个成员组成，目标是向成员提供就业或服务，促进社区发展。一个初级合作社至少由5个自然人组成，每个成员都作为合作社的一份子而受益。合作社成员通过集中资源向其他人提供服务，他们可以为社友的利益而筹集资金。初级合作社主要存在于地方层面。

2. 二级农业合作社

两个或两个以上初级合作社包括法人，可以组建一个二级合作社。二级合作社的成员均为初级农业合作社，它的目标是向成员提供其活动部门相关的服务。二级合作社主要在地区层面。

3. 三级农业合作社

两个或两个以上二级合作社包括法人，可以组建三级合作社。三级农业合作社的主要目的是向政府机构、私人部门和其他利益相关者倡导成员合作社的利益。三级合作社又称为最高机构，也就是说在金字塔形状的顶部，三级农业合作社主要存在于省级层面。

（三）农业合作社的类型

农业合作社可以根据功能分为如下类型：

（1）生产合作社允许农民将农场组织为合作社企业。

（2）供应合作社为其社员购买产品和服务以及农业生产所需的物资投入。

（3）服务合作社为农民广泛提供各种便利服务，如园艺咨询等由农民单独获取、需要支付高昂价格的服务。

（4）农产品营销合作社，通常根据农场商品或商品组诸如糖类、谷物、玉米和家禽等的生产或（通常）贮存和农产品营销进行组织。营销合作社可以充当合同与价格谈判合作社，或参与加工、组装和包装以及在国内外市场上销售成员的产品。

（5）购买合作社，购买物资与产品并以较低的价格向社员出售，以降低社员的生产成本。最初，农民采用这种合作社来获取物美价廉的物资如种子、化肥等。

三、农业合作社发展的战略目标和原则①

（一）农业合作社发展战略的目标

2004—2014 年间，合作社发展战略追求以下目标：

（1）确保在南非所有经济部门中成立各种类型的合作社。

（2）确保对合作社结构和项目的有效支持贯穿于所有政府机构和私人部门。

（3）确保合作社在经济增长、创造就业、社会文化发展及增加收入方面做出有意义的贡献。

（4）确保有强大、可行、自力更生、自主与自我维持的合作社企业。

（5）确保创造一种环境，在该环境下合作社成为广泛授权的有效载体，如：员工持股计划（ESOPS）、TRUSTS 以及工作合作社。

（6）创造有利的法律环境以促进合作社的振兴与发展。

（7）确保新兴的黑人合作社企业在国内、国际市场上具有竞争力。

（二）农业合作社发展战略设计的基本原则

在设计合作社发展战略时，有几项原则需要遵循，包括在推动合作社企业发展过程中与政府、非政府组织、半国营及私营部门保持伙伴关系。这些原则有助于指导私营部门、半国营、非政府机构及其他利益相关者。

1. 在政府主要角色间找到平衡

政府支持公认的合作社原则，合作社原则是公认的指导方针，通过该原则，合作社将其价值观付诸实践。

同时，政府也认识到支持和控制之间的微妙差别。经验表明，在任

① 引自：《南非合作社发展战略 2004—2014》：12－14.

何国家，广泛的政府干预可能破坏合作社运动，但是政府支持却可以促成强劲的合作社运动。南非政府承诺提供一个有利的环境，通过政策制定、修改现行立法和战略发展，同时确保各领域政府、政府机构和私营部门广泛参与，促进合作社的茁壮成长。

2. 使合作社发展与广泛的宏观经济及政府发展框架密切结合

该原则将合作社的发展定位在更加广泛的政府发展框架内。政府承认，合作社的发展有助于实现国民经济和社会发展的目标。合作社的发展应该与私营部门发展、黑人经济授权战略以及一系列其他关键项目相结合，它将支持区域和地方的开发计划，并补充减贫措施。合作社的振兴也将和综合农村发展和城市更新战略相一致，合作社的提升也与各级政府部门及其计划相结合。

3. 以市场导向和战略重点干预来应对合作社内部各种需求、能力及机会

这一原则为合作社发展提供的支持需要进行细分，合作社内部需要、能力和商业机会相差悬殊，合作社发展战略的设计要适应这一差别。过去，有的合作社企业收到国家政府的巨额补助（以主要集中于农业部门的白人业主为特征），而有的相对较少也缺乏基础。尽管这一政策同时适用于已有的合作社及新兴的合作社，但支持的重点将集中于新兴合作社。

4. 将国家级合作社的发展干预与省级和地方合作社的发展干预相结合

将国家级、省级和地方合作社的发展支持进行整合是合作社发展战略的一个基本原则，这符合政府服务分权及地方和省级政府在发展规划中所扮演的重要角色。合作社立足于当地社区，同时受到当地、省级和国家各级政府政策、法律和法规的影响，因此，对各级政府进行整合至关重要。合作社最突出的特征是使人们稳定在他们所在的社区，鼓励他们在社区内部调动资源。

5. 整合支持服务

合作社发展需要一个整合的方案，因此，政府部门先要审查合作社的整体需求，方能提供支持以应对紧急需求。在初审时就能识别合作社的多样性需求，提交一个动态的、需求驱动且有创造性的合作社发展方案是非常重要的。已向小型企业提供此类服务的机构在支持合作社企业方面也将发挥重要作用。

6. 合作社作为社会发展的一个载体

政府承认合作社在创造就业、可持续就业、改善成员生活质量及合作社周围社区方面所发挥的作用，政府的作用主要是在财政上支持这些举措并确保其可持续性。

7. 合作社作为黑人经济赋权的一种机制

合作社是确保南非所有公民都能获得真正广泛的经济赋权而不仅仅是少数精英的一个有效典范，主要通过合作社企业所有成员对合作社所产生的归属感来实现。南非政府已经意识到国家存在着两种经济：一种经济组织良好，而且能够获得所需的资源，另一种经济不仅缺乏能力，也缺少资源。贸工部认为促进合作社的发展是解决第二种经济问题的有效途径。

8. 合作社与正规经济

这一原则承认非正规社团的存在如 stockvels 等（南非黑人在黑人社区进行的一种非正规的储蓄方案）及一些合作社社团，新的法案也将适应合作社社团的注册登记等，目的是将非正式社团融入到主流经济中来。政府同时也意识到目前在非正式基础上经营的一些个体企业家还没有意识到加入合作社带来的好处。这一计划就是在各省开展注册运动，宣传社团和个体组建合作社的好处。

9. 合作社间的合作与协作

合作社之间进行合作是合作社的原则之一，这种合作可以通过组建二级合作社来实现，二级合作社可以在特定的部门和地区共享营销、研发、技能获取甚至生产等服务来促进合作社之间的合作、协调和网络化。通过这种合作，合作社可以同大公司一样，享受到规模经济利益。

10. 合作社部门的战略公共支出

这一原则鼓励所有政府部门和公共机构在能够满足其采购需求的前提下，将合作社企业作为采购目标，合作社企业也有机会获取政府的公共工程扩展项目。

11. 对合作社提供服务的机构要根据合作社需求拓展相应业务

政府政策指出，已经向小企业提供支持的机构也应扩展其业务，向合作社提供支持，响应他们的需求。合作社的部分需求与小企业类似，对于合作社的特殊需求，合作社运动的最高机构在其中应该发挥一定的作用，同时合作社顾问委员会应该发挥相应的咨询作用。

四、农业合作组织的特点及矛盾

（一）政策改革降低了农业合作社的作用和生存能力

农业合作社作为农业必需品的供给者、农业产品的营销者以及诸如谷物贮存和运输等服务的提供者在南非商业农业部门发展中起着非常重要的作用。这些合作社的作用和地位在过去被提升，因为他们担任销售局（为各种农业商品）和土地的代理，提供补贴贷款给商业农场主。由于政治原因，欠发达的黑人家园的小规模农场无法加入这类合作社并获取相应服务。尽管之前的黑人家园也建立了合作社，但是由于各种原因，如管理不善、缺乏培训、成员间冲突、缺乏资金等，许多都没有生存下来。20 世纪 80 年代，支持商业农场的高昂成本难以为继，同时发生了一系列诸如取消对商业农场的补贴和税收减免，放松对农业融资和营销的管制等经济改革，这些政策改革降低了农业合作社的作用和生存能力，有几个已经转变成投资导向的公司（IOFs）。

（二）南非的小农合作社不具有强大的谈判能力

南非的小农合作社（典型的中小型企业）由于拥有相对较少的资产，较弱的金融与基础设施的承载能力，较弱的产出能力，以及缺乏市场信息和缺乏正式融资机制所需的抵押品，阻止了小农寻求替代的市场机制。无抵押贷款意味着农民将自己生产的产品预先抵押给营销中间人，这些中间人压低采购价格，但以市场价格出售产品，从中获得高额利润。尽管合作社在经济活动中发挥着重要作用，小农户却难以建立可行与可持续的、对国家经济有重要贡献的合作社。

2010/2011 财年有关合作社现状的年度报告所描绘的农业合作社情

况令人担忧。小农户建立合作社的类型也受到诸多挑战，以上限制因素也在报告中得到证实。这一报告表明，大多数小农合作社都处在生产阶段，他们当中很少有进入市场、价值增加与农产品加工的机会[①]。

（三）南非小农户面临约束，对合作社的发展有强烈的需求

相对于商业农场而言，南非的小农户面临着各种挑战，阻碍了他们的成长以及有效地确保食品安全的能力，他们面临的一些约束与无法获得土地、物质与制度基础设施不健全有关。大多数小农户坐落在农村地区，主要集中在之前的“黑人家园”，物质和制度基础设施的缺乏限制了他们的发展，例如缺乏良好的道路交通，限制了农民运输农业投入品、生产和信息获取的能力。基础设施落后导致了农产品投入与产出市场缺失，这就意味着农业资源的收购变得与众不同，市场服务的供给也变得有限。缺乏资产、信息与服务阻碍了小农参与到潜在的有利可图的市场中去（表 7 - 2）[②]。

1. 高昂的交易成本也是限制小农户发展的主要因素之一

这主要归因于落后的基础设施。例如，落后的公路交通网以及不可靠的分销，迫使农民自己种植食品及较少的易腐商品，导致了较低的生产率。增加运输成本同时也影响了投入品的使用和农民的营销战略。大多数情况下，高昂的交易成本往往由偏远农村地区落后的基础设施和通讯服务导致，也由信息无效及正式市场的缺乏等制度问题引起。

2. 缺乏可靠的市场也是小农户面临的主要约束之一

许多小农户以低价在他们农场或当地市场销售产品，但是如果能利用营销知识和销售技巧对产品开展多样化设计或者市场研究和产品开发，就可以以更高的价格出售产品。

3. 人力资本的缺乏是小农户面对的一个严重约束

这些小农户通常是文盲，缺乏技术技能，严重阻碍他们接近传播技术知识、对他们提供帮助的正式机构。大多数小农户不具备财务和营销

① 南非农林渔业部．南非全国农业合作社会议报告．2012（3）：2.

② 南非农林渔业部．南非全国农业合作社会议报告．2012（3）：24.

技巧，无法满足新鲜农产品市场和食品加工所设定的品质标准。生产知识的缺乏也导致了生产产品质量的低下。

4. 由于小农产品产量小、质量差，制约其进入高端市场

由于土地、水和资本资产等生产要素的禀赋不足，大多数小农户生产的产品数量少、品质差，导致他们的产品得不到产出市场的重视。如今，消费者对食品越来越挑剔，而且对食品安全与食品价值链越来越重视，因此，产量小、质量差的小农产品很难进入高端市场。

5. 生产的不一致以及缺乏议价能力是小农户面临的又一大挑战

一方面，大多小农户在生产产品并将它们提供给新鲜产品市场和农产品加工行业方面无法保持一致；另一方面，由于缺乏市场信息渠道和融资渠道，小农的讨价还价能力很差，妨碍了他们在最有利的时间销售产品。

表 7-2 小农合作社面临的共同约束，限制这些约束影响所需建立的合作社性质

关键约束	具体挑战	即将建立的合作社类型
投入品供应	高昂的投入成本；高昂的交易成本；运输成本；贮存设施	投入品供应合作社
市场准入	数量少、质量差；缺乏市场信息；缺乏运输和贮藏设施	营销合作社
融资的可获取性	缺乏信用； 无法制定银行接受的商业计划	金融服务合作社/合作银行
价值增加与农产品加工的机会	缺乏技术技能； 缺乏合适的基础设施； 量少且品质差	农产品加工和价值增加合作社

资料来源：南非农林渔业部．南非全国农业合作社会议报告．2012（3）：27.

综上所述，小农农业只有获取支持服务才能得到增长，不断增长的农业生产需要同时处理好面临的所有问题，合作社发展被认为是一个最有效的手段，通过合作社，可以促进小农农业的增长，从而确保长期的食品安全、工作机会和收入。具体而言，受到成本约束的小农合作社，需要建立投入品供应合作社；受到市场约束的小农合作社，需要建立营销合作社；受到融资限制的合作社，需要建立金融服务合作社/合作银行；受到技术技能约束的小农合作社，需要建立农产品加工和价值增加合作社。

（四）南非黑人农民融入主流经济困难重重

黑人农业合作社作为种族隔离经济“家园”宏伟计划的一部分，在20世纪70年代和20世纪80年代获得当时政府的支持。20世纪80年代黑人家园土地作为种族隔离经济宏伟计划的一部分而存在，但由于无法享受政府提供给白人农业合作社的那种支持，依然脆弱、不发达，大多数最终崩溃。1981年《合作社法案》进一步推动了农业合作社的注册，尤其是黑人所拥有的合作社①。

南非历史表明白人合作社在南非经济中扮演着重要的角色。1993年，约有250家这类合作社，总资产为12.7亿兰特，总产值22.5亿兰特，这一成就的取得主要得益于当时政府的干预。然而，黑人农民却没有得到相同形式的支持，致使他们不能有意义地参与到主流经济中②。这一现状要求南非在整体上发展薄弱的新兴黑人合作社，同时鼓励他们利用合作社模式来发挥自身优势。

（五）农业合作社在欠发达地区表现欠佳

南非服务商业农场的农业合作社在改善成员的经济福利方面基本上都取得了成功。相比较，在落后农村地区服务于小农户的合作社在促进农业发展和改善成员福利方面逊色很多。VanderWalt's（2005）在林波波省的研究表明，管理不善、缺乏训练、成员间的冲突（主要由于较差的服务交付），以及缺少资金是合作社失败的重要原因。Machethe（1990）就合作社表现欠佳或失败的原因采访了南非前黑人家园6家农业合作社的成员，总结出合作社失败的主要原因为：①成员缺乏对合作社的认同；②成员缺乏对合作社所起作用的理解；③涉及成员政策的决

---

① 贸易工业部．合作社发展与促进综合战略．2012－2022：30.

② 南非农林渔业部．南非全国农业合作社会议报告．2012（3）：2.

策导致的合作社失败；④与其他企业竞争引起的合作社失败；⑤合作社成员无力解散不得力管理层；⑥合作社在向其成员提供购买运输交付的失败；⑦合作社无力保持足够农业的投入存货；⑧合作社无法提供足够的信用；⑨农业的自给本质。

五、南非农业合作社面临的挑战[①]

尽管在政府内外参与者的努力推动下，南非合作社的发展已经取得了显著的进步，但仍然有一些重要问题需处理，这些挑战可以分为政府、合作社、市场面临的挑战。

（一）政府面临的挑战

1. 有关合作社的经济和社会影响统计不充分

合作社总体概况及其社会影响的统计资料不能定期更新，导致了市场不透明，同时也不能很好地了解合作社商业模式。从合作社登记局获取的有限资料，难以生成可靠的有关南非合作社情况的统计资料，另外，管理部门缺乏对合作社全面和定期的监测且对合作社支持过程的评估明显不足。

2. 公共部门在服务南非合作社发展方面人力资源不足，行政效率低下

在南非整个经济领域仅有不到 300 个职员负责合作社的发展与支持，这与其他国家的情况大为不同，如肯尼亚，该国农业合作社有一整个部门、专门的部长负责、超过 4 000 位职员，分散在不同地区来促进合作社的发展。同样的情形也发生在孟加拉国，那里设置了专门的部门来支持合作社的发展，职员超过 4 000 人。值得注意的是，南非合作社原先有三级体系的联合组织，但由于构建方式是自上而下政府主导性的，这些联合组织更多地关注上面的需求而不是来自下面的需求，从而

① 根据贸易工业部《合作社发展与促进综合战略，2012—2022》整理，尽管该合作社指全国所有合作社类型，但是也能全面概括农业合作社发展面临的挑战。

出现了很多问题，最终导致体系的溃散。南非贸易工业部合作社局是主管合作社的最高机构，南非合作社多数实行双重管理，除受合作社局的领导外，还接受行业部门的技术指导。

3. 现有企业发展机构对合作社当前支持的局限

尽管政府企业发展机构已向合作社提供了一些支持，但这些支持显得微不足道。这些机构的核心使命不是发展合作社，因而很难以合作社为目标创造巨大的生产力，大多数情况下很少甚至没有预算分配给合作社。大多数这类机构没有专业知识来了解合作社面临的复杂挑战并作出相应的回应。考虑到这不是他们的核心使命，他们的这种做法是可以理解的。但是，合作社因此深受其害，正如上述统计所反映的，其中没有一个行业的合作社不受影响，包括合作社运动。而且，现有企业发展机构对合作社发展的支持是分散的，合作社很难了解和获取它。

4. 公共和私营部门对合作社认知较低

公共和私营部门对合作社作为一种独特的企业形式及其多样性的认知依然比较低，公共部门（即国家、省级和当地政府部门和国有企业）、私营部门（即商业人士）与社会大众没有了解合作社模式及其内在价值。大多数政策干预往往不是针对不同的细分市场、行业和合作社类型而制定，也不考虑合作社企业模式的独特性质。

5. 合作社注册成本过高、程序繁琐

上文提到，合作社需要在国家层面进行注册，没有省级和地方层面的分支机构，农业部负责合作社注册和实施的机构也转移到公司与知识产权委员会（CIPC），这其中面临的一个问题是注册系统不兼容，合作社的注册仍采用手工进行，而其他类型的经济体可以进行电子注册，这就使得注册统计结果高度不可信，难以进行分析。近期合作社的注册已被整合到 CIPC 系统，但仍不能像其他经济体一样实现完全电子化。结果，注册一个合作社要比其他实体花费更长的时间。当前合作社注册由 22 个员工操作，他们负责注册、注销、数据获取和实施。注册办公室位于比勒陀利亚的 CIPC 国家办公室，这个位置只对来自豪登省的人有利，而对南非其他地区的人不利。南非拥有超过 22 000 个注册合作社，每日还有更多的合作社进行注册，注册局的能力实在是太有限了，因此这些功能需要通过一种整合和易实现的方法解决。在其他国家，像肯尼亚，如上文提到的，全国有超过 3 000 位职员负责合作社的注册，注销、实施和审计，这些服务广泛分散在所有地区。由于人们认为合作社注册繁琐，包括繁重的文书工作、纳税义务等，因而有的合作社通过非正式自助团体避免正规化，一些自主团体如 stokvels，依然保持非正式形式。

6. 有限的融资渠道

新兴合作社很难吸引融资并保留足够的资本。合作社的民主运营以及基于使用的剩余分享方案使得其不会那么吸引风险资本，即与其他形式的企业相比，资金来源有限；政府机构、发展金融机构（DFIs）和私营部门金融机构常常不理解合作社的结构，导致他们对合作社的支持有限；留存收益困难；增加的资本需求难以满足；现有的激励和支持结构不能解决合作社在其整个生命周期的需要。

7. 技术和关键业务基础设施获取渠道有限

大多数合作社难以获取适当的技术改善企业效率及产出水平，导致产品质量低下，无法进入市场。同时，在合作社活跃的地区（即市级）缺乏关键业务或发展的基础设施，导致合作社无法有效运营。正如贸工部基线调查中显示的，大多数合作社在他们的住宅而不是商业单位进行经营，如表 7－3 所示。

表 7－3　合作社经营的场址

场址类型	合作社数量（个）	合作社百分比（%）
住宅建筑物	438	53.48
办公室/零售/仓库场所	47	5.74
社区中心	105	12.82
办公园区	52	6.35
市场	16	1.95
不固定位置/移动的	22	2.69
街道或露天场所	25	3.05
出租车、公共交通候客处	47	5.74
虚拟空间	42	5.13
其他（教堂、学校大厅或设施）	25	3.05
总计	819	100

资料来源：贸易工业部基线调查。

（二）合作社面临的管理挑战

1. 糟糕的管理和技术技能

许多合作社由失业人员创建，通常技术水平较低，缺乏经济领域的商业经验。某些诸如农业、住房和生产合作社要求有专门的技术知识，但是这在合作社中并不总能获得。个体成员缺乏管理和技术技能，既降低了他们成功的机会，也带来了合作社的紧张关系。根据贸工部的基线调查，62％的合作社在过去的两年中没有接受培训，合作社所需要的培训干预概括在表 7－4 中。

2. 有限的信任和社会凝聚力

由于集体利益和参与管理的特性，合作社依赖成员间的高度信任。但是，因缺乏共享的愿景、方法、金融信托和强大的社会关系，南非合作社大量倒闭。

3. 合作社内部民主决策技巧拙劣

民主决策过程需要技巧。民主往往伴随着决策权范围的明确性或共识缺乏，这成为合作社内高度争议和紧张的一个话题。董事会可能缺乏公司治理能力，所以，当董事会越权而不通告合作社成员时，信任就会受到侵蚀。但是，考虑到最简单的民主决策流程在管理实践中的复杂性，这种现象就不足为怪了。不过，这也显示出合作社内部在民主决策技巧方面存在不足。

表 7－4　合作社需要的培训干预

需要的培训干预	合作社数量（个）	占合作社比例（％）
专业培训	154	28.21
商业技巧	170	31.14
财务管理	114	20.88
信息、沟通和技术/计算机技能	34	6.23
营销	74	13.55
总计	546	100

4. 合作社间的有限合作

如贸工部基线调查，超过 60％的合作社不与其他合作社进行合作，致使他们由于错过相互学习的机会而被孤立并表现不佳。

5. 对集体利益的重视超过个人利益依然是一个挑战

合作社以集体利益高于个人利益为前提，搭便车、机会主义、贪婪、腐败和利己主义是许多有前景的合作社破产的关键原因。

6. 将自立视为合作社的原则依然是一个挑战

合作社的受益者尚未承认合作社的建立应基于自力更生的原则。尽管有补贴的需要，尤其在合作社成立初期，但从合作社开始建立就应该设立自力更生的目标。

7. 要求新的合作社遵循合作社立法依然是一个挑战

如前所述，向注册局提交财务报告的合作社数量不足1%，这构成了一个巨大的挑战，因为向注册局提交财务报告是法规所要求的一种重要行为。根据贸工部的基线调查，大多数合作社（58%）都未接受过合作社原则的培训，这也进一步加剧了合作社遵循立法方面的挑战。

（三）市场挑战

1. 不发达的网络和经济价值链

像任何企业一样，有着广泛支持网络的合作社（包括技术的、管理的、法律的、行政的和金融的）会更加成功。合作社运动的不发达性质，连同合作社之间有限的合作与伙伴行动以及合作社与非合作社企业间作为贸易伙伴获取融资支持其他服务的互动不足，是合作社成功的障碍。贸工部基线调查表明，大多数合作社（56%）都是孤立工作，不与其他合作社进行合作的。

2. 有限的市场准入

合作社提供产品和服务的有限市场准入（由于商业同行缺乏对合作社的理解而不与其缔结交易）导致了许多合作社的失败。

六、农民合作组织的作用

农业部门面临的一大挑战就是增加可行并可持续的农业经济企业的数量与类别。过去，南非黑人社区尤其在城乡地区财富的摧毁，给农业企业发展带来了许多干扰。这些经济企业的一个重要存在形式就是农业合作社，它是创造就业和人们改善社会经济条件的理想机构。合作社在为贫困妇女、青年及其他边缘化的社区成员确定发展目标方面提供帮助，因为合作社使他们实现了经济独立并能为国家经济做贡献。由于单个农民无法持续可靠地控制他们所销售的农产品以及农业生产投入品的价格，为了提高经济市场力量，农民常常成立合作社。合作社也在为消费者统一准备商品方面发挥着重要的作用。通过合作社，单一商品的采购可以通过与最少数量农民进行交易来实现，从而简化购买过程。

农业合作社可以具有一种或多种功能，其中包括但不限于为农民提供贷款、提供农业生产相关的信息、销售农业生产必要的投入品、代表其成员进行谈判、分配运输和交付成本、安排交货时间和日程、设置送货地、为其成员销售农产品并进行价格保护等。

农业合作社的重要性在于创造就业、调动资源、推动投资及对经济的贡献，多种形式的农业合作社促使所有人充分参与到经济与社会发展之中。人们成立农业合作社来改善收入或经济地位并获取所需要的服务。这可以通过下列一种或多种途径而获得：①提高议价能力。在与其他组织进行交易的时候，农业合作社能够联合社员力量，提高讨价还价的地位和能力。②降低采购价格。大量采购降低了所需物资的采购价格，节约费用返还给个体成员以降低他们的净成本。③获取市场准入或扩宽市场机会。合作社通过对产品进行加工或提供大量质量有保证的产品以吸引更多的买家来提高产品价值。④提高产品或服务质量。合作社通过增加产品价值与竞争力，改善设施、设备与服务，使社员满意。⑤获得可能无法获取的产品或服务。农业合作社通常提供一些对其他私营企业没有吸引力的产品或服务。⑥降低成本，增加收入。降低合作社的运营成本，增加的收益用来分发给成员以提高他们的收入。

（一）从成立的动因来看农业合作社的作用

表 7 - 5 的调研结论进一步从起初合作社成立原因来印证合作社成立后的诸多益处。由于农户面临着相当大的贫困挑战以及高昂的交易成本（导致市场失灵），如果合作社组织能够得到良好的管理和支持以便

获取表中所列的成果，合作社成员就可以通过增加的收入在成员间流动而得到好处。

表 7－5　农业合作社初始成立的主要原因及其对南非夸纳省两个公共区域小农户的适应性

农业合作社初始成立的原因	对夸纳省被调研农民的适用性？（是/否/不确定）
贫困	是
市场失灵（高昂的信息、交易成本）	是
提供缺失的服务（投入和/或营销）	是
推动自助	是
低成本运营	是
改善农民（成员）收入	是
提高议价能力	是
降低贸易的交易成本	是
确保投入要素供应和/或产品营销	是
协调要素投入供应和农产品的流动	是
社区发展	是
政府支持	是
社区领导优势，激励	不确定
规模经济的好处（投入品的提供/营销服务）	不确定
减少机会主义行为	不（不在此阶段）

资料来源：Gerald F. Ortmann and Robert P. King，mall-scale farmers in South Africa：Can agricultural cooperatives facilitate access to input and product markets? 2006（1）：45.

（二）从对 GDP 的贡献来看合作社的作用

根据贸工部的基线调查，南非合作社对 GDP 的产值具有一定影响和贡献。如表 7－6 所示，从数量上看，2003 年南非合作社有 212 个，随后 2004 年数量有一个迅速的增加，达到 297 个，比 2003 年合作社数量增加了 40％，2005 年开始，合作社开始整合，2005 年只剩下 137 个，2006 年变化不大，直至 2007 年合作社数量进一步减少，只有 100 个。与合作社数量不断减少相对应，合作社总产值和对各个产业的贡献明显减少，但是，每个合作社的平均产值和平均在各产业中的产值并没有明显减少。另一方面，合作社对 GDP 的贡献由于合作社数量的锐减也有变化，以下从这两个方面说明南非合作社的作用。

表 7-6 合作社对 GDP 的贡献

	2003	2004	2005	2006	2007
合作社数量	212	297	137	136	100
合作社产值					
食品饮料和烟草（百万兰特）	6 442.2	1 058.4	4 026.3	2 866.5	3 025.27
第一产业（百万兰特）	2 562.5	1 718.8	735.5	1 137.9	892.55
第二产业（百万兰特）	6 485.2	10 646.5	4 058.7	2 890.3	4 801.72
第三产业（百万兰特）	3 251.3	2 757.4	2 427.5	2 742.4	1 435.36
总计（十亿兰特）	12.299	15.123	7.222	6.771	7.129 6
合作社对 GDP 贡献及对每个部门内的贡献（%）					
食品、饮料和烟草	18.18	2.68	9.45	5.70	5.35
第一产业	2.05	1.34	0.52	0.66	0.44
第二产业	2.34	3.59	1.26	0.80	1.15
第三产业	0.44	0.33	0.27	0.27	0.12
总计	0.98	1.08	0.47	0.39	0.33

资料来源：贸易工业部基线调查。转引自贸易工业部《合作社发展与促进综合战略，2012—2022》。

1. 合作社的总产值和在各产业的产值

随着时间的推移，由于合作社数量的显著减少，南非合作社的总产值显著下降，以南非支柱产业——食品饮料和烟草为例，2003 年合作社产值为 6 442.2 百万兰特，到 2007 年只有 3 025.27 百万兰特，平均下来，2003 年每个合作社的产值是 30.4 百万兰特，2007 年每个合作社的产值是 30.3 百万兰特，每个合作社的产值基本保持不变。合作社产值在各个产业中的分配是，第一产业、第二产业和第三产业在 5 年的时间里份额均明显减少，减少的幅度略有差别，第一产业 2007 年占到 2003 年的 35%，第二产业 2007 年占到 2003 年的 74%，第三产业 2007 年占到 2003 年的 44%，可以从份额减少中看到南非合作社经营结构的转变，第一产业减少的比重最大，第二产业减少的比重最小，第三产业居中。南非合作社产值的转变说明了其经营结构也在转变过程中，相比较而言，第二、第三产业贡献份额越来越大，第一产业在合作社的经营中逐渐萎缩。三个产业合计的贡献份额在 2003 年是 123 亿兰特。2007

年是71亿兰特，仅占2003年的58%，南非合作社数量的减少对其产值的影响还是比较明显的。

2. 合作社对GDP贡献及对每个部门的贡献

在食品、饮料和烟草部门，合作社的贡献率在2003年为18%，随后份额在波幅中减少，2007年为5.4%。第一产业、第二产业和第三产业中，随着时间的推移，合作社对每个产业的贡献率均有所下降。2003年，第一产业贡献率为2.05%，2007年贡献率为1%以下，基本可以忽略不计；2003年，第二产业贡献率为2.34%，2007年贡献率为1.2%；2003年，第三产业贡献率为0.44%，2007年贡献率为0.12%。从合作社对三次产业贡献率的差别来看，第一产业的贡献份额逐年减少趋势明显，近期的份额基本可以忽略不计，而第二产业的贡献率虽然也有减少，但是目前对第二产业的贡献率仍然比较重要，南非合作社对第三产业的贡献率初始份额就很小，提升合作社对第三产业的贡献率还大有空间。综合来看，合作社对三次产业的贡献每年均在1%的比例上下，年份差别有越来越小的趋势。

七、政府与农民合作组织的关系

南非合作社得到快速发展得益于政府的重视和支持。由于南非特殊的国情，政府希望合作社在解决贫富分化方面发挥作用，认为合作社可以在南非经济社会发展，特别是在促进就业、提高收入、根除贫困、广泛地促进黑人经济权利中扮演重要角色。并且研究显示，食品与农业合作社面临着很高的失败率（89%），这也表明合作社的发展需要强有力的基于产业的干预措施（表7-7）。

表7-7　食品与农业合作社的成功及失败率（按照部门）

	CIPC2009年数据	DTI基线调查	成功率（%）	合作社失败数量	失败率（%）
食品与农业合作社	6 086	671	11	5 415	89

资料来源：1922—2009及贸工部基线调查，转引自《南非农业合作社成立指南》，2010年，P2。

（一）政府出台了相关扶持政策

政府出台了相关扶持政策，包括制订合作社发展规划、建立合作社发展基金、开展一系列同合作社业务相关的项目、设立发展合作社激励措施。另外，南非政府1981年出台了合作社法，用于指导、规范合作社发展。2005年又重新制定颁布了合作社法，废除了被认为是保障白人权益的1981年合作社法。南非合作社类型众多，涉及农业、消费、营销、金融、住房、交通等多个领域，其中农业合作社占多数，这些合作社受到了黑人低收入者的普遍欢迎。出台了《南非合作社发展战略，2004—2010》，合作社发展政策文件规定，贸易工业部（DTI）作为国家层次的政府部门全面负责合作社的发展与管理，其他经济活动参与部门将通过他们的项目与贸工部携手共同发展合作社。省级和地方政府是合作社发展与管理在地方层次的关键实施者。合作社办公室注册局位于DTI企业与知识产权登记办公室- CIPRO，合作社的注册和注销职能应该分散化，促进程序的快捷、简化、可支付性及高效性。2010年出台了南非农业合作社成立指南，旨在帮助农民加入合作社，以便他们能够从政府部门的各种项目中获得可能的援助。贸易工业部还出台了《合作社发展与促进综合战略，2012—2022》，其中也涉及农业合作社的发展战略。

（二）政府根据战略需要，设置合作社管理机构

如前所述，南非对合作社发展的管理，开始由农业部负责，主要集中于农业合作社的推动和发展，忽视了其他经济部门合作社的发展。农业部负责合作社的注册、立法实施、金融和非金融援助。该部门在国家层面上有近20个职员，有大约14个省级职员和50个地方推广官员，在其他职能中，这些推广官员还向农业合作社提供技术援助。

2001年，南非内阁决定将合作社的管理权从农业部转移到贸易工业部，以促进和支持所有经济部门合作社的发展。此后的2004年，贸工部内部成立了合作社发展单位，主要负责政策制定、创建适用的立法、制定和实施战略、为合作社开发金融和非金融服务、建立并扶持合

作社咨询局（委员会）、执行专门项目等，该单位有13名员工，是一个首席指挥部。

此外，2005年第14号《合作社法案》也要求其他国家、省级和地方政府部门包括运输代理，向合作社提供支持。结果一些国家部门，包括农林渔业部、国家财政部、劳动艺术和文化、公共工程、科学与技术、农村发展与土地改革、合作社管理和传统事务、教育、运输、水事务、居民区、矿产资源、能源、社会发展、公共服务与管理（DPSA）、政府通讯与信息系统（GCIS）、南非税收服务（SARS）也开展了对各自领域内合作社的支持活动，取得不同程度的成功。

总的来看，在国家层次，有不到50个官员支持合作社等职责；在省级层次，所有的经济发展部门都启动了有关合作社的一些工作，包括政策、战略和支持项目，取得了不同程度的成功，总体上，省级层次有超过60个官员致力于为合作社提供支持，其中50%来自夸纳省；在其他核心地区的基层政府层次，有不到100个官员从事合作社发展工作，其中超过50%的是推广官员。此外，国家和省级层次的代理机构也参与支持合作社，其总员工不超过100人。

（三）建立孵化系统

南非政府打算联合大学、非政府组织和商务专家，共同针对农村和农业合作社，提升对合作社孵化系统的支持，主要目的在于提高农业合作社的可持续性。在此激励计划的支持下，2005年到2011年3月底，有488家合作社从合作社激励计划中获益92.523百万兰特。其中农业部门获得了最多的激励，为230个部门，占47%；纺织及服装部门、制造业、服务业及其他部门占53%[①]。

① 南非农林渔业部．南非全国农业合作社会议报告．2012（3）：41.

第八章
南非农业科技与推广

第一节 农业科研机构构成

南非有科研机构300多所，科研人员2.5万人。科研经费约占国内生产总值的1%。定期出版的报纸杂志有700多种，居非洲首位。南非十分重视农业科学技术的研究与开发，南非的农业科技与推广对南非农业的发展起到了重要作用。

1990年，南非政府依据《农业研究委员会法案》，在15个政府特别研究所的基础上组建了农业研究委员会。1992年，农业研究委员会正式从南非农业部分离出来，成为一个独立的国有科研机构，主要负责农业科研、技术推广和技术转让等工作。为满足小规模家庭农场农业技术方面的需求，农业研究委员会设立了农村生计可持续发展部，通过该部门加强农业科研与家庭农场之间的联系。为避免出现同一项目重复研究的现象，农业研究委员会加强了与农业部、各省农业部门之间的联系，明确各自的研究项目。为及时掌握南非农业发展状况，南非农业部制定了“经济研究和分析计划”，在每个季度里都为农业部门的决策制定者提供及时、准确的农业、经济和统计信息。南非的各所农业大学主要开展农业领域的基础性研究，教育部负责向农业大学和生物科学院划拨财政拨款。

目前，南非农业推广主要的服务对象是小规模家庭农场，服务的内容包括：介绍农业生产方法和农产品营销方法，组织农民集体购买农业生产资料等。进入21世纪以来，南非在农业科研和推广方面的财政开支呈现出持续增长的态势：2001年，南非农业科研和推广的财政支出为11.17亿兰特，为当年南非农业财政支出的第二大项目，2007年增长到33.12亿兰特，为当年南非农业开支的第一大项目（OECD，2010）。

农业研究局的宗旨是通过科研、技术创新及技术转移，促进农业及相关领域的发展，以进一步保护自然资源基地及环境，保持农业经济的竞争力，为社会提供新的经济机会，提供高质、安全的食品，为全国的经济增长及发展做出贡献。农业研究局设有4个业务部门，即谷物及工业作物部、园艺部、畜牧部和全国服务部，负责下属13个研究所和分布在全国各地的81个试验站和研究站的工作，具体分布如下：

（1）谷物及工业作物部。负责谷物研究所、小粒谷物作物研究所和工业作物研究所3个研究所。

（2）园艺部。负责热带及亚热带作物研究所、蔬菜及观赏植物研究所和水果、葡萄栽培及酒类研究所3个研究所。

（3）畜牧部。负责动物营养与生产研究所、动物改良研究所、兽医研究所、草原和牧草研究所4个研究所。

（4）全国服务部。负责农业工程研究所、土壤研究所和气候、水及植物保护研究所3个研究所。

通过深入研究，南非政府认为目前的农业研发体系存在许多问题和不足，例如，缺乏国家层面的协调机制，确定优先研发领域的机制不足，缺乏分配资源的国家体系，研发能力不足，缺乏知识产权管理体系，知识创造者和使用者之间的联系不够紧密，农业研发投入少，农业研发相关的各部门机构间职能重叠等。因此，需要建立一个层次清晰、高效、合理的国家农业研发体系。图8-1为南非近些年构建起来的高效、合理的新国家农业研发体系。

新的国家农业研发体系包括政府等公共部门、私营部门、学会组织等机构，分工明确，联系紧密。具体分为：

（1）农业和土地事务部。该部门对全国农业研发相关各种事项总体负责。

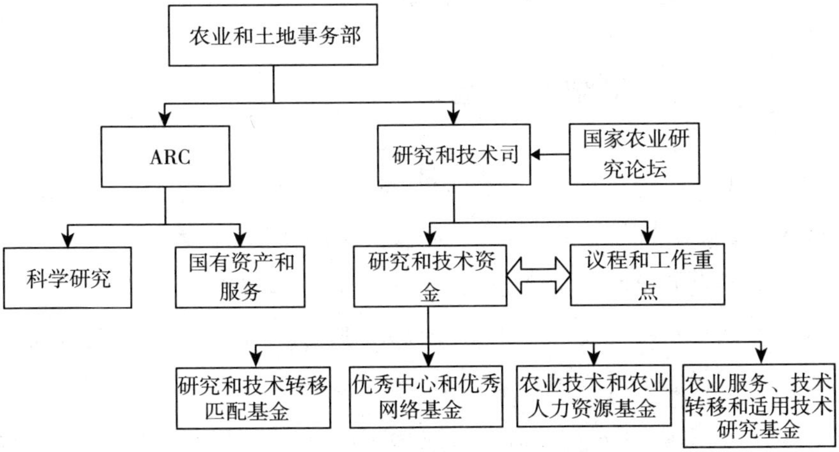

图 8-1 南非新的国家农业研发体系
资料来源：根据秦涛《南非农业领域研发政策最新动向研究》整理。

（2）农业部研究和技术司。该部门是整个农业研发体系的核心协调部门，负责确认和指定国家农业研究项目和优先领域，推定、支持和监管各级农业研发计划和项目，制定战略规划，发展国家农业研究框架，并创建国家农业研究和技术基金（下设 4 个基金），资助全国农业研发活动，通过国家农业研究和技术基金与省政府、产业界、各研究机构、培训机构紧密合作，积极互动，将整个农业研发体系结合成一个有机整体。

（3）国家农业研究论坛。该论坛是新的国家农业研发体系的秘书处，由农业部门各主要利益相关者的代表组成，负责管理农业研发优先领域设定的进程，协调研发活动和向农业的技术转移，并就农业研发、技术转让等向农业和土地事务部提供建议。

（4）其他相关公共部门及其职责。除以上部门，南非新的国家农业研发体系还包括省农业厅、南非科技部、农业研究理事会、各种高教机构、私营部门和各种学会、农民组织和专业协会等。

第二节 农业科技发展趋势与特点

南非的农业科技发展战略，有以下几个方面的大的目标，同时也是南非未来农业科技发展的新趋势和特点。

一、自然资源的使用及管理

主要是通过加深理解农业、林业与土地、水、空气及生物资源间的良性关系，提高环境质量。在保持持续发展的同时，建立起保护自然资源和环境的农业系统。具体目标有：实现农业与环境平衡发展；实施风险管理即通过科研开发、技术转让及应用，减少农民收入方面的风险；在农业生产和加工过程中，采用安全和持续发展的方式，主要是采取农业产出与环境相协调的方式，提供安全的产品；利用并保护生态的多样性，主要是促进本国及外国生物的多样性发展；支持南非政府就生物多样性问题对国际社会所做的承诺。

二、提高南非人口的生活质量

通过提供科学技术及信息提高经济及社会竞争力。其具体的目标是：创造经济机会，通过农业科研创造经济机会，以满足南非农业不断增长的对信息技术转移的需求；加强粮食安全，为社会提供充足的食品，加强食品的检测、监督、预防及教育工作；提供安全食品，食品的安全性、环境及社会特点决定着农产品的被接受状况和生产方式，这对农产品贸易非常重要；营养食品，提供充足的、营养的、安全的食品，满足人们对营养的需求。小规模生产者生产力的增加，可以提高食品的供应量和营养成分，从而改进贫穷人口的食品安全性。

三、提高农业竞争力

通过科研及技术交流，增强农业的技术含量，提高农业生产、加工及市场的竞争力，建立起在全球经济中具有强竞争力的农业体系。其具体的目标是：增强竞争力，为农产品开拓市场，增强南非农产品在国内、国际市场的供应。这样可以加大农业对经济增长、食品安全及增加就业机会、减少收入差距方面的贡献，开发新产品及新用途。

四、建立有效的信息社会体系

确保农业研究局及时掌握世界农业科研信息，以建立有效的沟通体系，满足农业对信息的需求。其具体的目标主要是：技术转让及推广，建立高效的信息系统，确保科研成果在南非农业的应用及推广。

五、开展农村综合发展计划

通过提供科研技术、科研信息及教育机会，增强贫困地区的经济实力及社会竞争力。增加南非新就业和黑人的经济发展机会，提高生活质量。其具体的目标是：提高资源匮乏农民的能力，加强农业科研工作，为农村和黑人社区提供更多的经济机会并满足资源匮乏地区人们对农业信息及技术转让的需求。

第三节　农业科技重点领域

一、农业科技开发重点领域

南非政府确定了未来将要开展的 13 个农业技术开发重点领域，并强调了创新、技术转移和人力资源。具体的农业研发重点领域包含以下几个方面：

1. 自然资源可持续利用管理技术

此领域的技术需解决土壤退化、生物多样性丧失等问题，防止外来生物入侵，保持水的质量，最优化灌溉水或雨水的使用效率，获取并储存雨水，维持生物圈平衡等。

2. 生物技术

开展组织培养、重组 DNA 技术、转基因技术等生物技术，关注生物安全问题。

3. 地球观测技术

包括卫星成像技术、飞行成像技术、数据采集技术及光谱学、雷达、航空地球物理学在农业的应用等。

4. 产品多样化技术

包括对生产本土农产品和健康产品技术的开发。

5. 生物能源和生物燃料

该研发领域包括：确定适合生产生物燃料的作物，开发适应性强的作物，研究使用生物燃料对环境的影响。

6. 精密农业

该领域通过研发遥感技术、相关软件开发、图像处理技术等，实现农业生产系统实时管理。

7. 极端气候环境下保持农业生产率的研究

该领域包括：不同农作物、牲畜和牧场的生态生理学研究，极端气候下高产量农作物品种和动物品种的研究。

8. 被确定为重点领域的研究

包括本土生长的可做食物的农作物、系统改进和增加农产品附加值、全球竞争力和宏观经济研究、地理信息系统、空间建模和场景设计，另外，信息通信技术也被定为重点领域，但是尚未细化。

二、农业研发人力资源开发措施

在农业研发人力资源开发上，南非政府提出由农业部执行以下三个措施：一是提供奖学金和合同研究贷款，吸引高年级学生在农业领域开展研究；二是在大学里设立研究奖学金，并资助农业领域研发的学术领军人物；三是创建并资助导师计划，聘请将要退休和已经退休的专家指导青年农业研究人员（秦涛，2009）。

三、南非主要农业技能需求

由农业、渔业和林业部制定的 AET 战略突出了行业内优先级的技能需求和约束条件，并区分了以下 5 大领域内的需求：

1. 农业生产

要求将工作重点扩展到解决小规模农场和自给自足农民的需求上（如更专注于混合农业和农村生计的可持续性技能），而不是单一的侧重于大宗商品（主要是相关的商业部门）及其相关研究。

2. 农业工程

通过将发展重点放在适合于小规模农户（处理和存储农产品相关的收获后技术）的技术上，来解决农业工程师稀缺的问题。

3. 农业经济学

迫切需要发展一般性的农业经济技能（从电场规划、农场管理、企业管理、市场营销到财务等），并需要在这些领域培训农民和推广人员。

4. 农业发展

特别需要发展农业推广人员和服务，在整体上支持新兴市场和小规模农户（现在主要有两方面的需求即培训新的推广人员及对现有人员的再培训和提升）的发展。

5. 兽医

有必要制定国家兽医管理制度，以便国家更好地履行相关作用和职能（尤其是在预防、监测和调节等方面的作用和功能）。

四、南非农业科研作用于生产的良好效果

南非的农业研究非常注重科研成果的转让，研究项目的制定同企业和市场的需要紧密结合。南非政府在改良农作物、牲畜品种，预防病、虫害方面已建立起了一个全国性的网络，使农业科研直接服务于农业生产，取得了良好的效果。

（一）主要粮油作物（玉米、大豆）生产技术

1. 玉米

20 世纪 70 年代末，南非培育出了世界上最好的玉米品种，该品种对水分要求不高，甚至在沙漠里也能种植，很适合南非的干旱地区。小

麦因选用了抗锈菌的品种，产量增长很高且有盈余可供出口。南非高度发达的农业以第一代生物技术和高效植物育种能力为基础。南非生物技术研究和开发已有30多年的历史，而且在非洲大陆上还将继续处于领先地位。南非的转基因作物生产规模继续扩大，到2010年达到220万公顷，使南非成为世界上第九大转基因作物生产国，说明南非农民已经采用生物技术并从中获益。转基因（GM）玉米种植规模占南非生物技术作物总种植规模的83%，其次是转基因大豆（约占16%）和转基因棉花。在南非，77%的玉米种植、85%的大豆种植和所有的棉花种植都是转基因品种。南非目前商业化生产的所有转基因作物都是美国开发的。

玉米是南非的主要农田作物，用于食品（主要是白玉米）和动物饲料（主要是黄玉米）。南非的第一个转基因玉米（抗虫）于1997年获得批准，从那以后，转基因玉米种植持续稳定地增长。表8-1列出了南非过去6年中转基因玉米的种植情况。转基因玉米种植面积占整个南非玉米种植总面积的百分比从2005/2006生产年度的28.5%增长到2010/2011生产年度的76.9%。2010/2011生产年度，种植转基因玉米种子的182.5万公顷中，单一Bt性状占45.6%，耐除草剂性状占13.4%，Bt和耐除草剂叠加性状占41%（表8-2）。2010/2011生产年度的白玉米种植面积达到141.8万公顷，其中74.8%（即106万公顷）为转基因玉米，而95.4万公顷黄玉米中80.2%（即76.5万公顷）为转基因玉米（南非农业生物技术年报，2012）。

表8-1 南非转基因玉米的种植情况

生产年度		种植面积（万公顷）		
		白玉米	黄玉米	合计
2005/2006	总种植面积	103.3	56.7	160
	转基因	28.1	17.5	45.6
	占总量比例	27.20%	30.90%	28.50%
2006/2007	总种植面积	162.5	92.7	255.2
	转基因	85.1	52.8	137.9
	占总量比例	52.30%	56.90%	49.30%

（续）

生产年度		种植面积（万公顷）		
		白玉米	黄玉米	合计
2007/2008	总种植面积	173.7	106.2	279.9
	转基因	97.5	58.8	156.3
	占总量比例	56.10%	55.30%	55.80%
2008/2009	总种植面积	148.9	93.9	242.8
	转基因	89.2	72.4	161.6
	占总量比例	59.90%	77.10%	66.30%
2009/2010	总种植面积	172	102.3	274.3
	转基因	121.2	66.7	187.9
	占总量比例	70.40%	65.20%	68.50%
2010/2011	总种植面积	141.8	95.4	237.2
	转基因	106	76.5	182.5
	占总量比例	74.80%	80.20%	76.90%

数据来源：Dirk Esterhuizen，Ross Kreamer，南非农业生物技术年报，2012。

表 8－2　不同性状转基因玉米百分比（2005 年以来）

生产年度		白玉米	黄玉米	合计
2005/2006	抗虫（%）	78.6	61.1	71.9
	耐除草剂（%）	21.4	38.9	28.1
	叠加（%）	0	0	0
2006/2007	抗虫（%）	83.7	71.6	79.8
	耐除草剂（%）	16.3	28.4	20.2
	叠加（%）	0	0	0
2007/2008	抗虫（%）	71.4	69.2	70.6
	耐除草剂（%）	22.4	27.1	24.1
	叠加（%）	6.3	3.7	5.3
2008/2009	抗虫（%）	65.9	62.9	64
	耐除草剂（%）	16.6	18.1	17.2
	叠加（%）	18.5	19	18.7
2009/2010	抗虫（%）	81.2	48.9	69.7
	耐除草剂（%）	9.7	23	14.4
	叠加（%）	9.2	28.1	15.9
2010/2011	抗虫（%）	50.2	38.8	45.6
	耐除草剂（%）	8.5	20.7	13.4
	叠加（%）	41.3	40.5	41

数据来源：Dirk Esterhuizen，Ross Kreamer，南非农业生物技术年报，2012。

2. 大豆

2001年，南非首次批准转基因大豆商业化。到2006年，75%的大豆种植作物都是转基因品种。2010—2011年种植季，大豆种植面积增长了34%，从2009/2010年度种植季的311 450公顷，增长到418 000公顷。2010/2011年度种植季85%（预测值）的大豆种植都是转基因（耐除草剂）品种。2009年，大豆产量在南非的农业史上首次超过了葵花籽产量，成为最重要的油料作物。其中一个原因是南非现有的转基因大豆栽培品种的种植相对容易，还有一个原因是大豆生产工序现已大部分实现了机械化。

（二）主要经济作物（棉花）生产技术

Bt棉花是非洲撒哈拉以南地区商业化种植的第一种转基因农作物。早期种植者是南非夸祖卢—纳塔尔Makhatini平原的小规模农户，他们从1998年以来一直种植这种作物。棉花种植总面积从2009年的8 300公顷增长到2010年的15 000公顷。在南非种植的所有棉花都是转基因棉花。叠加品种是最受欢迎的，占棉花种植总面积的95%。

（三）畜牧业（牛、羊）生产技术

畜牧业方面，南非引进优良的美利奴羊和卡拉库尔羊，并且培育了多种肉用牛。陶鲁斯牲畜改良合作社为全国奶牛业提供58万单位的冷冻精液，用于人工配种。该合作社有400头优质公牛，用于改良南非的牲畜。为免受干旱的威胁，保证饲料供应，南非开发了新型饲料，受到世界的普遍关注。兽医部门还研制了几十种疫苗，并向非洲许多国家出口，有效地预防和遏制了牲畜的多种疾病，如牛肺疫、皮肤病、裂谷热、马瘟疫等。

（四）设施农业技术

农业研究局十分重视适宜小农户应用的技术开发，如小规模节水作物园区综合配套技术、贫困小农户初级产品加工技术和水产品养殖配套技术等。

（五）农业机械技术

南非主要农机设备为拖拉机、联合收割机、打捆机。南非的农业设备市场规模大约价值 1.71 亿美元（2006 年），其中拖拉机占 60%的市场份额，其次是联合收割机和打包机。南非 80%的农业设备依靠进口，主要进口几家国际著名农机生产商的产品。品牌有纽荷兰、迪尔、唯美德等，主要来自美国、欧盟（以英国、意大利和德国产品居多）、以色列、加拿大和日本。其中，美国在高技术含量的设备上占有优势。纽荷兰、迪尔拖拉机在南非的市场占有率都在 20%以上。唯美德在南非建有两家分公司。

南非本土农机生产者只能制造一些技术含量较低或依据当地条件设计生产的设备。南非农机市场只是在近几年才开始出现增长，此前是在 20 世纪 80 年代达到顶峰后连续 20 年的衰退。2004 年南非联合收割机和打包机的销量与 2003 年相比分别上升了 48%和 67%。

高技术含量及大功率的农机设备将具有更好的市场前景，2005 年销售新拖拉机的平均功率已经从 58 千瓦上升到 80 千瓦，2005—2006 年受国际货币汇率变化影响，南非货币兰特对美元汇率连续几年持续走高，南非农业设备价格呈普遍下降的趋势，拖拉机、联合收割机、干草及饲料设备价格持续下跌，降低了农机设备的进口成本和市场价格，进一步提高了农民的购买力。但是，南非政府 2007 年实施信贷法并连续 4 次银行加息，对农机销售造成不利影响，全年农机销售出现了一定的下滑。2006—2007 年夏季的干旱以及随之而来的草料短缺也影响了打捆机的销售。

南非本土部分农机生产商，主要包括迪尔南非公司、南非 BELL 装备公司和 BP 农机具公司。以下对这三家公司进行分别介绍（焦高俊，2009）。

迪尔南非公司前身是一家私人企业，叫作南非耕地机公司。迪尔在 1962 年收购该公司大部分股权后，用迪尔的一款名为 bobaas 的耕地机产品为公司命名，后来又改名为迪尔南非公司。该公司在 2005 年 6 月前还保留有一定的播种机、耕地机和旋耕机的生产能力，从迪尔在世界各地的制造厂获得产品和零件。该公司负责迪尔农机、商业用装备及零件在南部非洲的销售。公司在 Nigel 驻了 44 年后，2006 年 7 月迁往 boksburg 新工厂。2006 年投资 3 700 万兰特在新工厂建立培训中心，并投入 700 万兰特在南非各地建立配件分布中心。从 2005 年开始与银行合作，每年花费几百万兰特作为用户的信用投资。2000 年投资 1 000 万兰特建立世界级的信息系统。

南非 BELL 装备公司成立于 1954 年，公司最初从事机械修理，目前业务主要是机械制造，产品有装载机、起重机、运输车辆、叉车、挖掘机、平地机和农业机械。其农机产品主要为甘蔗收割装置、锄耕机、三轮车、运输型拖拉机。该公司于 1995 年在南非上市。2008 年销售收入为 54.58 亿兰特。其海外市场是欧洲和北美。

BP 农机具公司创立于 1968 年的家族企业。随着业务进展，该公司 2004 年从西南自由州的矿业小镇迁往北自由州。公司制造各种优质的犁、旋耕机、耙、玉米收割机、播种机、拖车、脱粒机等产品，零件几乎全部自制，部分产品出口。

（六）种子加工技术

南非还是非洲最早制定植物多样性保护法律并参与国际种子机构的少数国家之一。以蔬菜花卉为例，蔬菜花卉研究所对南非特有的花种 Funbos 进行改良，根据国际市场对该花的市场需求进行研究，然后将其技术转让。

第四节　农业科技推广体系的特点与模式

南非农业部大力组织科研力量开展农业、园艺、兽医学的研究和普及工作。广泛应用现代农业技术，重视农业教育与培训，这一点突出表现在通过许多农牧场推广优良品种、高产品种，实现农作物和畜禽的良种化上。最终形成了国家从政策、资金、技术等方面进行投入并着力推动，研究机构承担其中的技术传播和普及工作，农牧场积极实践、全面引进农业推广的模式，即农业部宏观指导、组织协调，研究机构开展培训、积极推广，农牧场承接落地转化环节，从而形成较为顺畅的农业推广体系。具体有以下几方面特点：

一、重视农业技术的推广和普及

农业部大力组织科研力量进行农业、园艺、兽医学的研究和普及工作。ARC的很多研究部都与企业和市场的需要紧密相连。蔬菜花卉研究所对南非特有的花卉Fynbos进行改良，根据国际市场对该花的市场需求进行研究，然后将其技术转让。ARC十分重视适宜小农户应用的技术开发，如小规模的节水作物园区综合配套技术、贫困小农户的初级产品加工技术、家畜和水产品养殖配套技术等，经济实用，效果很好。南非政府在改良农作物和牲畜品种，预防病、虫害方面已建立起一个全国性的网络，使农业科研直接服务于农业生产，取得了良好的效果。

二、研究所同时承担着培训和推广工作

以热带和亚热带作物研究所为例，除了设有栽培品种培育、作物管理、虫害防治、病害防治、土壤学这几个专业研究部门外，还有服务部门专门从事有偿及无偿培训工作。培训计划按照客户的具体需求“量身定做”，培训课程一般为两天半，内容包括谷物及植物的繁殖及育苗方法，热带、亚热带植物及大田作物的（整枝、护理、种植密度等）产后技术，虫病害防治，农田灌溉方式及系统，植物营养（肥料的需求、施肥的时间和方式、土壤及叶片样本）等课程。这些课程可以按照培训者的实际需求，将南非盛产的鳄梨、香蕉、柑橘、咖啡、姜、番石榴、荔枝、昆士兰果、芒果、木瓜、胡桃、菠萝、茶等14种热带和亚热带作物随意组合。

三、农业科研与科技成果应用推广一体化

南非农业科研系统不仅规模大、实力强、体系健全、覆盖面广，而

且集科学研究、良种生产、成果推广、人才培训于一体，使科研更贴近现实，培训针对性强，推广成效显著，缩短了从科研到生产的路径，较好地避免了科研、生产两张皮，科研、推广不协调的现象。南非特别重视良种研制后的农民试种环节，并已形成了一套规范完整的新品种试种、扩种、研讨、对比、反馈的程序和机制。其农业科研成果推广体系健全，形式灵活。1990 年南非政府依据《农业研究委员会法案》，在 15 个政府特别研究所的基础上组建了农业研究委员会（Agricultural Research Committee，ARC）；1992 年 ARC 正式从南非农业部分离出来，成为一个独立的国有科研机构，主要负责农业科研、技术推广和技术转让等工作。为满足小规模家庭农场对农业技术的需求，ARC 设立了农村生计可持续发展部（Sustainable Rural Livelihood Division），通过该部门加强农业科研与家庭农场之间的联系。为避免对同一个项目出现重复研究的现象，ARC 加强了与农业部、各省农业部门之间的联系，明确各自的研究项目。为及时掌握南非农业发展状况，南非农业部制定了“经济研究和分析计划”（Program Economic Research and Analysis）。在每个季度里，“经济研究和分析计划”都为农业部门的决策制定者提供及时、准确的农业、经济和统计信息。南非的各所农业大学主要开展针对农业领域的基础性研究，教育部负责向农业大学和生物科学院划拨财政拨款。目前来看，南非农业推广的主要服务对象是小规模家庭农场，服务的内容包括：农业生产方法、农产品营销方法、组织农民集体购买农业投入生产资料等内容。进入 21 世纪以来，南非在农业科研和推广方面的财政开支呈现出持续增长的态势：2001 年，南非农业科研和推广的财政支出为 11.17 亿兰特（当年南非农业财政支出的第二大项目），2007 年增长到 33.12 亿兰特（当年南非农业开支的第一大项目）（OECD，2010）。

四、广泛应用现代农业技术，重视农业教育与培训

这一点突出表现在许多农牧场通过推广优良品种、高产品种，实现农作物和禽畜的良种化上。20 世纪 70 年代末，南非培育出了世界上最

好的玉米品种。该品种对水分要求不高，甚至在沙漠里也能种植。小麦因选用了抗锈菌的品种，产量增长很高并且有盈余可供出口。畜牧业方面，南非引进优良的美丽奴羊和卡拉库尔羊，并培育了多种肉用牛。南非因经常性地受到干旱的威胁，为保证饲料供应，南非对饲料研究十分积极，所开发的新型饲料受到世界的普遍重视。兽医部门还研制了几十种疫苗，有效预防和遏止了牲畜的多种疾病，现已向非洲许多国家出口疫苗。此外，国家非常重视农业教育，许多中小学都设有农业专题课程。

第五节　启　　示

一、完善以农户需求为导向的农户与科研机构衔接体系

为满足小规模家庭农场对农业技术的需求，农业研究委员会（ARC）组建了沟通农户与农业科研机构的“农村生计可持续发展部”，这是南非农业科技推广的一个显著特点。这一机构起到了连接农户与科研机构的桥梁的作用。农村生计可持续发展部通过及时收集、整理家庭农场对农业技术的需求，并向农业科研机构发布，引导南非农业科研机构有针对性地开展研究，对提高农业科技成果转化起到了积极的促进作用。目前我国的部分农业科技推广模式，如“政府主导型”“公司加农户”等存在一个共同的问题，就是填鸭式、单方面的推广难以满足农户对农业技术的实际需求。因此，我国应借鉴南非经验，完善以农户需求为导向的农业科技推广体系，提高我国农业科研成果的实际转化率（宋莉莉、马晓春，2010）。

二、加强农业新研发体系运行

南非政府通过认真调查，精心准备，提出了未来农业领域研发的新思路，从其体系安排、研究领域选择和资助机制制定看，比较适应南非

农业现状和未来需求，但其新政策的实际效果会受到很多因素的影响，如南非政府效率低下、各政府部门间互动性差、维护部门利益现象严重等直接影响到农业研发体系运行的效果；人力资源贫乏是南非各个领域的严重现象，毕业生不愿意进入农业领域已经非常普遍，南非政府出台的新政策在培养农业人才方面并没有大的突破和新意。因此，能否达到预期效果还无法得知。艾滋病在南非的泛滥对南非农业人口影响很大，不有效解决国民健康问题，农业的可持续发展也很难实现。另外，在新政策中，南非开辟了一些重点研发领域，其中有一些在中国已经有较好的发展。南非重视技术转移，并有专门的资金资助渠道。我国可以以此为契机向南非输出适用的技术，如农业相关的信息通信技术、生物技术、地球观测技术等。在生物能源和生物燃料方面，可以与南非合作，利用南非丰富的生物多样性优势，开发合适的作物，在不危及食物安全的前提下解决能源危机问题。

三、加强农业科学技术研究开发

南非的农业发展总体水平较高，有许多值得我们学习的地方。南非农牧业产量高的原因主要是技术含量高，实现规模化、集约化、产业化经营。因此加强科学技术研究，提高科学技术对农业的贡献率，是农业可持续发展的保证。农业研究委员会（ARC）是南非国家级的农业研究实体，由农业部和工艺科学部共同领导。ARC 有 17 个研究所和分布在全国各地的 40 个试验站，ARC 和各省农业研究机构和大学的农学院形成了较为完善的全国农业研究体系，研究机构的装备先进，基础研究和高新技术条件可与欧美发达国家相媲美。1998 年，ARC 的研究经费为 4.3 亿兰特，其中 78％来自国会拨款，12％左右来自技术转让和产品销售等，后者的份额在逐步扩大。

四、用国家政策来保障对农业的持续投入

南非重视农业投入，尤其是对重点优势项目的投入比较集中。在提

高产量的同时，十分注重对优质、特色产业的投入，促进优特产品的规模化、集约化生产和产业化经营。政府颁布扶植农业的法令，增加对农业的投入，重视水利建设，提高农产品的收购价格，降低农产品的运输价格，制定保护农业的关税政策等。我国长期以来对农业的投入不足，财政支农的重点不突出，尽管近年来对农业的投入不断加大，但总体投入仍需要进一步加强，投入方向也需要科学调整。

五、注重生态农业的发展，注重生态、环境、资源与人口增长、经济的协调发展

目前南非平均每千米^{2}人口为39人，全国有耕地1 904万公顷，占国土面积的15.6%，人均耕地面积0.4公顷。南非农业资源比较匮乏，这也使得南非十分注重对资源的保护和利用，同时注重对农田的灌溉和生态的保护，基本上实现了生态、环境、资源、人口和经济的协调发展。加强生态农业的发展，作为农业发展的可持续之路，对于人口众多、农业资源相对匮乏的我国而言，具有重要的借鉴价值。

六、重视农牧业立法

南非十分重视农业立法，其法制比较健全，各项事业和工作都有法可依并能依法办事。表现在：一是农牧业生产发展保护性的立法，确保农牧业生产在国民经济建设中的地位和发展；二是对农牧业生产环境和生产标准的立法，确保农牧业生产环境的质量和产品的质量，为农产品进入国际市场奠定法律基础；三是农牧业投入的立法，确保农牧业发展得到应有的支持；四是对农牧业保障体系建设的立法，确保农牧业发展得到相关行业和部门的支持；五是对生物技术的立法，采取了以科学为基础、开展前瞻性转基因技术的生物委员会和顾问委员会为依托的积极的生物安全政策，对生物技术进行立法保护。目前，我国在农业立法方面还有待加强。

第九章
南非农业创新体系

第一节　农业创新概况

1996年，南非在《科学技术白皮书》中提出了建设国家创新体系的目标，确立了新南非的科学技术框架。2002年7月，南非颁布的《国家研究和开发战略》成为南非国家创新体系建设的里程碑。南非科技创新的核心目标是：加速经济发展，在可持续性基础上创造财富，减少贫困，改善人民生活质量。为了实现该目标，南非还加强国际科技合作力度，期望通过实施与其他国家签订的科技合作协定和计划，来逐步提高南非科技在世界上的地位。

目前，南非与世界一些国家签订了30项双边合作协定，共包括400个研究项目和开发计划，研究开发领域涉及信息技术、环境管理和制造技术等。南非还与欧盟签订了合作研究协议，使南非能够参与欧盟的研究与开发框架计划。

第二节　农业创新背景及原因

一、粮食总量供过于求，通过进出口调剂品种结构

南非位于非洲南端，国土面积122.1万千米^2，大部分为海拔600～

2 000 米的高原，沿海为狭窄平原。降水量比较小，主要集中在 12 月至第二年 2 月的夏季；西北部地区相当干旱，年降水不足 200 毫米；东南部降水量比较充沛，可达 1 000 多毫米。全国耕地 1 536 万公顷，只占国土面积的 12.6%；全国人口 4 529 万，其中农村人口、农业人口分别占 45%和 15%左右，人均耕地约 0.34 公顷。

南非原是一个农牧业国家，随着工矿业的发展，农业占 GDP 的比重逐步下降，目前仅占 3.2%，但农业及相关产业的产值约占 GDP 的 15%左右，在国民经济中仍占有重要地位。南非是非洲重要的粮食生产国和玉米出口国。据南非农业部介绍，近几年，南非粮食产量平均达到 1 250 万吨左右，其中玉米产量在 900 万吨以上，小麦产量 200 万吨左右。由于气候干旱，玉米可在田间自然晾干，质量较好。但是，由于气候干旱，土地贫瘠，粮食单产较低，比如去年每公顷小麦单产只有 2 吨左右。南非的年均粮食消费量为 950 万吨左右，其中玉米、小麦分别为 700 万吨和 250 万吨左右。玉米消费约 60%用于食用、制药，40%用于饲料。由于玉米供过于求，每年至少出口 100 万吨以上，主要出口到周边的博茨瓦纳、纳米比亚、莫桑比克、斯威士兰、莱索托等国家。目前由于西方粮食援助的冲击，南非玉米出口受到影响。南非小麦产不足需，每年缺口在 50 万吨左右，需要进口以满足国内消费。另外，花生、油菜、向日葵、大豆等产量约为 110 万吨，虽需要进口，但主要是进口成品，而不是进口原料。

二、实行农业私有化和粮食流通市场化

据南非农业部介绍，从 1995 年开始，南非农业实行完全私有化，粮食流通体制相应实行市场化改革。在此之前，政府对农场给予财政补贴和政策扶持，鼓励增加对农业的投入；由国家机构收购农场生产的粮食，用于国内消费或出口；粮食价格也由政府确定，农场在生产之前就知道收购价格；收购价格一般先由粮食生产者、加工者、仓储、消费者代表商议，再向农业部长汇报并由其决定。由于各方面的利益不同，政府确定的粮食价格很难使各方都满意。在农业私有化和粮食流通市场化之后，粮食价格放开，完全由市场决定，政府不再向农场主提供任何补

贴，农场自负盈亏，自行承担市场风险。由于在此之前，南非的牲畜、蔬菜价格等都是放开的，当粮食价格放开时，农场主也不是难于接受，但对粮食市场价格的变化仍比对牲畜、蔬菜价格的变化更为敏感一些。

与此相适应，政府管理农业和粮食的职能也发生转变。目前的主要职能是宏观调控、进出口管理、质量控制和信息服务等方面，并对道路、水库、灌溉等农业基础设施进行投资，对农业和粮食研究机构提供资金支持，促进研究和向农场提供新品种，以提高粮食产量和质量。同时，有关管理职能也部分地向粮食行业协会转移。据南非粮食生产者协会介绍，该协会是由粮食生产者自发形成的，最初是玉米生产者协会，后来发展成为包括全部粮食作物生产者的协会，目前全国有 7 000 多个会员。协会不参与经营行为，只为会员经营创造环境，向会员提供政策方面的支持。比如，遇到连续丰收，严重供过于求，价格下跌较多，销售价格有可能低于生产成本或者没有什么利润之时，协会就开始提醒会员减少该品种种植，促进价格回升，并与银行协商，将农场的贷款归还期推迟一定时间，帮助农场渡过难关，防止倒闭。粮食生产者协会还对粮食质量标准进行协调，行业质量标准一般要高于政府制订的标准，目的是为了提高南非粮食产品在国际市场上的竞争力。

粮食价格放开后，农场面临的市场风险太大。为降低市场对农场的冲击，1996 年在约翰内斯堡成立了南非期货交易所，农场通过经纪人进行期货交易，套期保值，规避风险。

南非只有少部分农场主拥有自己的粮食仓储设施，而且仓容量很小。大部分的粮食仓储设施由私营公司经营，农场主租用，支付的租金为每吨每年 70 兰特。不同等级的粮食放在不同的仓库里，实行分仓管理。南非没有政府的粮食储备，主要是考虑粮食总量供大于求，能够满足国内消费需要。

三、依靠农业和粮食科技研究、开发与推广普及，提高粮食产量和质量

南非政府十分重视农业和粮食科技的研究、开发与推广普及。南非

农业研究委员会下辖两个粮食作物研究所，以保障食物提供，提高人民生活水平，提高粮食产品竞争力为目的，主要对玉米、小麦、花生、高粱、干豆、大豆、向日葵等品种进行研究。据介绍，粮食作物研究所的主要职能，包括研究作物栽培和轮作技术、除草技术，对适合不同地区种植的作物进行选择与测试，培育和提供防病虫害与高质量、高蛋白质含量的品种，适应干旱气候环境的作物品种和水分保持技术，向农场主提供科技培训，还根据市场潜在需求和用户要求进行其他研究等。农业研究委员会的研究经费50%由政府财政拨款，其余部分来自产业界和农场主提供的合作研究经费、非政府组织的支持和社会捐赠。其中，合作研究经费是主要来源，一般由需求方提出研究课题和要求，并提供所需经费，农业研究委员会开展研究并提供成果，也可以由农业委员会自行研究，然后将研究成果向潜在客户推介，寻找买家。

第三节　将农业发展纳入整个国家科技创新体系

在南非的国家科技创新体系中，农业是重要的组成部分。在国家科技创新体系的目标中，第一个就是减少贫穷，这是直接与农村、农业、农民相关的；另一个是促进资源产业的发展，其中也包括农业、渔业和林业。因此，在该体系下形成的政策措施，如加强人力资源管理、建设有效的政府科技管理体系、提高对创新的财政支持，也同样推动农业领域创新的发展。

南非十分重视科技体系的建设，全国人口为48 810 427（2012年最新统计），科研机构300多所，科研人员2.5万人。科研经费约占国内生产总值的1%。定期出版的报纸杂志有700多种，居非洲首位。

2002年8月，南非成立科技部，专门负责全国的科技工作，此前，科技工作由原艺术、文化和科学技术部负责。此外，围绕创新，南非还分别设立了国家创新咨询委员会（NACI）、国家研究基金（NRF）和创新基金。NACI的组成具有广泛的代表性，其成员来自政府部门、大学、产业界和非营利部门，主要职责是就国家创新系统的功能和作用等重大问题向科技部长提供咨询和政策研究，着眼于南非经济和社会的发展需要，为逐步实现关键性科学技术研究目标提供合理的机制和信息。

国家研究基金（NRF）隶属于科技部，主要负责促进和支持南非的基础研究、应用研究以及创新研究，塑造一个知识驱动型的社会。NRF资助知识、人力资源、产品和研究设施等方面的研究工作，经费直接用于学术研究、培养高级人才、支持国家的研究设施，以促进人文科学、社会科学、自然科学、工程技术以及本土知识等领域的研究工作。

创新基金是依据1996年颁布的《科技政策白皮书》设立的。该基金于2001年移交给NRF管理，目的是鼓励大型合作研究和技术开发，通过跨学科的研究活动解决南非经济和社会发展过程中面临的各种问题。创新基金直接用于资助那些年度资金需求额在100万～500万元之间的大型联合研究体，其研究重点是能够将知识转化为新产品或改善现有产品质量、提高生产率和服务的新工艺。

南非的研究开发机构主要由政府机构和私营部门组成，主要包括四类：①大型国有企业，如Denel公司、Eskom公司和Telcom公司等；②各类科学理事会，主要包括农业研究理事会、科学与工业研究理事会、人文科学研究理事会、医院研究理事会、地球科学研究理事会等，科学理事会是南非国家创新系统的重要组成部分，通过这些委员会，政府能按照国家利益和需求直接从事相关研究、开发工作；③大学和技术院校；④专门领域的研究机构，例如水资源研究委员会、国家植物研究所等。

南非十分重视农业科学技术的研究与开发，这对南非农业的发展起到了重要作用。农业研究委员会（ARC）是南非的国家级的农业研究实体，ARC有17个研究所和分布在全国各地的81个试验站，ARC和各省农业研究机构和大学的农学院形成了较为完善的全国农业研究体系。

第四节　农业创新重点领域

依靠科技实现农业高产增收是世界各国长期以来的共识。近年来随着粮食安全、气候变化、能源短缺、环境恶化等问题的日益突出，南非农业科技关注的重点在悄然地发生变化。

南非的农业研发工作主要体现在开展可持续管理、生物资源（微生物、动植物）生产和利用的知识进步方面，从而为农业、渔业、饲养、食物、健康、森林及其相关产业提供安全的、具有生态效益及能够提高竞争力的基础知识、产品与服务。具体研究活动包括：土地、森林、水环境中生物资源的可持续生产和管理，如可持续生产系统的研究、动植物的生产和卫生、动物福利、渔业和水产业，以及生物多样性的开发和可持续利用；食物链的完整性和管理，食品、健康和福利方面的研究；可持续的、非粮食产品和工艺的生命科学和生物技术发展，能够改善作物、森林资源、原油、海产品、能源、环境、高附加值产品的生物技术。

南非目前的农业研发重点包括：基因组研究；新型食品开发，包括功能食品开发，食品原料开发，食品安全检测技术开发，科学防伪技术开发；环保生物技术研发，主要有低成本、高转换率的生物质燃料（生物乙醇等）生产技术，有机塑料等生物制品的低成本生产技术，以及利用微生物或植物净化被污染土壤的生物修复技术等；农业生物技术与其他尖端技术的交叉利用，包括交叉生物技术和纳米技术，开发生物传感器和超微生物反应器等，进行生物体或细胞模拟；交叉生物技术和信息技术，开发遗传信息数据储存系统、生物信息可视成像以及水稻基因组仿真等技术。2008 年，南非出台了新农业基因组计划（2008—2013 年），主要研究内容包括遗传基因的开发与鉴定、分子标记辅助育种等。

第五节　经验及启示

一、农业科技创新投入大幅增加

随着对农业科技生产力作用认识的不断提高，农业研发投资不断增长。南非私营部门的农业研发支出占了撒哈拉以南非洲地区的一半。1994 年，南非民主政府成立前，研究与开发投入（R&D）占 GDP 的 1.04%。此后，R&D 投入降为仅占 GDP 的 0.69%。鉴于全国 R&D 投入的下滑，1996 年南非政府发布的《科学技术白皮书》提出，R&D 投入强度应占 GDP 1%的水平。近年来，南非政府加大投入强度，逐步逼近该目标。2001 至 2002 财年，R&D 投入强度占 GDP 的 0.76%，2003—2004 年财年已上升为 0.81%。根据政府的计划，未来 3 年内，政府和私营部门应将 R&D 投入增加一倍，到 2008 年，全国 R&D 投入将提高到占 GDP 的 1%。

就投入比例而言，南非私营部门和政府的科技投入基本上各占 50%，但私营部门的科技投入近几年下降的幅度偏大。为了解决这一问题，南非政府利用风险资金激励和财政刺激两种手段来鼓励和提高私营部门加大对研究开发的投入。目前，一个独立委员会正在起草一份更有吸引力的政策，鼓励私营部门增加 R&D 投入，最终将提交给政府内阁讨论通过。

二、高新技术发展助推农业科技革命

21 世纪以来，以生物、信息、新材料等高新技术为代表的世界科学技术飞速发展，并不断取得重大突破，为农业生产带来了新的技术革命。

生物技术是农业科技革命的重要组成部分。以基因组学为核心的现代农业生物技术，已成为未来世界各国农业科技发展的重点之一。利用转基因、分子设计等现代生物学技术可培育高产优质、多抗高效的作物新品种。生物育种既需要分子标记、转基因等现代生物育种技术的支持，又需要借鉴常规育种技术的成功经验，才能培育出性状优良的作物新品种。生物育种成为新的农业科技革命的重要组成部分。

南非实现了物联网在农业生产、资源利用、农产品流通领域、“物—人—物”的信息交互与精细农业的实践与推广，形成了一批良好的产业化应用模式。在农业生态环境监控方面，南非对农作物不同阶段的苗情、长势信息、环境信息进行获取，并将相关数据发送到农业综合决策网进行处理，以指导施肥、施药、收获等农业生产过程。

南非同样重视农业资源综合利用技术。当前，粮食增产已不再是农业科技发展的唯一目标。随着气候变化、能源短缺、环境污染等问题的日益严重，以提高农业资源利用效率为核心，以节地、节水、节肥、节药、节能为目的，以农业资源综合利用的循环经济为重点，有针对性地开发“资源节约型”和“环境友好型”技术，是该国农业科学技术的研发重点。

三、国际科技合作强化农业创新优势

国际科技合作是在国际范围内整合科技资源，实现强强联合、优势互补的重要方式。南非政府认为，要提高国家的创新能力，必须重点开发一些对促进经济和社会发展至关重要的技术领域，包括生物技术、信息技术、制造技术、充分利用自然资源并增加其附加值的技术。资金投入是开展农业国际科技合作的重要保障。南非农业部与多个国家签订了农业科技合作协定，为开展农业国际科技合作研究提供资金，并在联合研发、人员交流等方面给予经费支持。

在开展农业国际科技合作时，南非政府往往根据合作国家、合作内容等采取多元化的合作方式。将双边或多边政府科技合作框架下确定的合作内容凝练成具体合作项目，在双边政府共同资助下开展合作研究。在已有的开放性的科技计划中设立专门的农业国际科技合作内容也是开展农业国际科技合作的重要方式。此外，支持农业领域交流科研人员、开展农业科技培训、实施农业领域联合调查研究。ARC的促进农业发展的基本研究计划将动植物基因改良、病虫害防治、水土生态化学、农业工程等作为与发展中国家开展农业科技合作的优先领域。

同时，南非为发展中国家贸易伙伴在农业领域的政策制定、技术创新、能力建设等方面提供援助，并强调通过技术援助与培训来了解区域的动植物资源情况以及边界的灾害、疾病风险等。

四、植物新品种保护

植物新品种保护是促进农业技术创新的有利措施之一，在这方面南非出台了积极的鼓励政策，并取得了明显的成效。具体表现为：第一，对植物新品种进行有效的保护，激发育种者的育种欲望，增加优良品种的总体数量。农作物育种是农业科技创新活动中最活跃的因素。通过申请，育种者被授予在一定时期内对其育成品种享有排他的独占权，从而育种者能够利用这种权利获得投资回报，进而刺激其创新行为，促进新品种的数量不断增加，从而推动农业科技的创新。第二，植物新品种保护有效地推动了育种行业的市场化，促进种苗的推广。育种者培育出的新品种必然会受到使用者的挑选，从而体现出了优胜劣汰的机制。育种者只有培育出优秀的新品种才能经受住市场的考验，不断推陈出新。第三，建立植物新品种保护制度，给国际间的交流和合作提供法律框架。与国际上优秀的育种者合作，必须建立在植物新品种保护制度的基础之上，通过增加与国际育种者之间交流的机会，从国外引进优良的植物品种，形成了优良品种双向选择的机制。

五、重视高级人才培养

科技人员数量不足和结构构成不合理，是制约南非科技进步和经济发展的瓶颈。在南非，每千个劳动力中科技人员的数量平均不到一名，绝大多数研究人员是年龄在 50 岁以上的白人。在工程技术、自然科学研究领域，女性和黑人（包括阿非利卡、印度裔和有色人种）研究人员更少。《国家研究和开发战略》指出，人力资源开发十分关键，政府应从两方面入手，尽最大努力培养经济发展所需要的各类科技人才。其一是从整体上提高年轻人和女性的数学与自然科学水平。目前，科技部和教育部正在联合采取一些措施，如每年开展年度科学周、在每个省建立一个科学中心、增加在校学生对自然科学的兴趣等，提高高年级在校学生的数学和自然科学水平。其二是建立“杰出人才研究中心”，培养高级人才。从 2003 年起，南非先后在一些大学建立了 6 个“杰出人才研究中心”，希望通过 5～10 年的努力，培养高水平的科学家队伍。

六、现代循环农业创新

南非在现代农业循环经济研究方面取得了很大进展。例如约翰内斯堡市的农业循环经济示范中心，市政府专门在郊区划出两块 42 公顷的土地，由哈伦德陵教授主持，通过相关实验在南非建立农业循环经济示范中心，以推广循环经济发展模式。该项目是中南联合研究计划的第六批项目，茨瓦尼理工大学从中国佛山大学引进相关技术。哈伦德陵教授以种玉米和养牛为试验，种植玉米收获鲜玉米和鲜秸秆，后者加工成饲料喂牛，牛可以供应鲜牛肉，其产生的粪便经厌氧菌作用可以制造生物沼气，最后剩余的残渣作为有机肥料又回到农田。哈伦德陵教授经过 4 年的试验证明，这种循环经济发展模式在南非是完全可行的。由于这种模式投入小、产出高，不仅实现了废物的循环利用，还发展了低碳经济，而且应用起来很灵活，特别适合非洲小农户。

第十章
南非农业教育与培训

第一节　农业教育与培训现状

南非全国有46%的人口居住在农村地区，多数处于贫困状态。1994年，南非新政府从前政权手中继承了几乎是世界上按种族划分的最不公正的土地分配：白人占据了87%的农业用地，而占人口绝大多数的黑人只获得其余的13%，且其中有相当部分是劣质土地。土地分配不公加上其他多种因素，直接导致了南非广大农村地区、特别是前“黑人家园”地区居民的贫困。如何尽快提高农民收入，改善他们的生活水平，成为南非新政府亟待解决的问题。南非增加农民收入、减少贫困人口的办法中，对农民的技能培训是重要的途径之一。

经验表明，如果没有及时向农民提供技术支持，任何土地改革的成果都会被大大降低。南非政府注意到了这个问题，通过各种渠道向刚刚分配到土地的中小农民提供农业种植和农场管理技术培训。2004年，南非农业部门发起了新的一轮“农业综合扶持项目”，力图向中小农民提供多种技术性服务（李锋，2006）。南非的发展离不开接受过良好教育的人力和强大的农业基础，因为农业生产是所有人改善营养状况和健康状况的基础，并为经济可持续发展提供食品安全保障。

一、农业高等教育和培训策略

南非农业部（DOA）启动了一项计划——发展农业教育和培训（AET）的全面国家战略。国家 AET 战略由各省和国家级别的 AET 相关人士协商制定。协商过程中，还在国家和省级层面开展 AET 能力建设，设立国家和省级农业教育与培训专题组论坛和国家战略制定小组论坛。这一战略计划的建立前后经历了 12 个月，经过 AET 相关人士和省级以及国家层面相关领导多次参与式研究和会谈后最终确定。这个过程由联合国粮食和农业组织（FAO）以及南非国家和省市共同协助。

南非在农业和农村发展方面的国家教育和培训战略（以下简称 AET 战略）严格来说并不能称之为一个政策，但是它作为引导和指导 AET 配置的国家战略框架，为南非今后相关政策的制定提供了可参考的各项准则。

（一）AET 战略目的

1. 建立和维持一个有效和协调的 AET 体系，用于整合各级农业教育与培训并对南非农业做出适当的反映。

2. 使得所有南非人能够更加公平地获得参与 AET 的机会，并使他们的参与更有意义。

3. 保证各级 AET 能够行之有效。

（二）AET 相关政策

AET 战略即将出台的最相关的政策如下：

1. 提高 AET 的一致性和协调性

目前 AET 系统内的分散和缺乏协调性备受关注，迫切需要一种方案以解决目前在质量、标准、结果、程序以及资格课程方面的分歧。和这一点相关的有如下几条措施：

（1）改进正规与非正规教育培训部门之间在培养方案（和资格认证）之间的衔接。

（2）改进正规教育培训机构内横向（不同机构之间）和纵向（向更高级别）之间的衔接和移动性。

（3）纠正过去的失衡。迫切需要纠正AET在为不同种族提供服务方面的不平等态度。需要重点关注如下几个方面：通过不同的资源站点，在资金上向弱势种族倾斜（与历史上的白人院校相比，提供更好的资源）；通过改善教育质量、基础设施、实训设施、教学辅助设备等手段改善传统黑人院校的质量和水平；消除那些弱势群体依旧可能遇到的阻碍他们接受AET服务的门槛（如：入学要求、学习费用、语言障碍、教学辅助设备等）。

2. 提高对农业挑战的响应能力

农业部门向AET发布了一条明确的指令，希望AET在应对农业需求和挑战时更加敏感，更具有针对性。强调以下两个领域：

（1）需要将农业定位为一个以市场为导向的业务（也就是将重点从之前片面的注重农业生产转向在整个农业价值链中优化上游和下游机会所需的知识和技能）；

（2）拓宽业务范围，以应对南非在更大的农村发展和财富创造（例如食品安全，可持续发展，环境保护，水资源等综合性问题）领域面临的一些紧急挑战。

3. AET将主要目标放在稀缺技能上面

这个策略是考虑了需求的一个指导政策，以保证现在提供的培训计划可以解决正面临的技能和受教育人才短缺问题，指导政策主要关注五个方面：

（1）农业生产：扩大商品的供销途径，使得大规模商业化的农民和那些小规模的生产者能够很好地衔接，并产生一个有利的市场。

（2）农业工程：专门开发可供小规模经营的农民使用的技术，以便其在价值链中找到自己的机会。

（3）农业经济：将重点放在那些能帮助新手农民建立起独立自主、可持续的经济公司的人才上。

（4）农业发展：需要许多诸如推广人员、科学家等拥有一系列可以帮助农民和农村居住者自发地关心食品安全、财富创造、可持续发展和土地保护等技能的有识之士。

（5）具体的人才短缺职业：如兽医。

（三）AET 协商过程的实质性成果

除了创造战略制定的基础，在协商过程中还产生了两个实质性成果：

（1）增强了关注农业发展，尤其是关注农业教育与培训的省级和国家机构之间的合作，形成了实施这一战略所需要的组织框架，并为其持续监测、评价和修订奠定基础。

（2）收集了有关南非各省 AET 的大量信息（在需求、提供者和成果方面），在农业技术推广和农民培训方面可以作为 AET 战略实施的一个标杆以及省级创建行动的基础。

二、农业教育与培训方式

（一）农业正规教育

农业作为一门学科已经从小学阶段的课程中删除，但有时候包含在 OBE 系统（以结果为本位的教育）中进行间接教导。然而，人们对农业的重要性认识不足，很少有小学教师接受过专门的农业训练，配套的教学材料和设备不容易获得。

中学阶段的 AET 质量也很差。高中阶段提供的农业教育无论在师资方面还是在实际培训设备方面都相对薄弱，学生农业学习未见成效，且往往存在着农业学习的歧视条款——在国家的弱势地区更是如此。

在第三阶段，AET 还能获得较好的资源。在大多数情况下，农业院校为 AET 提供多种农业生产包括种植业和养殖业的培训，有些院校设置专业专门研究一些有独特地理特性的作物，农业推广的元素也经常包含在课程中。一、二、三年后获得文凭认可的学员可毕业。（特别注意：有人指出，由于学生人数较少等因素的影响，一些农业院校将他们的焦点转移到对从业农民的培训上。）

在技术学校，AET 遵循实用的课程设置原则，虽然这些课程少于农业院校的课程，但通过引进技术学士学位，技术学校逐渐增加了课程的理论成分，增加了对农业科技（侧重作物和畜牧生产）的重视。

大学提供了非常广泛、多元化的农业科学教育，包括与作物和牲畜相关的产前、产中和产后技术。大学还提供各相关学科方面的教育，包括农业工程、农业管理、农业经济、土壤科学、食品安全、农业推广、社区资源管理、生物资源以及一些特色专业，包括葡萄栽培、水培、林业课程和野生动物管理等。但学生开展研究的推动力更多的是农业科技本身而不是农业实践。

在国际上，跨学科的农业教育已是 AET 的一个重要组成部分。南非在这一方面已经取得了一些成效，特别在推广教育和粮食安全领域。此外，全球化和国际竞争正在推动全球农业课程发生显著的变化。粮食安全和农村普遍存在的贫困现象是南非面临的也是一个长期积压的问题。由于南非农业部门的特殊性，AET 小心地走上一条能够满足国内和国外需求的审慎的道路。

（二）农业非正规教育

非正规 AET 是由一系列的供应商提供的，这些教育提供者包括：

（1）公共农业推广和培训服务机构。

（2）非政府组织和私营部门机构。

（3）大学、学院和一些农业高中。

这些供应商都是 AET 网络的内在组成部分，其中潜在的农户层面的 AET 有力推广者是从业人员、农业技术人员以及类似的干部队伍。这样的人员既是 AET 的提供者也是接受者。

此外，提供非正规 AET 公共推广服务需要考虑的其他重要因素包括：

（1）农户之间的距离。

（2）推广人员所能到达的地理位置。

（3）客户文化程度。

（4）当地农民团体和协会的实际运作水平。

如上所述，由于在很长一段时间内南非对土地、资本和市场等生产资源进行不公平分割并割裂发展，产生了一个双面的农业经济。一方面，南非农业中土地和资源的投入、销售与市场，仍然主要掌握在少数人的手中；另一方面，南非的农民和生产者在被剥夺权利、资源匮乏和缺乏训练有素的干部的情况下，很少或根本没有获得市场收益。

（三）稀缺技能培训现状

南非农业部在农业项目的年度报告（2006）中也强调了在稀缺技能专业招生人数和毕业人数间的巨大差异。也有一些机构针对稀缺的技能设置相应的课程项目，如由夸祖鲁—纳塔尔大学、斯泰伦博斯大学和比勒陀利亚大学所提供的农业工程、葡萄栽培与兽医学。他们是少数几个为稀缺技能提供课程方案的教育机构。

2005 年，共有 516 名学生加入了稀缺技能的培养计划。其中，50％选择了葡萄栽培，而 16％选择了兽医学（动物协会）。白人学生在招生人数中占主导地位，占据了入学人数的 82％，相比之下非裔学生只有 12％。和女学生相比，有更多的男学生选择了稀缺技能。

2005 年，稀缺技能方向毕业生人数相对较少，只有 171 名学生在大学获得了资格认证，其中有 51％学生获得兽医学学士学位，28％获得葡萄栽培学位。大部分毕业生是白人（90％），其次是有色人种毕业生（4％）。有趣的是，在稀缺技能方向是女性毕业生占主导地位，大概是 53％，而男性毕业生大概是 47％。许多妇女都选择了兽医学、兽医护理和兽医生物。

农业部门可以与农业学校和院校、FET（继续教育与培训）院校以及 HET（高等教育与培训）教育机构密切协商，让他们传授相关技能来实现对农业新进入者的长期培训计划。还可以通过类似于专门的技术方案和培训协议等其他途径来对农业从业人员进行培训。目前已有 15 个已注册的农业子行业相关认证，AgriSETA 具有 94 个已注册的有助于弥补部分稀缺技能需求缺口的培训协议。

（四）成人基础教育现状

1995 年，南非国家教育部门针对成人基础教育和社区教育培训成立了指挥部，实现了对成人基础教育和培训（ABET）的承诺。这是首个民主政府1994年后采取的举措之一。ABET和终身学习合并后，指挥部进行了重组和改名，现为成人教育和培训指挥部。ABET是国家资格认证框架的一部分，以保证教育系统内不同级别间的垂直和水平移动。2004年所有省级教育部门已在省内建立了ABET工作单位推动成人教育和培训水平提高。

在ABET引入的试点项目中，有一个是在Ikhwelo项目下引入并发展农业以及小型、中型和微型企业（SMME）。这一个项目目标在于促进农业和中小型及微型企业员工的技能发展，加强成人学员的社会经济能力并最终减轻贫困程度。截止到2004年，Ikhwelo项目已经在全国范围内扩大到60个公众成人学习中心。

三、提供农业教育与培训的农业院校及机构

AET战略关注有声教育及培训的提供和维持，以支持环境和经济可持续农业的发展。截至目前，在南非全国，多个法定、非法定机构和私营机构均提供AET。

（一）主要农业院校

南非的农业技能培训主要集中在高等中学、高等农业院校、FET学院和高等教育机构。在高中阶段，有许多学生选择农学作为自己的主修课。2003年，有42所农业高中将农业科学作为一门主修课。这些学生和那些在高中选择农学作为学习科目的学生可更进一步地选择农业作为自己高等教育的一个重点领域。有12个FET学院提供和农业相关的职业规划。这些FET学院提供完整的认证及短期课程。11所农业院校可以提供农业方面的学历学位水平认证，还有19所大学提供包含农业经济学、动物、园艺和植物科学等方面的本科和研究生水平的农业认证（农业部，2006）。

在南非，有12所公立农业大学提供分级的资格认证（NQF1级—NQF6级）。分别是夸祖鲁—纳塔尔的Cedara大学和Owen Sithole大

学，在西开普省的 Elsenburg 大学，在东开普省的 Fort Cox 大学，在自由州的 Glen 大学和 Grootfontein 大学，在普马兰加省的 Lowveld 大学，在林波波省的 Madzivhandla 大学，在西北省的 Potchefstroom 大学和 Taung 大学，在林波波省的 Tompi Seleka 大学和在东开普省的 Tsolo 大学。这些大学由国家农业部门和省级农业部门监督管理，大学提供各种农业项目，还有一些机构提供各种农业课程，有受教育意向的农民、推广人员、动物卫生和工程技术人员可在这些大学接受培训。

这些教育机构提供从 NQF5 级到 NQF8 级的科技博士农业资格认证和需要在进行高等教育学习后再学习一年的农业文凭。高等教育及文凭课程由高等教育理事会（CHE）下属的高等教育质量委员会（HEQC）认证，同时 NQF1 级到 4 级由 Umalusi 和 AgriSETA 两组织认证。

（二）AgriSETA（农业部教育和培训局）

AgriSETA 已批准、认可了部分培训机构在全国范围内提供农业技能方面的培训，包括农业院校、FET 院校和私人供应商。目前，AgriSETA 在全国拥有 246 注册批准机构，这些机构有大有小。初级农业小供应商在农村地区和社区提供大多数培训项目，针对大多数经营商的培训将由 FET 院校和农业院校提供。由于 AgriSETA 有其部门的两重性，尽管它无法满足技能的总需求，但是可以为长期、临时和季节性工人提供相应的培训。2008/2009 年度，AgriSETA 批准了 559 项培训协议，同年提供的技能课程吸引了约 2 700 多名员工。考虑到雇主组织内的技能发展，2009 年近 100 万人接受了一系列分部门的培训，86.3%的培训都由大型企业提供。

AgriSETA 确立了 2013—2016 这三年关注的战略目标，并制定了相应计划。以这些计划为基础，AgriSETA 制定了用于指导年度计划和预算的年度评估计划（2013/2014）。考虑到农业部门、技能需求和向国家工作重点的调整，AgriSETA 在其任期内，会调用所有可用资源来，关注并努力达到 7 个战略目标（表 10－1）。

表 10-1 AgriSETA 2013—2016 年努力达到的 7 个战略目标

关注的领域 1：		可信的体制结构
	战略目标 1：	建立一个农业部门内部技能培养计划和实施方面可信的体制结构
		NSDSIII 标准——目标 1
关注的领域 2：		工作方面的和职业向导的学习
	战略目标 2：	建立一个坚实的公私关系（PPPs），以鼓励民众参与工作技能培训和职业导向培训
		NSDSIII 标准——目标 2、5 和 4 的一部分
关注的领域 3：		农村发展和合作
	战略目标 3：	加强农业和农村发展进程以减轻贫困，促进粮食安全，发展农村经济
		NSDSIII 标准——目标 2、5 和 4 的一部分
关注的领域 4：		农业教育和培训体系
	战略目标 4：	加强农业教育和培训体系建设，包括 AFETs，更好地应对部门的需要
		NSDSIII 标准——目标 3
关注的领域 5：		强制性授予系统
	战略目标 5：	管理强制性补助金制度，以确保工作技能计划（水安全计划）和公司的年度培训报告（ATR）的有效性，以及强制性补助资金的拨付效率
		NSDSIII 标准——目标 3
关注的领域 6：		青年与职业发展
	战略目标 6：	支持青年和职业发展，向年轻人提供农业和农村的发展机遇
		NSDSIII 标准——目标 8 和 4 的一部分
关注的领域 7：		公共部门的能力
	战略目标 7：	提升公共部门和其他相关部门的管理及其服务水平，并为农业和农村发展提供适当的支持
		NSDSIII 标准——目标 7

第二节 农业教育与培训面临的主要问题

依照国家和省级农业战略以及根据生产研究制定的战略而形成农业

教育和培训体系将帮助南非应对未来的行业需求和挑战。但由于其自身的局限性，南非 AET 将面对以下挑战：

一、组织分散、缺乏协调

在战略拟定过程中发生的广泛协商，反映了 AET 在组织连贯性和协调方面的缺乏。正式和非正式部门之间的教学计划均存在着连贯性弱的特点，并且该特点延伸到了正规的教育和培训部门。AET 体系在发展重点和优先次序方面并未通过拟定战略方向来指引。

项目资助存在倾斜，不能够均衡提供给不同的地区，例如，相对于传统黑人院校，前白人机构能够获得更好的资源。

教学计划在质量、标准、结果和课程设置方面有着明显的不同，从而限制了学生进行学习课程变更的机会，也为学生接受高水平教育设置了壁垒。各种各样的机构都需要一个统筹机构去定期审查，并给予 ATE 一个协调的方向，以求对部门行为产生最大的影响。

二、质量监控不严

无论是课程内容还是教育工作者的资格条件，学校农业培训和教育的质量难以控制，而非正式教育的质量在很大程度上又没有经过权威机构的评估和认可。历史上的白人机构仍有相对较好的培训、教育和人力资源方面的基础设施资源，而历史上的黑人机构资源匮乏，不重视教工农业教学资格，只能提供质量较差的农业培训。

非正规 AET 在质量监控方面几乎完全缺失，而正规的教育和训练也仅有部分实行质量监控且方式五花八门，对教育质量的监控效果也各不相同。

三、低质量的教育和培训

课程设置：尽管存在一些限制农业性能充分发挥其潜力的客观情

况，但是社会需要正规教育和培训课程中的一些内容进行改进，尤其在市场营销、管理、增值及其他实用技能领域，但目前改进课程设置方面尚无机构作出回应。

教师培训：教师进行中等农业培训时，不管在理论还是在农业实践方面往往都没有提供恰当的训练，从而降低了学习者接受农业高等教育的机会。教师在进行高等教育水平的农业培训时，往往偏重农业理论，而实践训练不足。因此，毕业生在农业部门能够运用的实用技能较少。在中等和高等农业教育中，只有少数的教师接受了培训，拥有教学资格。

四、低保障的教育和培训

由于各种障碍，包括经济承受能力、入学要求、与培训中心的物理距离、识字和算术、教学语言等，弱势群体特别是妇女和残疾人仍难获得高质量的农业教育和培训，向负责对这些群体提供农业教育和培训的组织提供的资源十分缺乏也是其中一个原因。

五、农业职业的负面形象

研究表明，农业作为一种职业选择在青年人眼中具有负面形象。农业被认为是穷人和老人才会参加的、不赚钱的工作领域。此外，对于农业的认识限定在一个很窄的范围内，并等同于初级生产。大多数青年人不会将农业看作为一个有利可图的事业，并对这一职业发展前景缺乏好的预期。

六、农业领域缺乏关键技能

农业培训借鉴了广泛的科学与实用技能和知识，包括以下五大领域：农业生产、农业工程、农业经济、农业发展以及兽医。

（一）农业生产

农业生产训练集中在有限的几种产品上和小部分人中间，从而导致几乎没有南非黑人拥有高水平的生产技能；农业研究的范围仅限于有限的几种商品并单纯面向大规模商业化养殖，不能满足小规模和自给自足生产者的需求，从而忽略了小众产品所带来的机遇；家庭粮食安全和农村生计的可持续性存在问题。

因此，南非在高等农业科学面临两方面的挑战：第一是进入农业科学的学生数量普遍下降；第二是来自弱势群体的农业科学家数量有限。前者很大程度上是由于农业所呈现的生活或职业上普遍的负面形象；后者是由于普通初等教育的数学和理科质量差。

（二）农业工程

农业工程培训主要集中在大型商业化农业方面，适合小规模生产者的技术十分短缺。例如，适当的、可持续的生产技术和后期处理技术（加工技术和食品储存技术等）。历史上，黑人大专院校缺乏工程类课程和数学、物理科学方面的教学。因此，弱势群体缺少农业工程方面的训练。

（三）农业经济

相关调查也表明了 AET 战略的重要性，表明了农业发展对一般农业经济技能和相关的农业企业、农场规划、农场管理和企业能力的迫切需要。

（四）农业发展

随着农业的迅速发展，越来越多的新成员进入农业领域，但这些新进入者所需的技能严重缺乏，包括农业技术推广、可持续的生计、粮食安全、资源管理、农业法律和政策、土地和环境管理等各个方面。

农业技术推广越来越迫切，所有农学家、经济学家、工程师以及各级科学家是熟练地利用他们的专业进入该领域的，然而农民不是。如何使农民掌握农业技术，如何使专业研究者将农业技术推广到农业生产中并取得价值增值，是农业发展对AET系统提出的一个挑战。

此外，研究强调，要将农业推广概念延伸到传统农业技术推广以外更大的范围内。具体来说，它强调农技推广人员的能力和技能的提高，帮助应对农村变化，了解艾滋病毒/艾滋病对农村经济基础的影响，以及对家庭的生计系统的重视。目前，各种不确定性通常影响部分推广人员接受正规和非正规的培训。

七、培训对象失衡问题

（一）人种失衡

南非审计署一份报告（2006）显示，2005年，在被调查的1 739名就读于农业院校的学生中，有50%是黑人，43%是白人，仅7%由其他人口组成，但亚裔学生几乎没有。

历史上的黑人机构一般都设有普通农业和农业管理的课程，但很少或根本没有注重目前需求的技能（稀有技能）的培训，如农业工程、农业经济、葡萄栽培和兽医学。

高校中最受欢迎的学科是农业管理、农业科学和动物科学，学生数分别为1 555名（19%）、1 384名（17%）和1 312名（16%）。2005年的毕业生数据显示，总共有1 328名学生毕业。在这些毕业生中，20%来自斯泰伦博斯大学，16%来自比勒陀利亚大学，14%来自西北大学，12%来自自由州大学，其余机构培养的毕业生不到10%。黑人毕业生占多数（54%），其次是白人毕业生（43%）。男性毕业生人数比女性毕业生人数要多，分别是毕业生人数的52%和48%。动物科学方向、农业科技方向和农业管理方向毕业生较多（分别占21%，19%和11%）。另外有65%的毕业生获得了初级学位。

（二）性别失衡

南非的农业大学将招收更多的女性学生，并且培养那些准备走向领导岗位的学生。林德利等人（1996）表示，南非在这一方面已经取得了一些进展：在中等及以上的家庭中，女性在农业方向的入学率从平均15%提高到了近25%。虽然总人口中有50%的女性，且她们在农业和相关行业2/3以上的岗位发挥作用，但仍未被重视且经常被低估。妇女在食品生产、食品推广和食品采集方面扮演了十分重要的角色。许多研究都表明可以通过提高女性的教育、培训、可获取的资源、技术、信息和知识来加强女性的技能。课程改革是实现思维方式和价值体系改变的根本。在许多粮食作物主产地的非洲国家，由于主要由女性来采集食物，因此农业教育、研究和发展没有从性别方面采取有区别的政策是农业发展停滞的关键因素。

第十一章
南非农村能源概况

第一节　能源现状

南非能源密集度高于世界平均水平，商用初级能源密集度在全球排名第11位。能源工业基础较雄厚，技术较先进，产值占GDP的15%。家用能源约占能源总消耗量的22%，主要使用的是易燃木（占65%）、煤（占9%）、煤油（占8%）和液化天然气等。2005年南非消耗液体燃料213亿升，36%为煤和天然气加工的合成燃料，其余主要是进口原油在当地提炼而得（王海芝，2006）。

一、电力需求日益加大，电力危机日益显现

南非是非洲的电力大国，发电量占全非洲的2/3，其中几乎90%来自燃煤发电。2007年之前，南非具有足够的装机容量满足国内的电力需求。南非曾是世界上电费最低的国家之一，2009年的平均电价为0.249 3兰特（约合0.231 2元人民币）/千瓦时。2010年2月24日，南非能源管理委员会通过决议，批准南非电力公司于2010年4月1日至2013年3月31日分3年3次上调电价，分别上调24.8%、25.8%和25.9%，使最终平均电价达到0.657 4兰特（约合0.609 7元人民币）/千瓦时（朱轩彤，2011）。

由于经济快速发展，对电力的需求也日益增大，虽然南非的电力装机规模在非洲称雄，2008年6月南非遭受严重的电力危机，全国范围

内的矿产业曾在一个月内被迫停产 5 天，导致产量大幅下滑。从 2008 年各地轮流停电风波之后，南非开始了定量配电。预计到 2025 年南非电力缺口将达到 2 640 万千瓦。为解决电力短缺问题，南非能矿部和国家电力公司共同出台了电力短缺应对计划，包括建设国家输配电网络及加快发展独立发电项目等，希望到 2017 年计划增加发电容量 2 200 万千瓦。为吸引其他企业投资建设电站减少政府固定资产投资，2009 年 8 月 5 日，南非政府在 2006 年颁布的《电力管理法》基础上通过了新增发电容量管理的内容，以鼓励独立发电商（IPPs）投资建设电站。

二、电能的煤炭依赖带来严重的环境污染

面对全球变暖和 90%电力依赖煤炭发电的现实，作为目前非洲最大碳排放国家和德班全球气候大会的东道主——南非已经承诺了一个长期的减排目标：到 2020 年将二氧化碳排放量减少 34%，到 2025 年将降幅提升到 42%，改变自国家诞生之日就存在的“煤炭依赖”局面。为了完成这一目标，早在 2011 年 11 月 18 日，南非政府有关部门、企业家、劳工组织和社区组织就签署了《绿色经济协议（Green Economy Accord)》，减少对资本密集型行业如矿业的依赖，鼓励发展绿色经济，吸引大量投资，以期帮助南非成为非洲大陆最大的可再生能源利用大国（王冠一，2012）。为此，国家开始关注再生能源——太阳能、风能、地热能等的利用和开发，南非国家能源研究所授权 Stellenbosch 大学作为可持续发展能源研究的中心。2010 年 10 月 23 日，南非政府宣布，计划将投入超过 1 150 亿美元扩建火电、核电、风电、太阳能等电力基础设施。南非政府一系列支持可再生能源的政策表明，南非的能源战略已经在摆脱“煤炭依赖”的道路上迈出了坚实的步伐。

三、可再生能源发展提上日程

（一）可再生能源发展的政策法规

南非政府承认可再生能源在价格上还无法与常规能源竞争，为了解

决这一问题，政府采取一些措施为可再生能源投资者创造一个良好的环境，主要措施有：①建立一个完善合理的电力市场，以保证可再生能源投资者和消费者都能接受，并且公平地进入国家电力网，反对不正当竞争。②在财政上可能获得支持的途径有：寻求南非发展银行、工业发展组织、中央能源基金、贸易和工业部贷款、投资、合作等。在国际上，可以向全球环境基金（GEF）、世界银行的碳基金示范（PCF）、世界银行共同发展碳基金（WBCDCF）以及清洁发展机制（CDM）寻求资助。③制定政策法规。包括制订可再生能源技术标准和规范、促进可再生能源技术的研究和发展，建立清洁发展机制项目办公室等。在南非500千瓦以下的电力商（年售电500万千瓦时以下）可以不用申请生产许可证。但是并网发电要符合南非的国家标准，并要进行环境影响的评估（孟宪淦，2004）。

1.《可再生能源白皮书》

南非的可再生能源储量丰富，沿海风能资源和内陆太阳能资源均具有较好开发价值。2003年11月，南非矿产与能源部发布《可再生能源白皮书》，宣布到2013年南非可再生能源发电量要达到100亿千瓦时，可再生能源总装机达到166.7万千瓦。但截至目前，只有西开普省Darling公司和Eskom公司建设了两个实验型风电场（位于西开普省，分别为4×1.3兆瓦和2×1.6兆瓦）。2009年3月，NERSA制定了可再生能源强制上网电价，其中风电上网电价定为1.25兰特/千瓦时（不含税，约合人民币0.75元/千瓦时），同时公布了购电协议文本（PPA）征求意见书，对采购方、合同价及执行年限、调度方式等都进行了详细规定。

2.《综合资源规划2010—2030》

南非政府于2011年初批准了能源部制定的《综合资源规划2010—2030》，该规划的宗旨是在发展经济、减缓贫穷、提高能源效率、环保和支持能源再生技术的前提下，选择可支撑以上各方面的能源方案，平衡能源需求及资源供给。综合能源规划的作用在于：

（1）就国家经济、社会及环保政策对能源部门的要求，给以说明和解释。

（2）根据能源对实现国民经济和社会目标的作用来分析需求。

（3）根据能源供给系统的潜力和需求方面的管理，满足当前及未来的潜在的能源需求。

（4）分析能源部门同宏观经济的关系。

（5）从全球及技术的角度分析能源部门的潜在影响。

（6）评价立法、制度和工业结构的组成对能源供给及需求的影响。

（7）详细说明能源供给、需求、能源部门的制度及其同经济和社会因素的关系，并追溯和提供相关数据。

在《综合资源规划 2010—2030》中，有关可再生能源的分析结论和相关政策是：虽然在规划区间内引进可再生能源成本较高，但它对于基于环保考虑而促进可再生能源的利用及能源供给实现多样化来说是十分重要的。另外，同样重要的一点是它为南非的发展建立了一种结构模式，该模式是在以经济发展为基础的前提下开发可再生能源，从而对能源供给做出重要贡献。就电网供电而论，风力和太阳能发电对需求来说微乎其微，这些技术只有在风能或太阳能能够得到时才能有产出。所以大规模的使用风能经济成本昂贵，然而开发可再生能源在南非能源部门中却经济可行，南非对可再生能源的目标是截止到 2012 年发电 10 000 吉千瓦时。

3. 其他文件

在 2009 年政策基础上，2010 年南非政府又相继颁布了相关文件，主要包括：

（1）颁布了《关于整体资源规划及新增发电容量的决定》，南非可再生能源规划容量到 2013 年年底为 114 万千瓦，主要由独立发电商（IPP）开发，约占全国能源需求总量的 4%，其中初步计划风电开发容量为 50 万千瓦。

（2）NERSA 颁布了《REFIT（可再生能源上网电价补贴，Renewable Energy Feed-in Tariff）机制下可再生能源项目评选标准》，主要对电网稳定性、当地经济发展、BEE（黑人经济振兴法案，Black Economic Empowerment Act）政策执行力度、环境影响评估以及融资保障等方面进行综合评分，评分较高的独立发电商将获得购电协议。

（3）NERSA 批复 Eskom 公司涨价申请，其中包含了可再生能源项目的电价补贴，对2010—2013年可再生能源发展计划提供了经济支持。同时，确定Eskom为REFIT项目的最终采购方。

（4）2010年9月，南非能源部发布了《关于可再生能源发电商信息登记》，计划于今年11月底启动可再生能源项目招标工作。根据南非《综合资源规划2010》（IRP2010）草案，到2013年年底，由独立发电商开发建设70万千瓦风电场，12.5万千瓦填埋气及小水电；Eskom公司则建设10万千瓦风电场及20万千瓦聚光太阳能光热发电站（CSP）。到2019年风电规划总装机容量要达到450万千瓦，太阳能项目60万千瓦（主要为CSP）；2019到2030年可再生能源装机再新增720万千瓦。

（二）可再生能源产业

2011年12月，南非能源部总司长尼利斯维·马古巴表示，南非2016年前可再生能源发电能力将达到3 725兆瓦，可再生能源发电在未来新增发电能力中所占比例要达到42%，约为17 800兆瓦。能源部在综合评估后，3 725兆瓦的发电指标包括：风力发电1 850兆瓦，太阳能光伏发电1 450兆瓦，太阳能集热发电200兆瓦，生物质发电12.5兆瓦，生物沼气发电12.5兆瓦，垃圾填埋气发电25兆瓦，小型水电75兆瓦等。预计这些发电能力的建设成本在100亿～120亿美元①。2011年8月，南非能源部启动了可再生能源招标工作，招标总容量为372.5万千瓦，其中风电项目招标容量为185万千瓦，光伏145万千瓦，其余为光热、生物质发电以及小水电等共计42.5万千瓦（钱贺，2014）。2012年年末，据美国《风能》月刊报道，南非能源部证实，该部门将在南非可再生能源独立发电企业采购计划的框架下，增加可再生能源装机容量。虽然尚未透露具体的容量额，但是业内认为到2020年核准项目有望达到320万千瓦。而对于不同可再生能源技术装机容量的分配问题，还未有相关指示。在前两轮的可再生能源项目招标后，可望获得的风电项目有65.3万千瓦。同时，南非能源部现在已经得到国库的担保，为投资者提供保证，以防止公用事业企业——南非国家电力公

① 数据来源于：南非可再生能源发电目标2016年前3 725兆瓦．新财经，2012（2）：89.

司在款项上出现违约情况，这为南非国家电力公司与开发商签署实施能源采购协议指明了途径。

1. 太阳能开发利用

南非是世界上太阳能资源最丰富的国家之一，平均年日照时数达到2 500个小时，日辐射量为每平方米4.5～6.5千瓦时，尤其以4、5月间日照最长，故以“太阳之国”著称，南非的气候条件在太阳能资源上的优势在全世界中也非常明显。然而如此丰富的资源却并未得到充分的开发和利用。为解决电力供应不足这一难题，2009年10月，南非能源部宣布，为了满足日益增长的电力需求，南非计划在北开普省的阿平顿地区建设一个发电能力为5 000兆瓦的太阳能工业园，预计总投资超过1 500亿兰特（约215亿美元）。

在北开普省地区，平均每天的太阳直接辐射量高达每平方米7～8千瓦时，不仅是南非辐射最高的地方，在全球也高居前列。据南非《每日商报》报道，预计该太阳能产业园将成为世界上最大的专属太阳能产业基地，与此同时还将极大地缓解南非电力短缺的问题，并将为南非创造多达12 300个直接就业岗位，而在全部建成后，每年的运行和维护还可以创造3 000多个就业机会。同时也将吸引大量的投资和技术，将阿平顿这个贫困地区打造成世界“太阳能之都”。

南非能源部已提议组建太阳能工业园管理局，对土地征用、环境评估、水电交通等基础设施建设、各种审批手续等进行“一条龙”服务，这样将大大节省项目的审批时间和前期投入，降低太阳能发电成本。在完成一系列法律程序后再邀请企业竞标，从2012年开始正式兴建。

同时，2012年年底，南非国家电力公司和南非公共企业部部长为ESKOM豪登省Lethabo火电站的太阳能光伏发电站奠基，标志着ESKOM太阳能光伏试点项目的正式启动。ESKOM太阳能光伏试点项目第一阶段将通过引入太阳能光伏发电系统，为ESKOM各火电站提供内部供电，从而减少ESKOM的碳足迹①。

① 资料来源：南非国家电力公司启动太阳能光伏试点项目［J］. 科技创新与生产力，2012（1）：112.

ESKOM称该公司制定了一个长期的节能减排战略，当务之急是减少其现有火电站的排放。太阳能光伏试点项目是这一战略的重要组成部分，ESKOM将吸取试点项目的经验并逐步在其火电站中全面推广。拟建的各太阳能光伏电站总共能产生1.55兆瓦电力，每年约减少碳足迹2 845吨，该项目是南非政府实施绿色经济协定的重大举措之一，有助于推动南非清洁能源事业的发展，并创造大量就业机会。南非为发展清洁能源做出了巨大努力，包括在南非北开普省阿平顿建造发电能力为100兆瓦的太阳能发电厂，以及在西开普省建造一座发电能力为100兆瓦的风力发电厂。

2. 风能开发利用

（1）风力资源。南非在非洲南端，三面环海，有漫长的海岸线，风力资源丰富，风能资源每年260亿KWh（孟宪淦，2004），但南非的风力资源并没有得到充分的开发与利用，它完全可以利用风力发电输送到国家电网、地方小电网或者直接供给小负荷电器使用，这样不仅可以促进农村直至整个社会经济的发展，而且可以增加就业机会。南非政府对风力发电的支持政策还不健全，尤其在执行时，问题更多。例如，燃煤发电站的电力税低，影响了风力发电的发展，电力生产缺乏应有的规章制度等。南非政府已在全国范围内进行普查，并绘制出风力分布区图册。风能的潜力大，但并不一定都能用来发电，如某些最好的风能场址CapePoint，其平均风速是9米/秒，但因它属于生态多样化保护区和自然保护区的国家公园，不能建风电场。其他类似的地方如Cape-Hangklip和Steenbrass水坝也位于保护区内。南非大部分地区为中等风速，沿海地带和德拉肯斯堡坡地的风力资源最为丰富，能够用以生产经济电力。沿海和斜坡地带地面10米高处的年均风速大于4米/秒，有的10米高处的年均风速还超过了6米/秒。

（2）风电项目招标。南非能源部通过对各投标项目的投标电价、当地社会经济发展计划、黑人经济促进方案等方面进行综合评估后，最终选出最具实力的新能源开发企业作为中标单位。①2011年12月，第一轮风电中标8个项目，合计容量为63.4万千瓦，中标价格全部为允许的最高投标基础电价1.14兰特/千瓦时（约合人民币0.69元/千瓦时)。②2012 年 5 月 21 日，南非能源部宣布了第二轮中标结果，其中风电项目投标总容量超过 180 万千瓦，中标容量为 56 万千瓦（原计划招标 65 万千瓦)。风电平均中标电价从第一轮的 1.14 兰特/千瓦时（0.69 元/千瓦时）下降到 0.89 兰特/千瓦时（0.54 元/千瓦时)，其中最低中标电价为 0.80 兰特/千瓦时（0.48 元/千瓦时)，最高为 0.975 兰特/千瓦时（0.59 元/千瓦时)。前两轮风电投标项目总容量约为 350 万千瓦，最终中标项目容量为 120 万千瓦。③2013 年 10 月 29 日，第三轮风电项目计划招标容量为 65 万千瓦，最终中标项目容量调整为 79 万千瓦。①。按照招标文件要求，2014 年 7 月底前为项目融资关闭期，中标单位需要完成发电业务许可、并网协议、购售电协议、执行协议、贷款合同、风电机组采购和 EPC 合同等系列文件的签署。完成财务关闭后，项目可开工建设，2016 年年底完成项目投产发电。④2013年 9 月的风电 Windaba 会议上，南非能源部提到以后将大力发展新能源项目，计划截至 2020 年前每年按照 40 万千瓦的容量进行新能源项目招标，当时预计第四轮新能源招标项目 2014 年 8 月开标（钱贺，2014)。据南非风能协会（SAWEA）首席执行官约翰·范登伯格介绍，到 2030 年，南非风能发电量预计会超过能源部的目标，达到 1 850 兆瓦。

(3) 已建成的风电项目。南非已经在西开普省 Darling 公司和 Eskom 公司建设了两个实验型风电场（位于西开普省，分别为 4×1.3 兆瓦和 2×1.6 兆瓦)。

①Darling 风电场。10 兆瓦的 Darling 风电场计划分 2 个阶段建在 CapeTown 以北靠近 Darling 的 Slangkop 农场，每一阶段安装 5 兆瓦的风力发电设备。第一阶段包括 5 台 1 兆瓦的风力发电机。该场址 6 米高和 12 米高处的风力数据在 1997 年 6 月至 1998 年 6 月就已采集，1997 年 6 月至 1998 年 2 月在 12 米高度上采集的风速平均值是 6.9 米/秒。经初步计算，Darling 风电场的电力单位成本是 0.38 南非兰特/（千瓦·

---

① 资料来源：龙源电力成功中标 24.4 万千瓦南非风电项目［J］. 风能，2013 (12)：15.

时)，折合为0.05美元/（千瓦·时）(魏建明等，2004)。

②Eskom风力发电示范场。发电场计划安装6台功率为0.75～1.00兆瓦的水平轴风力发电机和2台垂直轴风力发电机，通过Eskom附近的变电所与电网连接（魏建明等，2004)。

3. 水电开发利用

南非水资源比较短缺，南非年降雨量仅为464毫米，远低于全球857毫米的平均降水量，全国21%地区的年降水量不足200毫米，48%的地区在200～600毫米，基本属于干旱地区。全国可开发水能资源约8 360兆瓦或72 230吉瓦时/年，目前已开发水能资源2 268兆瓦，其中水电688兆瓦，抽水蓄能1 580兆瓦，正在运行的小水电站44座。Gariep大坝（4×90兆瓦）是南非目前最大的水库工程，总库容5.5亿米^3，满库容时库面集水面积370千米^2。位于同一河流Gariep大坝下游130千米处的Vanderkloof大坝（2×120兆瓦）是南非第二大水库工程，库容3.2亿米^3。南非90%的电力来自燃煤发电，核电占5%左右，剩下的5%由水电和抽水蓄能电站提供（程夏蕾等，2013)。

四、能源政府组织机构

南非电力行业的政府管理部门是能源部和国家能源管理委员会(NERSA)。能源部是中央政府部门，负责国家能源法规和政策的制定以及与能源相关的政府服务功能。国家能源管理委员会是政府能源政策的主要执行部门，向能源部汇报工作。

南非电力企业主要为南非国家电力公司（Eskom)，1922年，南非发布《电力法》。依据该法，南非成立了电力供应委员会（ESCOM)，1948年，ESCOM收购了最大的私有电力公司（VFP)，除了小部分的工矿企业自备电厂和属于市政所有的小电厂，ESCOM控制了几乎全部的发电量和高压输电网络。1985年和1987年，南非两次修订《电力法》，并于1987年成立了Eskom，取代了ESCOM，垄断了国内所有的发电和输电业务。Eskom是南非最大、目前来说也是唯一的电力供应商。Eskom公司同时经营发电、输电和配电业务，其所发电量占南非总电量的95%，占非洲总电量的45%。配电公司组成比较复杂，除Eskom公司直接配电外，还有187家已授权的市政级配电商向用户供电。

截至2013年9月，Eskom公司的电力总装机容量达到41 919兆瓦，其中燃煤火电厂35 650兆瓦，常规水电站600兆瓦，抽水蓄能电站1 400兆瓦，燃气电厂2 409兆瓦，核电站1 830兆瓦，风电场3兆瓦。Eskom公司2013年总发电量为2 327.49亿千瓦时，其中燃煤火电厂发电2 148.07亿千瓦时，常规水电站发电10.77亿千瓦时，抽水蓄能电站发电30.06亿千瓦时，燃气电厂发电19.04亿千瓦时，核电发电119.54亿千瓦时，风电发电100万千瓦时。除发电业务外，Eskom公司同时经营输电和配电业务。截至2013年年底，Eskom拥有的输电线路长度为35.4万千米，输电线路容量为135 840兆伏安。Eskom拥有全国的高压输电网，输电系统以400千伏和275千伏为主，还包括765千伏输电线路和直流533千伏线路，西北部分地区有少量220千伏线路。南非主要电源点集中于约翰内斯堡附近（除Majuba电厂外，其他电厂均为坑口电厂），而东开普省、西开普省以及北开普省缺少电源点，因此南非的输电网络网架较强。目前南非主要通过400千伏输电线路将北方的坑口电厂与内陆及沿海的重要城市及其矿山和工厂组成了相对强大的全国电网体系。Eskom全国控制中心（National Control Centre）负责电力实时调度工作，保证国家电网整体供需平衡。南非还与邻国实现了并网，构成南部非洲电力联营集团（Southern Africa Power Pool），以便进口邻国的电力资源。Eskom公司计划于2013年前投入3 850亿兰特（约合2 325亿元人民币），并预期在2026年前总计投入1万亿兰特（约合6 039亿元人民币），以将其电力装机容量提高到8 000万千瓦（钱贺，2014）。

第二节　农村能源发展

由于联合国主导的石油禁运能源政策使得南非必须以自给自足能源

政策为目标，从而导致南非大量、频繁、不经济地投入到燃料加工厂以及核燃料产业上，留下微薄的财力用于改善家庭电力供应。因此，国内获得电力方面在群体和地区之间存在巨大差异，绝大多数无电的家庭集中于农村，南非农村和偏远地区的电气化水平普遍落后于城市地区。在农村和城市地区，穷人们往往无电可用。

1994 年种族隔离制度消亡后，南非政府的能源政策得到了很大改变，政府开始将目光由能源供给转移到能源需求方面，特别关注家庭用能，以及给穷人提供可负担得起的能源。而早期，更关注能源对矿业和制造业支持带来的高产出和可观的经济效益。

一、《能源政策白皮书》

1998 年 12 月出台的《能源政策白皮书》中，南非政府对于能源调整的目标是：通过满足穷人的能源需求提高社会公平性；通过对工业、采矿业和其他行业提供低成本和高质能源的投入，提高南非经济的有效性和竞争性；短期和长期自然资源利用的可持续发展。

政府对能源部门的政策在 1998 年的《能源政策白皮书》中也有详尽的说明。

（1）增加可负担得起的能源服务供给。

（2）改善能源管理。

（3）刺激经济发展。

（4）关注能源带来的环境影响。

（5）通过提供多样性能源保障能源供给。

随着时间的推移，1998 年《能源政策白皮书》中提到的目标有所调整，在 2005 年的预算演说中，能源部部长如下阐释了这些目标：

（1）到 2014 年，普及能源使用。

（2）特别为穷人提供能负担得起、可靠的能源。

（3）使重要能源多样化，减少对煤炭的过度依赖。

（4）帮助和鼓励私人部门对能源的投资。

（5）能源使用要注重环保。

二、国家电气化工程（NEP）①

（一）国家电气化工程的主要类型

1. 电网电气化工程

国家电气化工程（NEP）是由政府资助、主要针对以前处于不利地位的农村地区以及学校和诊所，工程的主要目标是到 2001 年将国家电力化水平提高到 66％，其中农村地区电力化水平提高到 46％，城市提高到 80％。这意味着可以为 250 万户家庭提供电力。到 2001 年电力化整体上提高 66％的水平得以实现，农村比设定的目标稍高，实现程度为 49％，而城市为 77％。2001 年后，电力化继续发展，到 2003 的整体国家电气化水平为 69％。

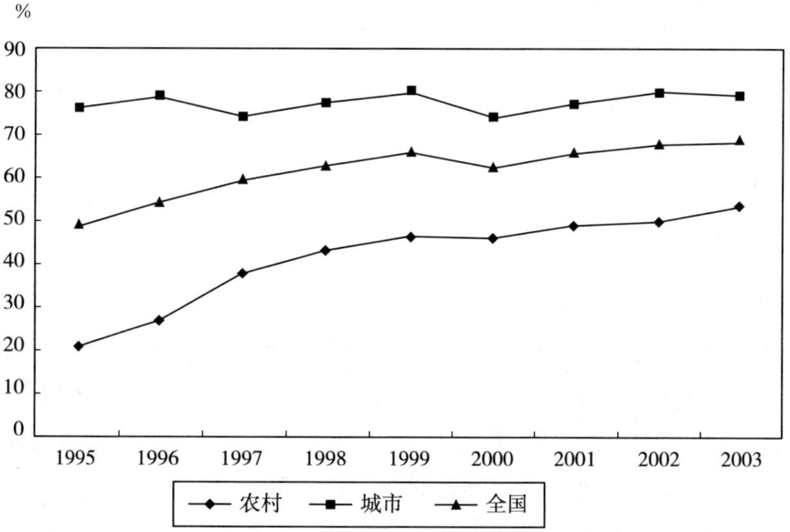

图 11－1　南非家庭电力化趋势

资料来源：转引自：Olebogeng David Daw. 中国和南非农村地区电力分布的可持续发展［D］. 成都：西南财经大学，2010（4）.

国家电气化工程（NEP）是由 Eskom 电力公司和各个市政供电商

① 根据 Olebogeng David Daw 的《中国和南非农村地区电力分布的可持续发展》相关内容整理。

实施。Eskom在1991年发起的“让所有人都用上电”的口号。1993年，36%的人口使用电网电力，从1994到2000年，每年平均新增通电家庭为450 000户，共新增了3 400 000多户通电家庭，超越了到2001年新增2 500 000户的目标。到2004年，依然有约30%的（20%的城市和50%的农村）人口，主要是穷人仍然无电可用。

2. 非电网电气化工程

国家电气化工程的另一举措是对农村地区的离网型电气化工程。当国家电气化工程短期或者中期不能满足偏远地区的连接电网的需求，电网电气化工程的替代品离网型电气化工程——清洁能源应运而生，非电网电气化工程是为了为扩大对偏远地区的供电而发起的。政府通过对能源付费的方法推进能源服务公司（ESCO）模式，5个私有公司分别被允许在特许区域建立非电网能源服务机构，许可协议能源服务公司来安装和维护所分配农村的非电网电力技术，目标是在7个特许地区提供50 000套太阳能住宅系统。

每安装一套家用太阳能系统，政府根据成本会奖励补贴3 500兰特。但是能源服务公司却声称政府未考虑到全部成本，因此政府同意能源服务公司可以收取每户每月58兰特的服务费和100兰特的前期安装费，58兰特服务费中的40兰特作为FBE政策的一部分由政府承担。

非电网电气化工程中的太阳能技术也被用于偏远地区的学校和诊所。诊所的非电网电气化工程比较成功，学校却存在一些问题，从1996—1998年安装了1 400套太阳能系统，但是2000年发现仅仅6%在投入使用。太阳能系统可提供额定的50瓦最大功率，可发电约四灯、一个收音机和一个黑色白电视机，估计每月要消耗约6千瓦/时。但是依然不能用电来做饭，因为太阳能系统功率太低不能支持炉子或者电热板的使用，相对于电网电气化，太阳能系统的弊端是显而易见的，妇女们不得不收集薪柴用于做饭。因此，绝大多数使用者将太阳能的使用作为一种临时性方案。

（二）国家电气化工程的益处

尽管电气化工程有一定的缺点，特别是非电网电气化工程，但是实施电气化工程（无论是联入电网还是非电网）的穷人社区的福利整体得到了很大提高，具体体现在：

（1）减少了薪柴使用带来的空气污染。

（2）诊所的医疗健康服务由于通电有了很大的改善。

（3）提高了学校的工作效率，如复印机和电脑的使用。

（三）国家电气化工程的投资

政府进行了大量投资鼓励基础设施的修建，以及电力设施的修缮和翻新，以提高电力供给质量。通过国家电气化综合项目，2007/2008 提供给市政供电商 4.378 亿兰特；2008/2009 总计 5.956 亿兰特；2009/2010 为 8.97 亿兰特；2010/2011 为 9.508 亿兰特。给予 Eskom 公司 2008/2009 为 11.508 亿兰特；2009/2010 增加到 14.208 亿兰特；2010/2011 增加到 16.493 亿兰特。可见，Eskom 分享了资金的一大部分，是因为他们主要将目光停留在农村地区的能源供给上。

三、基本电能免费政策

（一）实施背景和方案

国家电气化工程，对于很多穷人来说，并不是简单的连入电网，而是要用得起。很多穷人并不能从入网中获益，因为他们难以负担得起满足生活的最少用电量，还会拖欠电费，从而被断电，这又导致一些被断电的用户非法接入电网。当这种非法行为被 Eskom 公司发现，将会被永远停电，如果想再加入用电系统，则难以负担得起重新安装的费用，这就意味着他们不可能和电网连接，改善生活质量和福利就无从谈起。为了避免用户非法用电，Eskom 公司推行了预付费电表，穷人们常常没有能力购买足够单位的电力，到月底就没电可用了，所以预付费电表受到反对。穷人还会遇到较差的服务质量等问题，如对于断电的问题，会遇到断电前通知不能及时有效到达，甚至在已经协商解决的前提或者在规定时间限制内付钱的情况下还是被断电了。为此，南非政府推行基本电能免费政策，对于电网供电的家庭每月可享受 50 千瓦/时（约 18

兰特）的免费电量，对于非电网用电的家庭，政府补贴每月 58 兰特能源服务费中的 40 兰特，这意味着使用者每月还要自己支付 18 兰特。Eskom 主要负责向农村地区提供免费的基础电力，到 2006 年，他们服务了 1254 199 户。

（二）遇到的问题

1. 对于接入电网的用户来说存在如下问题

第一，政府解释说，一般穷人家庭每月消费不可能超过 50 千瓦时的电量，这也是为什么将免费电力使用量规定在这一数值的原因。但是反对者通过调研发现，很多家庭每月 50 千瓦时是远远不够的，有的家庭消费电能是这个数值的十倍多，甚至高达 600 千瓦时，这是由于不合理的房屋建筑结构对取暖的需要导致的，如果仅仅用来做饭和照明，50 千瓦时还是够用的，这也就是为什么接入电网的很多家庭依然用薪柴或者石蜡来做饭。

第二，基本电能免费政策对家庭不加以区分。首先，很难界定谁是穷人和拥有补贴资格，不论他们的收入水平如何，这样补贴给了很多非穷人家庭使得政策效果大打折扣。其次，没有考虑家庭结构差异，人口多的家庭明显人均受益更小。

2. 对于非电网用户，也存在类似问题

这些用户首先需要安装太阳能设备，这就意味着要多面临一些资金的制约因素。而断电终究不是个办法，于是 SECC 提出了每月缴纳固定费用（50 兰特）而不限制电量的使用，然而这种政策的可行性有待于继续讨论。

3. 对于尚未通电的用户，特别是穷人面临用电的高成本问题

居住密度较低，将房屋纳入电网的连接成本很高，通常都与现有电网距离较远，导致额外的供电线路负担。因此，农村的电力推广举步维艰，需要一个长期的财政支持。

四、小规模风能的开发利用

南非目前已在沿海地区大量使用了当地制造的风力提水机机组，性能可靠，成本较低，主要为牲畜提供饮用水，风能已经成为南非农村地区的重要能源资源。南非在 1871 年就制造出机械式提水风车，全国目前已安装的风车约有 10 万台，90％为当地制造。风车适用于年均风速低于 3 米/秒的区域，由于风车性能可靠，维护费用低（为投资费用的 5％，诸如齿轮箱、风轮、尾舵、底塔和风车塔等的使用寿命为 30 年，水泵为 10 年），故每年国内定购数为 100 台，出口数量也相似，人们优先选择风力提水，除投入费用低，还因为有现成的基础设施，使用简单方便。小规模的风能开发利用与大型光电板或柴油发电机结合使用，更适合 Karo 和 CaPe 北部居民稀少的地区。

第三节　启　　示

南非是非洲经济发展的领航者，也是非洲电力规模最大的国家。南非不仅拥有丰富的自然资源、良好的基础设施，还享有完善的金融和法律体系，是非洲的金融、贸易、物流中心。但是，南非能源结构较为单一，电力基础设施不足，电力供应紧张且电价上涨，对南非制造业和矿业等带来了严重影响，已成为制约南非经济进一步发展的重要因素。为此，南非政府提出大力发展新能源，提高太阳能、风能等新能源的应用比例。

目前，中国电力企业的规模不断扩大，技术、管理和资金等实力不断提升，已初步具备了海外运作的市场基础和经验，“走出去”的条件不断成熟。而且，中国电力市场趋于饱和，产能出现过剩，行业平均利润呈下降趋势，譬如 2010 年我国太阳能电池产量占世界总量的 50％，而 90％以上都用于出口；至于风电，2010 年新增装机容量 1 893 万千瓦中就有超过 30％因未能上网而被浪费，电力企业谋求自身发展使得“走出去”成为必然。

2010 年 8 月 24 日，两国能源部门签署了《中华人民共和国政府与南非共和国政府关于能源领域合作的谅解备忘录》，这标志着两国将全面展开能源领域合作。2010 年，中南两国正式成立了国家双边委员会框架下的能源分委会。2010 年 11 月 15～16 日，能源分委会第一次会议在南非开普敦举行。会后两国还签署了三个可再生能源协议：一是龙源公司、中非基金和南非穆力洛可再生能源公司成立风电合资公司的股东协议；二是清华太阳能公司、南非中央能源基金、南非开普敦半岛科技大学及南非 shudub 集团公司在南非共同发展太阳能水加热设备制造厂合资协议；三是皇明太阳能公司与南非工业发展公司关于设立太阳能合资公司的谅解备忘录。

中国企业要以此为契机，大力发展与南非的可再生能源合作。如太阳能热水器已在中国市场普及使用多年，是成熟的太阳能技术产品。太阳能照明的各种灯具设备在中国市场也已是成熟产品。对中国商家来说，把太阳能产品送到南部非洲大陆的千家万户是个难得的商机。国内太阳能热水器产品在南非的应用推广过程中，首先需要国内厂家通过自身的经验，参考国外工业化国家的发展历程，结合南非特点的建筑市场的特点和气候特点，有针对性的、主动的同南非当地的建筑市场进行有机结合。

第十二章
南非农业生态环境保护

南非高度重视生态建设与农业发展的协调性。从发展有机农业、推广节水灌溉、重视良种繁育、开展人工造林、直到开发农业旅游，南非的生态、环境、资源始终与农业经济的增长保持着协调同步。南非土地资源丰富，平均每平方公里人口 39 人，单位面积人口承载量不到我国（135 人）的 1/3，但却非常重视资源的适度开发，生态环境保护一直伴随着南非的建设与发展。近年来，南非通过大力发展人工林，已经拥有了世界上最大的人造林，每年的林业总产值可达到 110 亿兰特。在南非每开发一个新的住宅区，邻近就必须规划一个自然生态保护区，全国现已设有 422 个大型生态环境保护区，面积总计 6.7 万平方千米，无论从数量上还是占国土比例上均为世界之最。相应地，生态旅游业已成为南非旅游业最主要的增长点。此外，葡萄酒庄旅游也正发展成新的旅游业态[①]。

第一节　农业生态保护政策法规

南非政府高度重视环境保护、水资源保护、湿地保护、野生动植物资源保护，南非宪法规定，生态环境保护是各级政府的必尽职责。在南非，除环境和旅游部外，农业和土地事务部、水利和林业部、矿业和能

---

① 南非、印尼农村和农业发展考察报告．无锡农村工作．2009（29）．

源事务部以及卫生部也设有环保监督职能部门，这些部门在制定和执行国家环保标准方面协调行动、相互监督，形成了严密的环保机制。在中央政府直接领导下，参与保护工作的政府部门、研究机构、民间组织众多，它们彼此协调，互相监督，建立了一套较为完整的自然生态保护网络和体制。水资源保护法、环境保护法等涉及自然生态保护的法律制度体系健全。整个国家拥有大量的国家保护区、私人保护区，自然生态保护早已成为南非人民最为重要的事情，家喻户晓、人人关心。

在1996年新宪法精神及1997年《保护与可持续利用南非生态资源多样性之白皮书》的指导下，南非政府在1998年先后制定和颁布了《国家环境管理法》《国家水法》等几个重要法规；除此之外，其他环境立法还有《海洋生态资源法》《国家森林法》《国家草原及森林防火法》《国家公园法》（修正案）《湿地保护法案》《濒危物种保护法案》等（夏新华，2001）。兹将主要法规及政策介绍如下。

一、《国家环境管理法》

《国家环境管理法》最为重要的是第一章。该章第一节确立了南非环境管理的基本原则，即国家有责任尊重、维护、提高与执行新宪法第三条所赋予的社会与经济权利，尤其是对因不公正的种族歧视而被剥夺了基本人权的有色人种。同时，第二节宣布这些原则不仅适用于对本法的解释、运用与执行，而且适应于任何与保护和管理环境有关的法律。第三节对因先前被剥夺了基本权利的人们的地位之改善特别规定如下：“（1）追求环境公正，对环境的有害影响不得以不公正地歧视任何人尤其是那些被剥夺了基本权利的人们的方式予以传播。（2）为满足人生基本需求，对环境资源的利用享有均等机会；确保人类对福利的追求；采取特别措施以确保各类因不公正的歧视而被剥夺了基本权利的人们享有同等机会。”第四节列举了在可持续发展中应予以考虑的相关因素。其中包括避免环境的污染与恶化，在无法避免的情况下，必须将之限定在最低限度内；避免破坏作为国家遗产的自然景观和遗址，即便在无法避免的情况下，也应将其限定在最低限度内。该法第三章拟定了合作管理的程序；第四章是关于公正决策及冲突解决的规定；第五章是关于综合性的环境管理的规定；第六章是关于国际环境义务与条约的规定；第七章是关于法律的遵守与执行的规定；第八章是关于环境管理的合作条约（夏新华，2001）。

二、《国家水法》

南非属半干旱地区，是全世界最干旱的30个国家之一，人均水资源量仅有1 015米^3。南非政府采取了多种措施来保证水资源的可持续利用，重点措施之一就是在法律上宣告环境享有用水权。1998年的南非《国家水法》废除了在南非普通法中出现和发展起来的河岸权原则，用基于公共权利的制度取代了在水分配方面具有种族歧视色彩的私权制度，用水权被视为公共财产——所有人共享但不能被私人所有的财产权。

（一）主要目的

南非《国家水法》明确规定水法的主要目的是：①满足当代和今后几代人的基本用水需求；②促进公平公正用水；③纠正过去的种族歧视和男女不平等的后果；④鼓励为公共利益做好有效率、有效益和可持续用水；⑤促进社会和经济发展；⑥满足日益增长的用水需求；⑦保护水生生态系统和相关生态系统，以及其他生物多样性；⑧减少和防止水资源污染和水质恶化等。

（二）水储备制度

为了达到保护人类福利和健康环境的宪法要求，南非国家水法规定了水储备制度，定义水的“储备量”是保存必要数量和质量的水源，用于：①满足人们的基本用水需求，即按1997年南非《水务法》（1997年南非第108号法律）规定的基本供水量要求，人们在最近的将来（合理考虑）将：依赖有关的水源地；从有关的水源地取水；从有关水源地引水；②保护水生生态系统，以保证有关水资源能够得到生态可持续开发和利用。

（三）主要内容

第一章规定，可持续性和公平公正用水被认为是南非水资源开发、利用、保护、管理和控制的重要指导原则。这些原则明确了这一代人和今后几代人对水资源的基本需求，以及在保护水资源及与其他国家分享部分水资源方面、通过用水促进社会经济发展方面，以及在建立适当体制机构以实现本水法目标等方面的一些需要。

在第二章和第三章中规定了国家级的水资源管理政策及地区级的水资源管理政策。对重要的水资源区分等级并对各等级水资源建立水质标准。要求必须保持各等级水资源管理的量与质以满足人们的需求，保护水体生态系统，以确保其可持续发展与利用。第 19 条包括了防止水污染与消除污染影响的严格条款。要求土地的所有者或占有者，以自己的费用，采取合理的方式避免在土地上进行导致或可能导致污染水流的活动，从而确立了“污染者付费”或曰“谁污染，谁治理”的原则。

第四章规定了任何未取得用水权的人均可申请用水许可证，该申请必须予以公告，利害关系人可予反对。第 27 条第 1 款列举发证机构（可以是水源的属区管理处）必须予以考虑的各种因素，这些因素包括对水的利用效率如何，是否有益于公共利益；对该水源的使用是否具有战略重要性及是否对其他用水者产生影响。发证机构对其做出的决定必须附以理由。对发证机构的决定当事人可以向具有独立地位的水法庭（Water Tribunal）起诉。第 28 条还规定，用水许可证的有效期不得超过 40 年，且每 5 年复查一次，并可根据复查结果对获得该证的条件予以修改。然而，除特别情形之外，不得实质地减少持证人对水的利用权。持证人因获得许可证条件的修改而遭受重大损失的，可获得经济补偿。

《国家水法》中一项重要的改革是在第十五章中规定设立水法庭。该特别法庭取代了此前的水法庭（Water Court），享有更为广泛的权力。它允许当事人起诉，以对抗具体的行政决定。在所有权力中，最为重要的是它可以就责任机构（即有权决定当事人的申请，许可证的颁发条件及对许可证的复查的机构）做出的有关污染问题及其决定发出指令。南非《国家水法》的附加条款还包括建立在所有重要水源地分类基础上的水源质量保护制度，对水源地适用相对严格的污染预防措施，并适用污染者负担原则。

（四）管理机构

南非中央政府根据宪法规定的水改革法令并通过水事务与森林部长的工作，全面负责上述基本原则的实施。部长被授权代表国家，在履行水资源的开发、利用、分配、保护和获取等责任方面负有主要责任。这就明确把南非政府确定为国家水资源的公共受托人，并要求水事务和森林部长负责确保用于公共利益的水资源的公平分配和有益利用，从而促进环境价值的实现。

三、《矿区土地复垦准则》①

南非自 20 世纪 90 年代以来，矿业立法日趋完善，但全国废弃的将近 6 000 座矿山的环境问题，威胁到南非国内的环境安全。为解决矿山环境问题，南非煤炭技术研究协会于 1981 年制定了南非首部《南非露天煤矿复垦准则》，对煤矿复垦提供指导。经过 25 年的实践，结合国际先进经验，2007 年，南非矿业商会在煤炭技术研究协会的协助下，制定了南非《矿区土地复垦准则》，作为矿山土地复垦和环境恢复的指导性文件。此外，部分省还根据各自的具体情况出台了适合本省的矿山环境规章，比如豪登省出台了《采矿和环境影响准则》。

（一）复垦规划、法律授权和融资准备

复垦规划、法律授权是一个十分复杂的、迭代的程序，包括广泛的相互影响的群体和社区以及政府的参与。矿山复垦规划标准需要设计矿山使用最优技术、开采方法的最佳成本效率，在这个过程中要充分考虑

① 引自王华春等的《南非矿山土地复垦立法及管理研究》。

环境因素。法律授权程序则需要矿业权申请人通过官方途径取得授权，并使其开发活动得到利益相关或受影响团体（I&APs）和政府的认可。

一般情况下，复垦费用约占开采成本的10%，因此矿业活动需要提供资金保证，以确保满足复垦资金的需要。这需要矿业权申请人选择合适的金融媒介，以保证提供复垦成本的精准评估和完成复垦的时间。

复垦规划、法律授权和融资准备是矿业权人在申请矿业权前必备程序，所有的报告需经过专家、利益相关或受影响群体以及政府的反复质询，满足所有要求，才能最终取得矿业权。

（二）一般情况下土地复垦基本准则

一般情况下的复垦阶段包括：矿区土地的准备→土壤剥离→土壤储存→基础设施拆除→高开采的后果及环境的治理→地貌再造→土壤回置→土壤改良几个过程。

1. 矿区土地的准备

矿区土地的准备阶段包括土壤的剥离，矿区基础设施建设等一系列的过程。矿区基础设施建设的关键因素需要考虑开采规划已经将矿山基础设施占用区域最小化；建设人员在规定区域内施工；剥离的土壤（尤其是表层土）单独搁置以备用于最终复垦；所有基础设施为利于闭坑设计以及剥离土壤必须与土壤剥离规范规定的处置方式一致。

在矿区土地的准备阶段，从最初的设计方案要做到对环境的扰动达到最小化，到表层土的储存、回填复垦，基础设施的设计需占地最小，以利于闭坑阶段的拆迁为原则，同时施工人员必须在规定的范围内施工，都体现了该准则将矿业活动对环境的影响降低到最低的原则。

2. 土壤的剥离、储存原则

土壤的剥离阶段要求有详细的计划，与开采区域保持适当的距离，以免土壤的流失和污染：且不同类型的土壤要进行区分，以避免混合；剥离时应最大限度减少压实。储存阶段要求占地最小化，避免侵蚀流失和水淹，堆放高度最高4.5米，并进行植被种植，以利于土壤保持。

3. 基础设施的拆除

矿山结束开采，矿区内的基础设施要根据情况进行处理。处理原则是首先对设施进行评估，区分可利用设施和可拆除设施。可用设施如厂房等可进行保留；可重复利用物资进行移除；净化有害物质确保安全；竖井根据工程设计进行密封；剩余设施进行拆除，拆除碎石搬离或掩埋；暴露的底层材料重塑创建为平缓的、利于排水的地貌；密封后的竖井综合体要建成鲸背式构造以利于排水。矿区剩余部分可以进行植被种植，并包含在复垦的监控和维护过程中。

4. 高提取的后果及环境治理

矿业开发造成的崩塌和崩塌后填埋留下的空隙是矿区的最大问题之一，而高提取是造成该问题的主要原因。填充可能从地表难以觉察，但是对地表排水和地下水、河流、地面开裂及基础设施有显著的影响。

地表排水的一贯做法是挖掘地表排水池塘，修建拦截渠拦截上坡地排水，此举同样可以减少地下水量。地面开裂情况下，较大的裂缝需进行填充，很小的裂缝则直接用反铲挖土机进行恢复。基础设施损坏则需要提供足够的资金进行建筑物、道路等的修复和维护。

5. 地貌再造

地貌再造是矿区土地复垦的一个重要方面。规划阶段，设计者就应该建立开采后的土地概念，并考虑预期的矿区开采填充物的膨胀系数；同时建立开采前的土地功能分类比例并满足水管理要求。由于开挖槽沟的损害、表土堆放和空隙的产生，地貌再造不可能重塑原始地貌，因此最终恢复地貌将最大限度地提高土地功能并满足水管理要求。地貌再造的基本要求：斜坡过长，则须运用水渠和水道来减少侵蚀风险；牧地斜坡不超过1∶5或1∶7；耕地斜坡不超过1∶10或1∶14。定期监测覆盖材料的沉降、体积的变化，最好以月为基础；调查结果用来校正原始规划中的膨胀系数；开采计划的所有变化都要分析其对最终地形的影响；最终地形的显著改变要求修改矿山提交的EMP；沉降后的地貌重塑要考虑地表排水和侵蚀风险因素；多种方法的综合运用是达到最优目标的途径。

6. 土壤回置和土壤改良

采后地形重塑后，进入土壤回置和改良阶段。土壤回置的时间一直具有争议，处置不当则引起地表不规则和土地内涝问题。多年实践表明，下列土壤回置做法是最佳方法：已经剥离的土壤要按照预先的计划及时更换；储备一定量的土壤以备沉降区需要：使用合适的设备；最大可能厚度的土层回置应将土壤压实降低到最小；为减少板结，土壤应在干燥时搬运，且使用推土机平滑的推行而不能使用平地机；建立多层土壤剖面，应在低层运作且尽量减少使用大型机械；根据土壤情况选择合适的植被进行种植。

即使使用最为科学的方法，土壤的压实仍旧不可避免。压实的土壤复垦后植物生长能力极差，因此需要进行土壤改良。土壤改良原则：松散沉积土以确保减少板结；松土必须达到底层的填充材料；表层耕种需生成可接受苗床的程度；增强土壤肥力，在植物根部区域施入不动肥料：维护期间每年施用化学肥料，直到土壤恢复肥力。

（三）问题区域的处理

按照前面的要求进行矿区建设和复垦，会达到良好的土地恢复效果。但需要种植却没有表土，或可获得的表土受到了污染的情况仍有发生。上述两种情况下，复垦原则为：对问题区域进行评估，并分析可获得的用于复垦的材料；评价专门的复垦选项——原位修复？封闭和隔离？特殊植被能够存活？保存记录以备纠正后续问题。

（四）植被重建和生物多样性

在复垦的过程中，重新建立矿区的植被，并重建生物多样性是复垦的最终目标。在重建生物多样性时，物种的选择应符合生物多样性标准，符合当地实际；选择适合的植被种植方法，并在最适合的气候条件下进行种植。生物多样性的建立应根据各地的具体情况，选择当地物种，避免物种入侵的发生。在矿区复垦的整个过程中要随时进行监测，包括地形地貌、土壤剥离和安置、排水、侵蚀、植被种植及生物多样化、作物产量以及完全复垦的矿区比例等。当复垦矿区土地达到以下标准：地表和地下水完全达到规定标准、重建的地貌稳定且功能可支持最终的土地用途以及覆盖植被健康，对最终土地用途来说持续而适应，则土地恢复最终结束，矿区土地成为真正意义上的耕地或牧地。

第二节 农业生态环境保护的主要做法

一、恢复草原生态的主要做法

（一）政府重视生态保护，把草地建设作为生态环境保护的重点

南非政府长期高度重视环保工作，环境立法和执法已实施多年，政府不惜投巨资于环保。城市和公路建设注意保护原有树木和植被，同时规划了足量的草坪建植面积。传统上破坏环境的“大户”——造纸厂、炼钢厂、金矿、钻石等矿产公司成了环保先锋，政府规定造纸厂必须先植树，只有一片山林成材后，才允许伐树用来造纸，从而形成先造后用、造用结合的良性循环；炼钢厂和矿业公司的采矿迹地，实行边开采边进行植被恢复；对采矿企业，在开矿之前必须要有恢复生态植被的规划，政府才发营业执照；如果在经营过程中没有及时恢复生态植被，政府则立即吊销营业执照，关闭采矿企业。目前，南非是全世界最大的人工造林国家之一，造林面积达 155 万多公顷。为了保护自然生态环境，南非在于旱、半干旱生态十分脆弱的地区，建立规模较大的各类自然保护区，限制人类的活动和利用（袁希平，2010）。

（二）发展人工种草，实行围栏轮休牧，使草地可持续化利用

南非大部分地区干旱缺水，成为发展草地畜牧业的最大制约因素。畜牧业主要靠种植牧草和饲料作物来解决牲畜的饲料来源。因此，家庭牧场都十分重视利用雨季开展人工种草，尤其是在东部和沿海畜牧业比较集中地区的奶牛场和肉牛肥育场，几乎靠人工种草发展畜牧业。人工种草，既发展了畜牧业，又恢复了草地植被。与此同时，牧场主十分重视合理利用天然草地和人工草地。大力推广草地钢丝围栏技术，实行划区轮牧。在当地的春季，牧场主利用雨水和光热条件相对较好的季节，实行休牧，让草地有休养之机，使草地得到可持续利用（南非草原生态恢复与“三化”草地治理培训团，2004）。

（三）矿产企业以种草为主要途径，恢复矿渣生态植被

南非是矿产大国，如果管理不当，乱采滥挖会给环境造成极大破坏，矿业公司十分注重生态环境、劳工健康、人身安全三方面工作，把恢复矿渣生态植被作为己任，实行一边开采一边进行植被恢复。根据矿渣上层回填土层的高度，种植不同的植物恢复矿渣植被。回填土层高度在60厘米以上种植经济价值较高的农作物，30～60厘米种植一般农作物，低于30厘米就种植牧草。矿产企业几乎用种植牧草来恢复矿渣植被（南非草原生态恢复与“三化”草地治理培训团，2004）。

（四）提高牲畜质量，实现草畜平衡

实行草畜平衡南非把减少牲畜数量、提高牲畜质量，既作为提高畜牧业经济效益的关键措施，又作为保护好草原的重要手段。除北部地区因温度高、降雨少，主要饲养当地的山羊品种外，其余地区都饲养良种畜和杂交种。全国基本形成了国家的、民间的良种精液中心到生产场的良种繁育推广网络体系，牧场主通过限制牲畜数量、提高牲畜质量的措施来提高畜牧业经济效益。并根据草地的生产能力来确定牲畜的饲养量，实行草畜平衡，既能避免破坏草原，有效保护草原，又能实现长久的经济效益，推进畜牧业的可持续发展。（南非草原生态恢复与“三化”草地治理培训团，2004）。

（五）灭治草原蝗虫，保护草原生态

南非蝗虫对草原的破坏十分严重，在蝗虫危害区域每平方千米有蝗虫4 000万～8 000万只，3 400只蝗虫一天的采食量相当于1只羊的采食量（1.5千克干草），全国蝗虫每天要损害6 000吨牧草。南非政府对治理草原蝗虫十分重视，建立了蝗虫预警制度，要求发现蝗虫必须立即上报，每年政府投资3 000万～5 000万兰特专项用于火治草原蝗虫。灭治方法主要是在草原专家的指导下，一般在蝗虫的产卵季节农牧民喷撒化学药剂灭治，取得了很好的效果（南非草原生态恢复与“三化”草地治理培训团，2004）。

（六）注重科研在生态环境保护中的应用

南非国家设立了农牧科学研究院，主要从事农牧高新技术研究；地方设立了农牧科研所或站，主要研究农（牧）场的实用技术；大专院校也设立了专门从事农牧科学研究的机构和实验基地。农牧科研单位的人员工资由政府提供，但科研经费由公司或农场主提供，公司或农牧场主根据生产、经营中存在的关键性技术难题，与有关科研所和大专院校签订协议，出资进行研究，其科研成果直接应用于出资者，迅速转化为生产力。如 ANGIO 矿业公司的矿渣植被恢复，就是该公司出资由比勒陀尼亚大学进行试验研究，在矿渣上种植牧草和农作物均获得成功，并在全国进行大面积推广（南非草原生态恢复与“三化”草地治理培训团，2004）。

二、海洋渔业资源保护的主要做法

南非海域是世界主要渔场之一，已成为南半球 5 个主要渔业国之一，海洋渔业在其农业乃至整个国民经济中占有不可或缺的重要地位。

（一）开发利用海洋渔业资源的主要做法

南非在发展海洋渔业的进程中，重视海洋渔业资源的保护，长期以来坚持实行了“利用与保护并重、捕捞与养殖并举”的海洋渔业资源合理开发利用总方针，保持了海洋渔业的可持续发展。南非政府合理开发利用海洋渔业资源的主要做法：一是实行捕捞配额管理。近十余年来，南非政府采取了严格的捕捞配额管理，海洋渔业年捕获量限制在 100 万吨以内，避免了对海洋渔业资源的掠夺及过度捕捞。二是注重底层渔业和深海渔业。在海洋捕捞中，深海拖网捕捞的鳕鱼占深海拖网捕捞的 65%，而近海拖网捕捞只占全国总捕获量的 6%，保护了较为脆弱的近海洋渔业资源。三是鼓励发展多种捕捞方式。主要有围网（深海鱼类）、底部或浅表层拖网（底部鱼类和虾），籪网和笼捕（龙虾）、手绳钓（各种绳钓鱼类）、延绳钓和金枪鱼钓、鱿鱼钓、海滩网、树桩网（鲻鱼和其他一些沿海洄游鱼）和潜水捕捞（鲍鱼）等，均衡开发利用多种渔业资源。四是大力发展海水养殖。近几年海水养殖呈强劲的发展势头，2003 年，鲍鱼、对虾、贻贝，鲻鱼和海藻等养殖产量由不足 1 000 吨发展到 4 383 吨，在有效保护野生资源的同时，依靠发展养殖业来满足人口增长和生活水平提高对海产品不断增长的消费需求。

（二）有效保护海洋渔业资源的措施

南非合理开发利用和有效保护海洋渔业资源取得的成功，得益于南非政府采取的一系列行之有效的措施，这些措施主要有（李嘉莉，2007）：

1. 加强对海洋资源的动态调查评估

南非海岸带和海洋渔业的主要管理机构是环境事务与旅游部的海洋和沿海管理司，负责对海洋资源的研究、开发和管理，研究制定相关政策以及管理海洋资源的调查研究船队等。在总结经验的基础上，该部设立了海洋水生资源咨询论坛，对渔业资源定期开展调查与评估，按照增加透明度与公众参与的原则，根据调查评估结论就捕捞总量、资源管理、法规制定以及海洋水生资源基金的使用等提出建议。通过对海洋渔业资源的动态监测和科学评估，环境事务与旅游部每年发布各品种鱼类当年最合适的捕捞量，既考虑渔民的近期利益，又兼顾鱼类种群的休养生息和可持续发展。

2. 强化对捕捞业的监督和管理

为进一步加强对海洋资源的有效管理，更好地为渔业服务，南非政府对 1998 年制定的《海洋水生资源法》进行修订，并对捕捞分配制度进行了相应的改革。环境事务与旅游部于 2002 年成立了专门的捕捞配额分配机构，并于 2005 年 5 月实施了海洋捕捞品种长期配额（8～15 年），取代了原有的一年期配额权，同时建立了适当的配额收费机制。改革后的新机制对各品种的捕捞船只规格、捕捞方式和捕捞区域等均做出了详细而严格的规定，同时通过监督机构加强行业监管，对从事商业或休闲渔业的捕捞和海水养殖企业、养殖户一律实行严格的许可制度。对违法者最高处以 70 万美元的罚款，并没收其捕捞和运输设施。此外，新规定还严格限制外国渔船进入南非海域捕捞，目前只允许日本和中国台湾地区的金枪鱼捕捞船有限度地进入南非海域作业。

3. 加强对海岸带的管理

南非近十年来实施了海岸带综合管理，旨在提高人们生活质量。合理利用海洋资源，保护生物多样性和沿海生态环境。政府要求沿海使用者、决策者和其他有关人员妥善维护和管理海岸带及其资源。国家环境与旅游部下属的沿海管理委员会 2000 年 4 月颁布了《海岸带建设管理》白皮书，系统规定了海岸带建设管理的机构、法律，政策制定、行动计划、实施监测、评价修改等，对涉及海洋渔业资源保护的一系列重大问题，诸如沿海贫困人口的迁移、沿海非法建筑物的清理、自然保护区的设立、水质安全的保障、公众的教育培训、旅游观光的管理以及沿海环境保护等，提出了全面的要求并确立了完善的政策规定。

4. 加强对海水养殖业的扶持

南非政府认识到发展海水养殖不仅对保护海洋渔业资源具有重大作用，而且对保障国家粮食安全，消除贫困和增加农民收入等同样具有重要作用，因此，十多年来不断加强对海水养殖业的扶持。一是根据发展海水养殖业的需要，在沿海不同地区设置了海水养殖试验点，并配备相应的生态实验室，试验点的生态实验室格局合理，设施条件如场地、水质处理、水质分析、监控系统、信息采集以及饵料培养等辅助设施均比较完善。二是建立了良好的海水养殖服务体系，包括制订各养殖品种的技术规范，建设苗种繁育设施，推广成熟的海水养殖技术和科学培育的配套饲料，建立病灾害防治体系等。三是定点建设自然保护区作为天然的海洋牧场，不同海洋牧场确定不同的放流品种，每年向海洋牧场投放人工繁育的苗种，以加快自然资源的增殖，其中向两海岸海洋牧场投放的鲍鱼苗成效最为显著。四是政府部门与私营部门共同开展海水养殖对环境影响的监测，例如政府有关部门与养鲍业主协会联合建立了赤潮灾害监测服务处，加强对海水养殖的环境影响监测，防止发生对养殖业可能带来毁灭性打击的赤潮等灾害（李嘉莉，2007）。五是成立环保法庭加强保护鲍鱼等水产资源。南非第一家环保法庭 2003 年 3 月 6 日在西开普敦省赫曼努斯市正式成立，目的是加强打击偷捕当地的鲍鱼等水产资源的违法活动，确保沿海水产资源的可持续利用。南非司法及宪法发展部长马杜纳说，环保法庭的成立是南非政府决心打击南部沿海犯罪团伙又一个重要举措，开展打击偷捕鲍鱼等水产资源的违法行为的活动，鲍鱼是一种珍贵的海产品，在远东地区有较大的市场需求。近两年来，在南非沿海偷捕鲍鱼等水产资源的违法活动愈演愈烈，黑市猖獗，致使大小鲍鱼都遭殃，对此类资源的可持续利用造成了严重威胁①。

三、水资源的利用与管理

南非夏天平均气温 30 ℃，最高可达 47℃；冬天平均气温 23℃，最高可达 35℃。年降水量仅为 464 毫米，远低于全球 857 毫米的平均降水量，全国 21%地区的年降水量不足 200 毫米，48%的地区介于 200～600 毫米，对于旱地农牧业来说这是少得不能再少的雨量了。在这样一个高温干旱、缺少地表径流（河流）的国度，缺水问题严重，不能承受浪费水之害，水资源的合理利用就显得极为重要，几乎所有的政府部门和相关专家都正在为此付出积极的努力和探索。

南非高度重视水资源保护工作。政府采取的措施包括强化节水知识、加装水表、改善和修缮输水管道。加强对地方政府用水监管，开展“明智园艺运动”“明智生活用水运动”和“政府节水周”等各类公众普及活动，引导和鼓励民众科学合理用水，避免浪费饮用水。鼓励举报浪费现象并及时告知工作人员何处管道有问题。对于节水工作做得好的，给予大力表扬，对于违反节水措施的人，给予罚款或判处半年监禁。

南非为加强水资源管理，主要采取的措施包括保护沼泽地与溪流、加强人工造林，实施流域管理；提高工农业与生活用水的效率，加强社区持续用水的能力；开发地表水源和地下水源，实现水资源的公平分配；控制水土流失，保护生态；防治水资源污染。如南非使用的卫生纸一般都是纸浆色的，不会为了漂亮漂白，因为漂白的过程会造成严重的水污染（李瑛邦，2010）。

---

① 南非成立环保加强保护鲍鱼等水产资源［J］. 水产养殖，2003，24（3）：46.

四、湿地保护主要做法

南非对湿地的理解和我国有所不同，南非的湿地概念界定和分类显得更为具体化，有些湿地划分更为细致。南非把在一定领土范围内和水生系统之间来回交换的土地区域，通常靠近地表水和潜层水，支配典型的一些植被和盐生植被生长的区域定义为湿地，湿地具有保留营养物质、净化水质、防治盐分入侵、保护堤岸、抵御自然灾害、维持生物多样性、调节气候、自然观光和旅游休闲等多种功能。

南非是一个湿地面积相对丰富但退化极为严重的国家，全国拥有国际重要湿地 19 处，湿地总面积占整个国土面积的 7.6%，而其退化面积达到 30%～60%（国际平均退化比例 50%左右）。湿地退化和破坏减少了纯净水、可用水，增加了洪灾，降低了农业生产能力。面对这些挑战和威胁，南非通过政府主导支持，研究机构介入，民间组织引导、社区群众参与的共同作用，实施湿地保护和治理，如南非 sanbin 生物多样性保护机构就是全国湿地研究和参与治理的重要组织之一，在湿地保护方面发挥了积极作用。

南非在曼德拉政府执政的短短几年内相继颁布了《环境保护法》《水法》以及野生动植物保护、湿地保护等方面的重要法律文书，并在多部法律条文中就湿地保护进行了明确。在南非，除环境和旅游部外，农业和土地事务部、水利和林业部、矿业和能源事务部以及卫生部也设有环保监督职能部门，这些部门在制定和执行国家环保标准方面协调行动，相互监督，形成了严密的环保机制，湿地保护同样如此。与此同时，各级从事湿地保护的研究机构、自然基金会和民间组织成为了全国湿地保护的呼吁者、参与者、发动者甚至是执行者。南非政府充分认识到了对湿地保护的重要性，早在 1999—2000 年度投资 1 800 万兰特（约 232 万美元）用于对湿地的保护，并在 2001—2002 年度加大对湿地保护的力度，为此拨款 3 000 万兰特（约 387 万美元）。

不仅如此，南非政府和地方研究机构还对湿地保护的长远规划非常重视，环境与旅游部生态分局曾制定了南非湿地保护计划。该计划指出，湿地保护离不开协调和合作，政府各部门如水利林业部、农业部、环境与旅游部等都有直接或间接地涉及湿地的法规和活动，因此，必须保持良好的协调关系；同时，由环境与旅游部牵头，并根据环境保护法成立由有关政府和非政府部门参加的湿地公约工作组，负责履约事宜，由湿地公约工作组编写全国湿地影子清单，为公约名录挑选备用湿地，然后进行湿地调查，建立数据库，并就全国湿地政策提出草案，计划还指出，湿地保护必须与环境保护和可持续发展统一考虑，必须拿出一定的资金支持研究工作，制定研究计划，特别要加强各级机构的能力建设，办好《南非湿地》杂志，出版有关湿地的图书，建立湿地数据库，包括专家网络，制订教育和宣传计划。在国际行动方面，检查国际公约（湿地公约、濒危物种贸易公约、生物多样性公约和迁徙物种公约）的执行情况，以加强南非在国际上的地位，参加由湿地国际发起的非洲湿地清查活动。据此不难看出，南非的湿地保护不仅有计划、有投入，而且组织到位、责任明确，相信在南非政府的不懈努力下，在南非全国人民的共同努力下，南非的湿地恢复指日可待（李瑛邦，2010）。

五、自然保护区建设和生态旅游的主要做法

南非全国设有 422 个大型生态环境保护区，面积总计 6.7 万多千米^2，无论从数量上还是占国土比例上，均为世界之最。南非的自然保护区管理模式呈现出多元化、市场化模式。在南非许多国家公园的边缘地区（相当于保护区的缓冲区），分布着一些私人保护区，这些私人保护区内的植被类型和动物种类均与国家公园一样，但属私人所有。私人保护区同样执行国家在自然保护方面的法律法规，在此基础上，开展旅游、接待参观、考察和科研活动，在不减少动物数量的前提下还开展狩猎活动，以维持保护区的运转，国家不提供补助，保护区在自求平衡的基础上，还获取可观的利润，为改善周围老百姓的生产生活条件作出积极贡献。

南非旅游业是第三大外汇收入来源和就业部门，占国内生产总值的3%左右，旅游资源十分丰富，设施完善，生态旅游与民俗旅游是南非

旅游业两大最主要的增长点，南非的“生态旅游”观念远远超过了以往只是划定保护区的工作范畴。生态旅游的政策是一个全方位的政策。南非野生动物保护区只有38%的收入来自于游客参观的门票，而更多的则来自于野生动物保护副产品的开发。南非生态旅游的发展不仅提高了当地的知名度，而且带动了乡村（即黑人聚居区）经济发展，为人们创造了更多的就业机会。一些旅游基础设施的改善，如修路、供水和供电，引进了利益分享的机制，准许当地人获取自然资源，如草、稻草、芦苇、木柴，甚至包括鱼和肉，鼓励农村社区参与发展工作，或建立自己的旅游项目，如文化村等。有了资金，村民们可以建设学校、诊所以及安装供水设备。生态旅游为改善村民们的生活作出了突出贡献（李瑛邦，2010）。

第三节　启　　示

南非在农业生态环境保护方面有很多经验供我们借鉴，结合我国的实际，提出以下建议。

一、普及和提高公众的资源和环境保护意识，加强社会参与

我们可以借鉴南非政府对资源与环境保护、高度重视并严格管理，利用一切可以利用的手段，向公众普及资源与环境保护常识，培养公众良好的资源与环境保护意识和行为习惯。如在开普敦的海岸带，随处可见有关海洋环境与资源保护的知识普及和法律法规宣传，诸如宣传栏、警示牌、劝导标语、免费发放宣传小册子等。还可以借鉴南非开展的小学生生态学校的做法，在我国中小学增加生态环境教育内容，提高全民对生态保护和资源忧患意识，树立全民生态保护的新理念。

同时，加强社会对环保事业的参与程度。可以借鉴南非湿地保护的具体模式，按照南非政府主导支持—研究机构介入—民间组织带动—群众积极参与的模式，带动全社会参与。

二、建立健全严格的环保法治体系

以南非的矿山复垦和海洋资源保护为例，自 1981 年的煤矿行业复垦开始，历经 20 多年的摸索实践，完善成为矿业部门的相关法规，并在全国实施。在各项基本法的制约下，矿山土地复垦立法工作还将根据新形势、新变化不断进行更新、补充。南非为了保护海洋渔业资源，1977 年发布了海洋渔业政策白皮书，1998 年又颁布了《海洋水生资源法令》，对海洋生态系统和海洋资源的保护、有序开发和可持续利用等做出全面的法律规定。为适应保护和管理两方面的需要，南非政府十分注意对相关法律法规的修订、补充和完善，1998 年出台的《海洋水生资源法令》颁布时间并不长，就已经过修订和补充。在执法方面，南非政府的力度也很大，环境事务与旅游部、警察局和国防部门等通力合作，加强海上巡逻。我国也要加快对环境保护的立法和不断修正，加快环保建设的步伐。

三、加强政府的监督和监测，建立生态补偿机制

以矿区复垦工作为例，南非从矿业权人申请矿业权前的复垦规划的反复、迭代的评估和审核，到复垦基金取得方式，都进行了严格的反复质询。同时，矿业开发过程中，政府矿业部门定期到矿山检查复垦工作进度。复垦工作结束后，政府仍旧要对矿区的恢复状况进行长期的监测，以发现潜在危险，并及时采取补救措施，我国在进行环保工作中也应当发扬这种工作作风。还可以借鉴南非在资源开发中采取的生态恢复措施，按照谁开发、谁补偿，谁破坏、谁治理，谁受益、谁补偿的原则，在我国大力实施“生态补偿”机制。

四、加强科技在环保工作中的作用

如在沙化草地治理的科学研究，推广沙化草地治理的实用技术，恢

复沙化草地植被；采取生物、化学、物理、保护天敌等综合措施，治理草原鼠虫害；培养和造就一支高素质的环保科技队伍，以适应我国环保事业发展的需要。

参　考　文　献

南非合作社发展战略（2004—2014）.

南非农业合作社成立指南 2010.

曹新明．2003. 南非农业科技发展概要 [J]. 农业科研经济管理（2）：24-26.

常伟．2010. 南非农地改革前景展望 [J]. 世界农业（9）：32-35.

程夏蕾，施瑾．2013. 南非水电开发和水资源利用情况 [J]. 小水电（3）：4-5.

焦高俊．2009. 扫描南非农业和农机市场 [J]. 农机市场（8）.

李才旺．2002. 南非共和国草地畜牧业考察报告 [J]. 四川草原（1）：60-63.

李嘉莉．2007. 南非海洋渔业资源保护及其借鉴意义 [J]. 中国水产（9）：20-21.

李瑛邦．2010. 南非的生态保护成效对青海三江源地区的启示 [J]. 防护林科技（6）：83-86.

孟宪淦．2004. 南非、埃及可再生能源考察小记 [J]. 太阳能（1）：44.

南非草原生态恢复与“三化”草地治理培训团．2004. 南非草原生态恢复与“三化”草地治理考察报告 [J]. 四川畜牧兽医（7）：58-59.

南非贸易工业部．2012—2022. 合作社发展与促进综合战略．http：//www. dti. gov. za/publications. jsp? year=2012%3C&subthemeid=.

南非农林渔业部．2012. 南非全国农业合作社会议报告（3）.

钱贺．2014. 南非新能源发展之路 [J]. 风能（5）：40-45.

秦涛．2009. 南非农业领域研发政策最新动向研究．[J]. 全球科技经济瞭望（6）：

日本、南非农业保险的基本做法和启示．http：//www. circ. gov. cn/web/site0/tab5267/info31396. htm.

宋莉莉，马晓春．2010. 南非农业支持政策及启示 [J]. 中国科技论坛（11）：155-160.

王冠一．2012. “彩虹之国”的能源决断 [J]. 中国石油石化（18）：81-82.

王海芝．2006. 国内太阳能热水器在南非的应用推广和环境效益分析 [D]. 北京交通大学．

王华春，郑伟．2013. 南非矿山土地复垦立法及管理研究 [C]. “资源环境承载力与生态文明建设”学术研讨会议论文集.
魏建明，等. 2005. 2004 年全球风电总装机容量增长了 20% [J]. 太阳能（4).
夏新华. 2001. 新南非环境立法与人权保护 [J]. 非洲西亚（4)：20－21.
姚桂梅. 2014. 南非经济发展的成就与挑战 [J]. 学海（3)：31－37.
袁希平，等. 2010. 南非草地牧业考察报告 [J]. 中国牛业科学，36（2)：51－53.
哲伦. 2009. 新兴国家土地管理畅谈系列之三南非的土地问题与土地改革. 资源与人居环境（10)：33－36.
中国出口信用保险公司. 国家风险分析报告——南非.
朱丕荣. 1996. 南非共和国的农业与农村发展 [J]. 国际社会与经济（8)：20－22.
朱轩彤. 2011. 南非电力危机与中国一南非可再生能源合作 [J]. 风能（4)：32－33.
Dirk Esterhuizen, Ross Kreamer. 2012. 南非农业生物技术年报 [J]. 生物技术进展, 02（3)：221－230.
Department of Agriculture, Forestry and Fisheries, Republic of South Africa. Abstract of Agricultural Statistics 2013. http：//www.doc88.com/p－9823778638365.html.
Agriseta Strategic Plan for 2013－2016, [2012－08]. http：//www.agriseta.co.za/downloads/ssp/AgriSETA Strategic Plan 2013－2016.pdf.
Department of Agriculture. Forestry & Fisheries Annual Report. http：//www.daff.gov.za/daffweb3/Resource-Centre.
G Coetzee, F Meyser, H Adam. The financial position of South African Agriculture, [2002－01], http：//ageconsearch.umn.edu/bitstream/18056/1/wp020007.pdf.
Gerald F Ortmann, Robert P King. 2006. Small-scale farmers in South Africa: Can agricultural cooperatives facilitate access to input and product markets?（1)：15－20.
Herrmann, Roland, Cathie, John. 1987. Agricultural price policy in the Republic of South Africa, the Southern African Customs Union, and food security in Botswana, Kiel Working Papers, No. 289, http：//econstor.eu/bitstream/10419/47082/1/255374895.pdf.
Policy Brief on Agricultural Finance in Africa, [2012－03], http：//www.ruralfinance.org/fileadmin/templates/rflc/documents/Policy Brief mfw4a.pdf.
South Africa Investment Incentives. http：//www.sadc.int/information-services/

tax-database/south-africa-investment-incenti/.

Sam Legare. Agriculture Trade Performance Review (ATPR) -South Africa's Agriculture, Forestry and Fisheries Trade Performance during Quarter Four of 2010.

Sandrey, R. et al. 2011. Agricultural Trade and Employment in South Africa, OECD Trade Policy Working Papers, No. 130, OECD Publishing. http://dx.doi.org/10.1787/5kg3nh58nvq1-en.

后　记

农业原是南非的主要经济部门，南非经济的发展，走的是一条以农牧业起步，采矿业发家，制造业后来居上，采矿业、制造业逐步成为南非支柱产业的独特道路。南非原是一个农牧业为主的国家，随着工矿业的发展，农业在国内生产总值中的比重逐步下降，从1930年的20%降低到1960的12.5%，1981年的7.1%。到2012年南非农业在国民经济中仅占国内生产总值的4.1%。尽管如此，农业在南非经济中仍占有重要的地位，并且对南部非洲地区发展和稳定起着至关重要的作用。

南非农业发展具有明显特点：一是农业具有鲜明二元结构，南非国内存在两种截然不同的农业生产机制，其生产内容、水平、特点都存在着巨大的差异。一方面少数白人农场主经营发达的大农场，是高度商品化的农业，提供南非农业总产值的90%以上；另一方面，是非洲黑人仅能维持生计的传统农业。二是南非农业商品率和生产率位居非洲前列。三是南非地区差异十分明显。南非因地理、资源条件不同而异，每个地区都存在自己的鲜明特色。主要农作物有自己的集中产区，例如最主要的农作物玉米集中在西北省，自由州的西北部、北部和东部，马普马兰加省高草原（海拔1 300米以上）以及夸祖鲁—纳塔尔省地区。小麦是仅次于玉米的粮食作物，主要产区在西开普省、西北省、北部省和自由州。甘蔗主要集中在沿海无霜冻地区及夸祖鲁—纳塔尔省沿海湿润区。棉花分布在北方省。因此，结合南部非洲农业发展特点，研究南非农业发展内在机制和规律，对中国农业发展也具有一定借鉴和参考作用。

近些年来，中国农业科学院农业经济与发展研究所现代农业研究室科研人员，在现代农业学科首席科学家蒋和平教授带领下，一直关注着非洲农业发展趋势，针对非洲农业发展重点和难点问题，结合承担农业部对外经济合作中心组织援非农业技术示范中心考察活动，与北京市科学技术情报研究所、南京财经大学开展研究合作，专门对南非农业进行系统研究，今天奉献给读者的这本著作，就是近两年来，中国农科院农经所现代农业研究室科研创新团队，对南非农业发展系统研究的成果。

本书撰写以中国农科院农业经济与发展研究所为组织单位，由中国农业科学院农经所农业现代化理论与政策学科首席科学家蒋和平教授牵头和统稿，参加本书撰写的科研人员主要有蒋和平教授、崔奇峰副研究员、苗润莲副研究员、周宁讲师、蒋黎博士、吴颖宣博士、胡伟华教授等；参加本书外文资料收集和翻译的有张红助理研究员、徐铭鸿助理研究员，研究生贾婷婷、王岚、王志刚、程帅、王洁、苏雨、杨寒等，参加本书校核的研究生主要有彭成圆、刘学瑜、朱福守、张松涛、陈冬等，北京市科学技术情报研究所研究人员李梅、张敏、胥彦玲、何葳等。本书编写历时近 2 年，反复进行讨论、研究和修改形成。

全书的编写分工如下：序言由蒋和平、崔奇峰撰写；第一章由崔奇峰、蒋和平撰写；第二章由崔奇峰、蒋和平、周宁撰写；第三章由崔奇峰、吴颖宣撰写；第四章由崔奇峰、周宁撰写；第五章由苗润莲、蒋和平、胡伟华撰写；第六章由苗润莲、周宁、胡伟华撰写；第七章由崔奇峰、吴颖宣撰写。第八章由崔奇峰、周宁、苗润莲撰写；第九章由苗润莲、蒋和平、蒋黎博士撰写；第十章由苗润莲、蒋和平、蒋黎博士撰写；第十一章由蒋和平、崔奇峰、周宁撰写；第十二章由崔奇峰、蒋和平、周宁撰写。中国农业科学院农业经济与发展研究所现代农业研究室科研人员以及相关单位研究人员和研究生，他们为课题调研、文献整理、数据处理和全书编写校核付出了辛勤的劳动。对此，表示衷心的感谢。

在本书编写过程中，得到了农业部对外经济合作中心、农业部国际交流中心、农业部农业贸易促进中心、全国农业技术推广中心等单位的帮助，尤其是农业部对外经济合作中心杨易主任、秦路副处长；农业部国际交流中心蔡春河副主任、余扬处长等单位领导及有关管理人员对课题调研人员给予热情的接待，为本书编写提供了大量的数据和资料。中国农业科学院农业经济与发展研究所领导对本书编写工作给予了积极支持，尤其是中国农科院农经所所长秦富教授、党委书记任爱荣研究员、副所长马飞研究员、王济民研究员，以及朱立志研究员、李先德研究员、梁书民研究员对本书的编写提出了许多宝贵意见。还有其他国内外学者的前期研究成果为本书提供了宝贵的数据和资料，从而使得本书编写工作得以顺利进行。对此，我对上述单位和人员致以诚挚的谢意！

在本书即将出版之际，再次对所有关心南非农业发展和建设，为本书写作和课题研究提供各种资料，以及给予各种帮助和支持的各位专家同仁表示感谢。

蒋和平

2014年10月20日